Ulrike Aufderheide
und
Edwin Schröter

Workshop Korbflechten

Gedruckt auf
100% Recyclingpapier

Ulrike Aufderheide und Edwin Schröter

Workshop Korbflechten

Flechtarbeiten für den Garten

Schritt für Schritt selbst gemacht

pala verlag

Inhalt

Schmuckstücke für den Naturgarten

Dieses Buch ist aus der ehrenamtlichen Arbeit für den naturnahen Schaugarten in Wachtberg-Berkum entstanden. Dort trifft sich einmal im Monat ein quicklebendiger Kreis von naturbegeisterten Menschen, um einen öffentlich zugänglichen Garten zu pflegen, den sie vor vielen Jahren mit einheimischen Wildpflanzen und mit naturnahen Bautechniken angelegt hatten. Irgendwann war es nötig, die Fülle der Staudenbeete an den Wegen ein wenig zu fassen. Auch der Kompostplatz sollte kein wilder Haufen bleiben, sondern ansehnlich gestaltet werden. Der Autor dieses Buches stellte dafür Flechtarbeiten her, die den Besucherinnen und Besuchern des Gartens gut gefielen. Bald wurde gefragt, ob es Kurse gäbe, die das Flechten von Beetumrandungen und Zäunen vermitteln. Jeden Winter treffen sich nun Mitglieder des Arbeitskreises und weitere Interessenten, um das Korbflechten zu erlernen. Beim Flechten eines einfachen Korbes werden all die

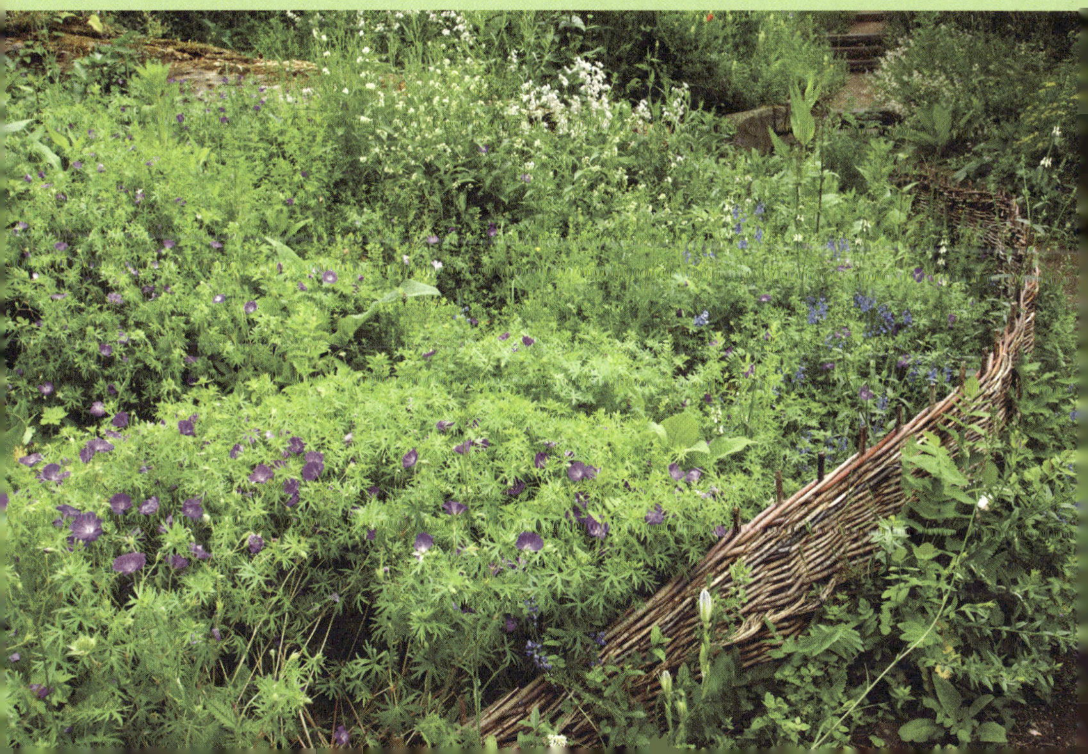

Techniken vermittelt, die man braucht, um schöne Objekte für Haus und Garten selbst herzustellen.

Aber nicht jeder hat die Möglichkeit, einen Kurs zu besuchen. So entstand die Idee, ein Buch zu schreiben, das einen einfachen Zugang zum Korbflechten darstellt. Dafür arbeiteten wir (Ulrike Aufderheide, Planerin von naturnahen Gärten und Freiräumen, und der Korbflechter Edwin Schröter) zusammen. Das Ziel dieses Buches ist, dass allein durch Nacharbeiten der Schritt-für-Schritt-Anleitungen, auch ohne Besuch eines Kurses, die wichtigsten Techniken erlernt werden können. Wir wollen die Grundlagen, quasi das »Einmaleins« des Korbflechtens, vermitteln. Für komplexere Arbeiten gibt es dann gute weiterführende Literatur.

Ehrenamtliche Naturschutzarbeit bringt Menschen unterschiedlicher Generationen und Herkunft zusammen. Während Edwin Schröter in Russland in einem Umfeld aufwuchs, wo noch der Großvater seinem Enkel das Korbflechten beibrachte, lernte die Gartenplanerin Ulrike Aufderheide erst durch die Zusammenarbeit mit Edwin Schröter die vielfältigen Möglichkeiten kennen, die geflochtene Werkstücke für die Gartengestaltung bieten. Sie sind eine schöne Erweiterung der Nutzung von einheimischen Wildsträuchern in naturnahen Gärten. Wir können einzelne Äste ernten, um schöne Dinge herzustellen, oder wir nutzen Material, das bei der Pflege der Wildgehölze anfällt.

Besonders Weiden haben einen hohen ökologischen Wert und sind auch gestalterisch attraktiv: Die beweglichen Zweige wiegen sich wunderbar im Wind.

Die Vergänglichkeit der Gartenobjekte aus Zweigen passt gut in Naturgärten, die sich durch eine hohe Dynamik auszeichnen. Ein naturnaher Garten sieht immer anders aus, von Woche zu Woche und von Jahr zu Jahr. Pflanzen werden angesiedelt, verbreiten sich, gehen wieder zurück, neue Pflanzen tauchen auf, Raumstrukturen verändern sich. Insofern passen Elemente, die nicht dauerhaft sind, gut in dieses Gartenkonzept. Aber es gibt auch noch einen weiteren Grund: Im naturnahen Garten versuchen wir aus Bauwerken, bei denen die Funktion im Vordergrund steht, z. B. aus Wegen, Plätzen, Mauern und Wänden, immer auch einen Lebensraum zu machen. Unbehandeltes, besonntes Totholz ist ein Lebensraum, der immer mehr aus unserer Landschaft verschwindet. Mit geflochtenen Gestaltungselementen bringen wir ihn in unseren Garten zurück.

Wir wünschen Ihnen viel Freude beim Korbflechten und mit den selbst gefertigten Schmuckstücken in Ihrem Garten.

Ulrike Aufderheide und Edwin Schröter

Von der Faszination eines uralten Handwerks

Was ist eigentlich Korbflechten? Auch wenn wir als Erstes an die Herstellung von Körben aus Weidenzweigen denken, so wurde und wird aus verflochtenen Zweigen viel mehr hergestellt: Zäune und Sichtschutzelemente, ganze Möbel wie Stühle und Sessel oder Reusen zum Fischefangen. Auch das Grundgerüst der Gefache eines Fachwerkhauses besteht oft aus einem Geflecht.

Zwei Haupteigenschaften kennzeichnen diese Werkstücke. Einmal wird mit einem flexiblen Material gearbeitet, dessen Spannung als bestimmende Konstruktionseigenschaft genutzt wird: Mit einem schlaffen Faden kann man weben,

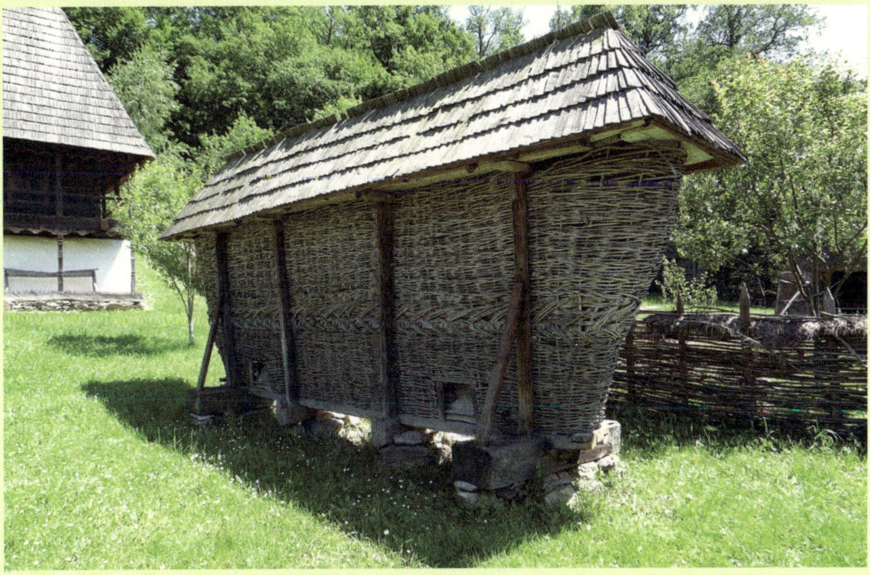

Historische Beispiele wie dieser Getreidespeicher in einem Freilichtmuseum zeugen von der langen Tradition der Handwerkskunst.

aber nicht Korbflechten. Zweitens wird diese Spannung dazu genutzt, um eine angestrebte Form zu erreichen. Meist kommt noch eine dritte Eigenschaft hinzu. Es gibt einen Rahmen oder ein Grundgerüst, in die die elastischen Materialien hineingearbeitet werden.

Wann ist das Korbflechten wohl »erfunden« worden? Diese Frage ist schwer zu beantworten. Denn auch Menschenaffen wie die Zwergschimpansen (Bonobos) nutzen Grundtechniken des Korbflechtens, wenn sie ihre Schlafnester bauen. Schimpansen fassen sogar immer zwei oder mehr Äste zusammen – wie das auch beim Bau von Weidenzäunen empfehlenswert ist –, um die Spannung im Material zu erhöhen. Es wurde nachgewiesen, dass sie die besonders geeigneten Baumarten und Äste sorgfältig für ihren Nestbau auswählen. Der Rand des Schlafnestes der Bonobos wird durch Einflechten dünnerer Zweige leicht erhöht gebaut. Manche Wissenschaftler vermuten, dass nur durch den Bau dieser Baumbetten ein geborgener und entspannter Schlaf mit zahlreichen REM-Phasen möglich wurde, der für die Entwicklung einer höheren Intelligenz notwendig ist.

Äste und Gräser, die Materialien zum Korbflechten, haben unsere Vorfahren immer umgeben. Menschen wussten wohl immer schon, wie daraus hilfreiche Dinge hergestellt werden können.

Korbflechtarbeiten, so wie wir sie kennen, erfordern aber noch eine weitere Fähigkeit, nämlich die Grundlagen der Mathematik zu kennen. Ob ich eine gerade oder ungerade Anzahl an Staken für mein Grundgerüst verwende, hat eine deutliche Auswirkung auf die Techniken, die ich für mein Werkstück verwenden kann. Die angestrebte Form beeinflusst ebenfalls die Art und Anzahl der eingesetzten Materialien. Das Verstehen der Beziehungen von Zahlen und geometrischen Zusammenhängen ist eine Grundfähigkeit, die für das Korbflechten benötigt wird. Wann Menschen diese Fähigkeit erlangt haben, wissen wir nicht.

Die ersten archäologischen Nachweise von Korbflechtarbeiten sind rund 25 000 Jahre alt und wurden in Dolní Věstonice (im heutigen Tschechien) gefunden. Aber das heißt beileibe nicht, dass Menschen erst seit 25 000 Jahren Körbe flechten, denn Äste verrotten schnell und finden sich schon deshalb kaum bei Ausgrabungen. Hin und wieder allerdings wurden Flechtwerke mit Lehm oder Pech ausgekleidet, was das Vergehen verlangsamte. So fanden Archäologen in Israel sehr alte Korbreste, die mit Bitumen bestrichen waren, um das Werkstück wasserdicht zu machen. Bitumen tritt am Toten Meer an die Oberfläche und konnte dort gesammelt werden. In der Bibel wird von der Rettung des neugeborenen Mose berichtet: »Als sie ihn aber nicht mehr länger verbergen konnte, machte sie ein Kästlein von Rohr und verklebte es mit Erdharz und Pech und

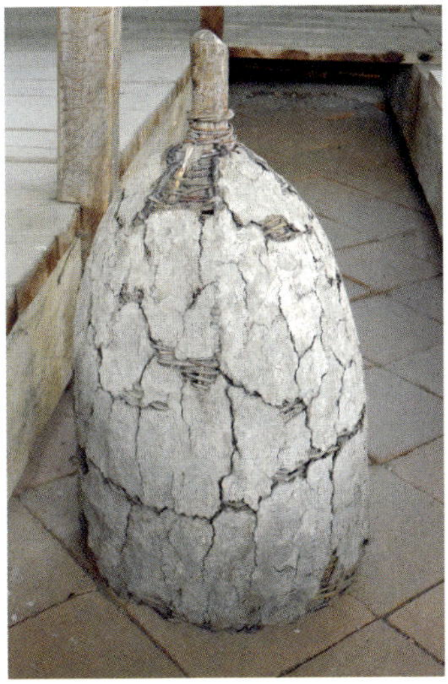

Verflochtene Zweige und Lehm geben diesem alten Bienenkorb Struktur und Form.

legte das Kind hinein und setzte das Kästlein in das Schilf am Ufer des Nils.« Noch heute legen wir unsere Säuglinge ja gerne in einen Babykorb. Wir können aber leider nicht mehr wie die Mutter von Moses ganz selbstverständlich solch einen Korb selbst flechten.

Am häufigsten werden Abdrücke von Flechtwerken übrigens auf Tonscherben gefunden. Wenn ein Fachwerkhaus brannte – und das war wegen der offenen Feuerstelle im Haus immer eine reale Gefahr –, dann wurde der Lehm auf dem Weidengeflecht der Gefache zu »Scherben« gebrannt, und das (verbrannte) Flechtwerk hinterließ einen Abdruck auf der zu einem Ziegelstück gebrannten Lehmwand.

Wir können also davon ausgehen, dass Menschen immer Werkstücke geflochten haben – wahrscheinlich liegt genau darin die Faszination, dieses verschüttete Wissen wieder zum Leben zu erwecken. Es braucht ja wirklich nicht viel. Geeignetes Material können wir auf fast jeder mit Sträuchern bewachsenen Fläche finden, also auch in unserem Garten. Dann brauchen wir einen ausreichend großen Platz für die Arbeit und wenige Werkzeuge, die sich beinahe in jedem Haushalt finden – ein robustes scharfes Messer, eine Ahle oder einen Schraubenzieher, eine Rosenschere, einen dicken Stock und ein Gewicht, wobei auch ein mit Sand gefüllter Plastikschraubbecher oder eine Plastikflasche ausreichen (siehe dazu auch Seite 38).

Zusätzlich zum Material und dem Wissen, das dieses Buch vermitteln soll, brauchen wir dann nur noch eins, kostbar, aber umsonst zu haben: Zeit. Damit ausgestattet, öffnet sich ein großes Spektrum an Möglichkeiten, schöne Dinge für Haus und Garten herzustellen.

Flechten macht Spaß. Auch wenn sich die Hände am Anfang daran gewöhnen müssen. Das liegt sicherlich auch an der rhythmischen Arbeitsweise, die sich nach einiger Zeit einstellt, und an den interessanten Mustern, die sich durch die Arbeit ergeben. Aus einer zeitlichen Struktur – dem Rhythmus des Körpers – wird so eine räumliche Struktur – das Muster. Und schöne Muster, die »wie von Zauberhand entstehen«, sind immer eine Freude, egal, ob wir Stricken, Weben oder Flechten.

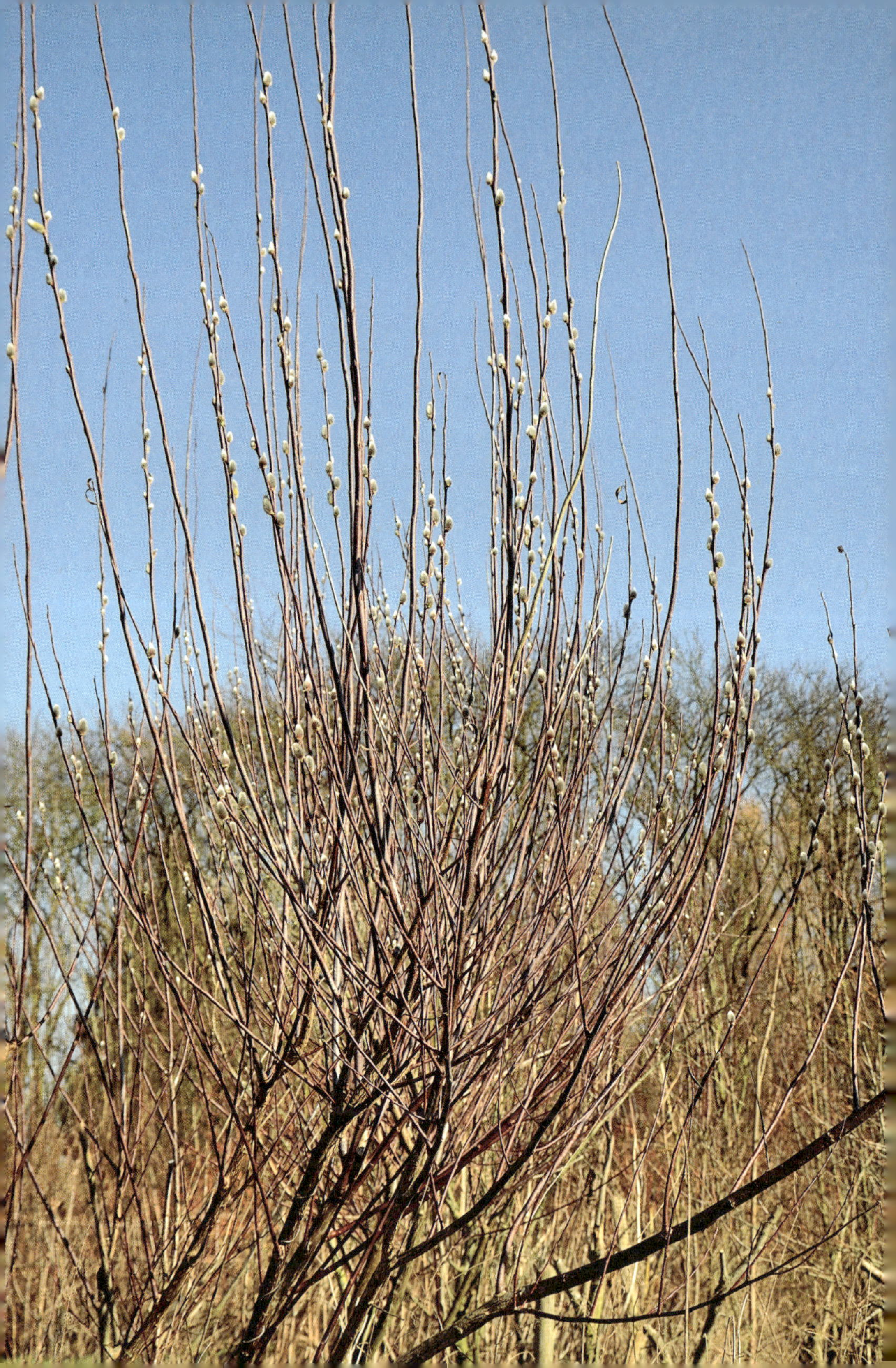

Schönes Flechtmaterial

Um für die kommende Gartensaison gerüstet zu sein und später lange Zeit Freude an unseren Flechtwerken zu haben, lohnt es sich, frühzeitig über geeignetes Material nachzudenken. Denn bereits nach einer winterlichen Pflegeaktion stehen wir vor dem Haufen Schnittgut und fragen uns, welche Äste wir für Flechtarbeiten nutzen können. Oder wir haben zum Start des Gartenjahres ein neues Flechtprojekt und wollen speziell dafür Material in unserem Garten ernten.

Welche Pflanzenarten eignen sich besonders gut, und wie sehen Äste aus, die sich gut verwenden lassen? In diesem Kapitel finden Sie Informationen, welches Material sich für bestimmte Projekte gut eignet und wie wir die geeigneten Arten nicht nur auswählen, sondern auch im Garten anbauen können.

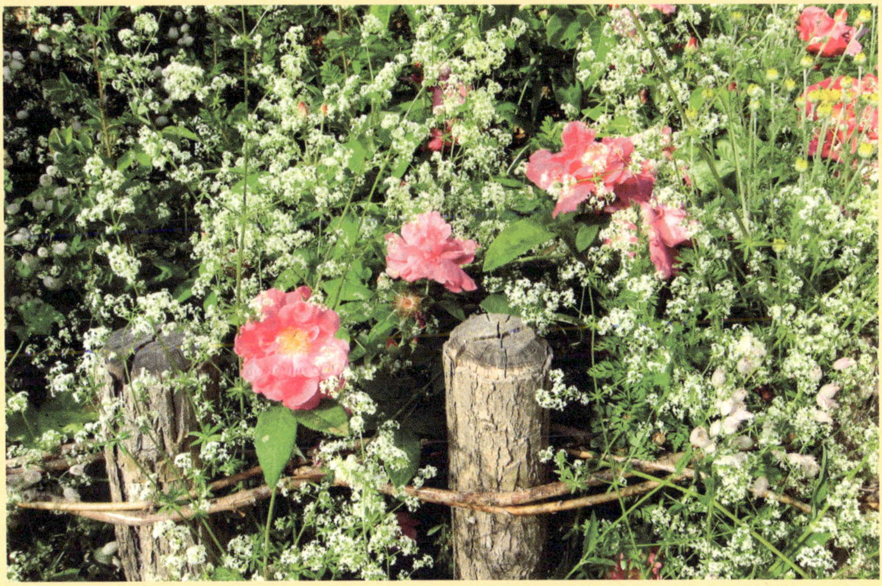

Mit dem richtigen Material gebaut, haben wir im Naturgarten lange Freude an unseren selbst gemachten und individuellen Flechtwerken.

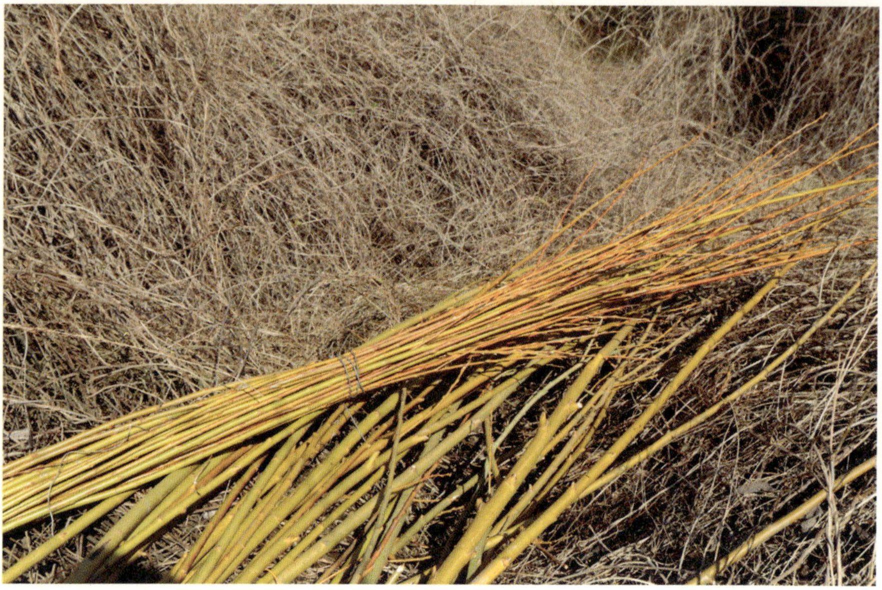

Nach dem Schnitt in der Winterruhe der Pflanzen werden die Zweige (hier von der Knackweide) an Ort und Stelle sortiert und gebündelt.

Welches Material ist geeignet?

Für das Korbflechten brauchen wir gleichmäßig dicke und möglichst lange Äste, die keine Seitentriebe haben. Sie sollten elastisch sein und trotzdem genügend Spannung aufbauen, damit sie das Werkstück in der Form halten können. Ein Ast wird aber von unten nach oben immer dünner. Er hat oft auch Seitenäste, wir werden uns dem idealen Material also immer nur annähern können. So können Seitenäste abgeschnitten und Äste nach ähnlicher Länge sortiert werden. Ein Ziel der verschiedenen Techniken des Korbflechtens ist, die Tatsache des unvermeidlichen Dünnerwerdens zur Spitze hin auszugleichen.

Da es wichtig ist, bei einem Arbeitsgang möglichst gleichartige Materialien zu verarbeiten, macht es nur Sinn, das Schnittgut zu sammeln, das in ausreichenden Mengen vorhanden ist. Es sollte schon ein schönes Bündel geben, wenn wir die Äste als Material zum Korbflechten beiseitelegen.

Wir sortieren Äste, die leicht brechen, schon beim Sammeln aus. Durch Vorbiegen können wir Biegsamkeit und Elastizität prüfen. Junges, nicht ausgereiftes

Material bricht leicht, wenn es austrocknet. Es kann auch nicht die Spannung aufbauen, die nötig ist, damit das Werkstück seine Form behält. Deshalb wird Flechtmaterial in der Regel dann geerntet, wenn sich die Pflanzen in der Winterruhe befinden und das Holz ausgereift ist.

Beim Sammeln können wir erst einmal alle Materialien nehmen, die uns geeignet erscheinen. Es ist aber jetzt schon wichtig, zu wissen, dass wir später Äste mit unterschiedlichen Eigenschaften brauchen.

Dickere, stärkere, besonders gerade und gleichmäßig dicke Äste, die ruhig etwas kürzer sein können, benötigen wir für das Gerüst – die Staken.

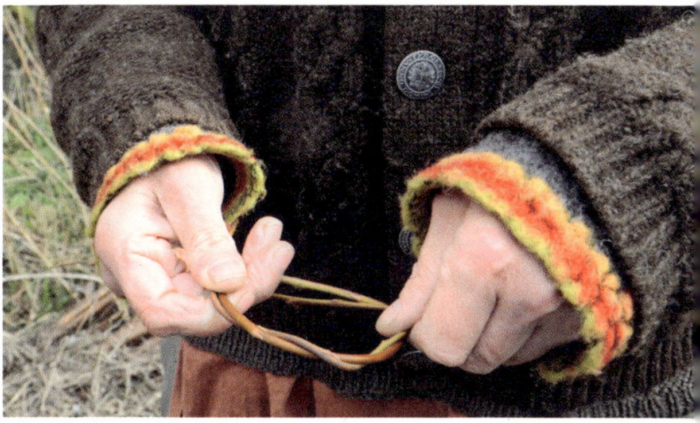

Gutes Flechtmaterial ist so flexibel, dass man es verknoten kann.

Längere, dünnere und flexiblere Äste eignen sich für das Geflecht, das wir zwischen die Staken einarbeiten. Für diese Ruten sollten sich die Äste, die wir ernten, einmal im Kreis biegen lassen und dann wieder in die Ausgangslage zurückspringen. Holz das markhaltig ist, wie Holunder oder Forsythie, ist deshalb in der Regel nicht geeignet, es sei denn, wir brauchen Staken, die nicht gebogen werden sollen.

Beliebt und begehrt: Weiden

Korbweiden, Weidenkörbe: Weiden liefern das ideale Material zum Flechten von kleineren Werkstücken, wie eben Körben. Allerdings sind Weidenäste nicht sehr dauerhaft, vor allem, wenn sie Sonnenlicht und Wetter ausgesetzt sind. Für Zäune und für die Staken von Rankhilfen ist es deshalb besser, andere Straucharten zu nutzen und Weiden als Flechtruten zu verwenden. Der Vorteil der Weide ist, dass sie im ersten Jahr Triebe ohne Seitenäste bildet. Wenn wir Weiden so pflegen, dass viele einjährige Äste gebildet werden, können wir uns leicht das ideale Flechtmaterial heranziehen, so wie es früher die Landbevölkerung machte. Da gab es dort, wo der Boden ausreichend feucht ist, immer Weiden, die regelmäßig bodennah oder in 1 – 2 m Höhe geschnitten wurden. So war immer genügend

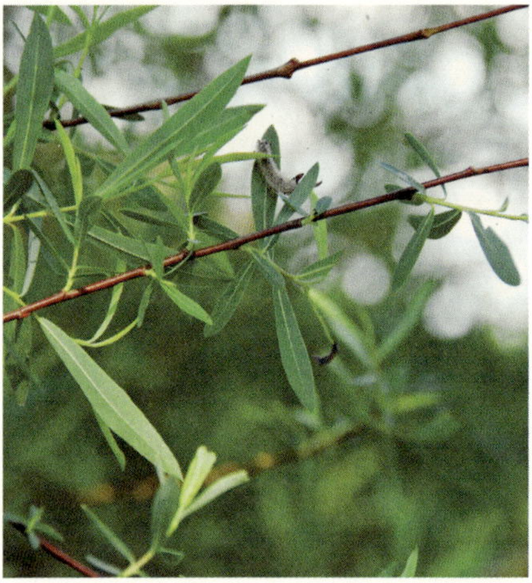

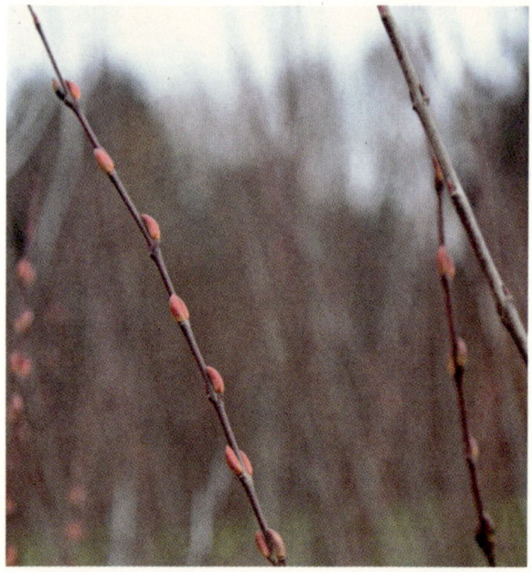

Die Zweige der klein bleibenden Purpurweidensorte 'Nancy Saunders' lassen sich gut flechten.

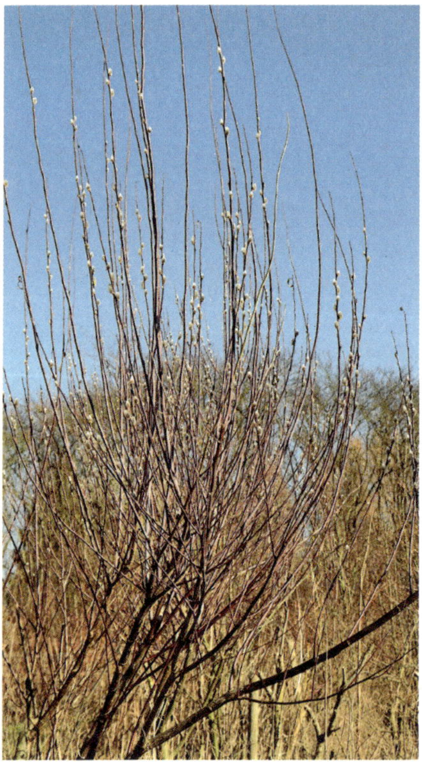

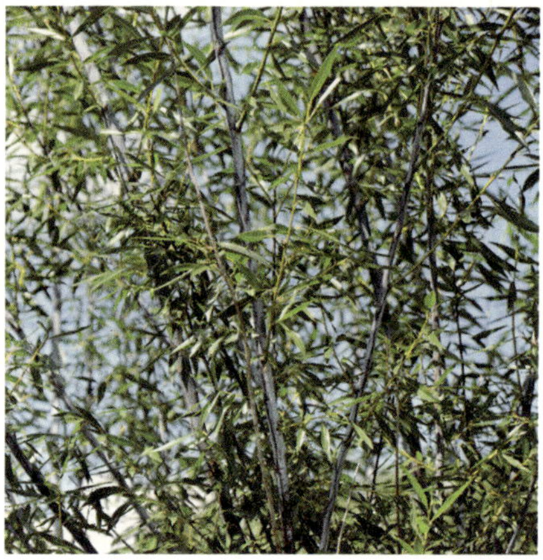

Auch Pommersche Reifweide passt gut in den Naturgarten und liefert schönes Flechtmaterial.

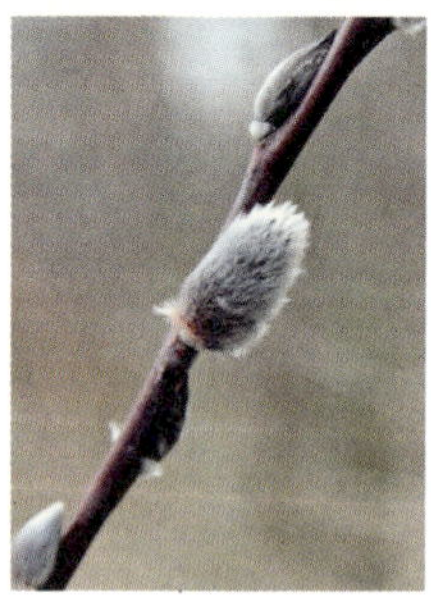

Material für Flechtwerke vorhanden. Weil heute kaum noch jemand Weidenkörbe herstellt, müssen die ökologisch wertvollen Niederwälder und Kopfweiden, die durch diese Nutzung entstanden sind, von Naturschützern durch Schnittmaßnahmen gepflegt werden. Das Schnittmaterial wird oft umsonst oder gegen Spende abgegeben. Wenn wir mit Weiden flechten wollen, aber keine Weiden im Garten haben, ist das eine gute Möglichkeit, in der Region Material zu besorgen. Es gibt aber auch einige Betriebe, die Flechtmaterialien anbauen und versenden. (Adressen siehe Seite 168.)

Gerade einheimische Weiden sind ein Gewinn für jeden Garten, weil sie zahlreichen Tieren, insbesondere Wildbienen, reichlich Nahrung bieten. Schade, dass sie in unseren Gärten kaum angepflanzt werden, mit Ausnahme der Korkenzieherweide: Wenn der Osterstrauß in der Vase Wurzeln geschlagen hat, pflanzen ihn viele in den Garten und wundern sich nach Jahren über den großen Baum, der dort steht.

Leider sind weder Korkenzieherweide noch Salweide (die »Kätzchenweide« des zeitigen Frühjahrs) zum Flechten geeignet. Aber es gibt einige klein bleibende Weiden, die gut in einen Garten passen und sich gleichzeitig auch gut als Flechtmaterial eignen, wie die Purpur-Weide *(Salix purpurea* 'Nancy Saunders') oder die Pommersche Reif-Weide *(Salix daphnoides* ssp. *pomeranica).*

Weiden sind eine sehr vielgestaltige Gattung: Es gibt winzig kleine Arten wie die Quendelweide *(Salix serpyllifolia)* und große Bäume wie die Silberweide *(Salix alba).* Etliche der baumartigen Weiden können wir – auch im kleinen Garten – so pflegen, dass sie regelmäßig Flechtmaterial produzieren (mehr dazu ab Seite 24).

Die verschiedenen Weidenarten und -sorten haben ganz unterschiedliche Rindenfarben: Purpurweide *(Salix purpurea)* hat rote Rinde. Eine Sorte der Silberweide, die Rinde der Dotterweide *(Salix alba* 'Vitellina'), beeindruckt im Winter durch leuchtendes Orangerot, die Rinde der Reifweide *(Salix daphnoides)* ist blauviolett und verfärbt sich im trockenen Zustand ins Schwarze. So können die Werkstücke nach der Herstellung in verschiedenen Farben leuchten. Mit der Zeit bleichen die Farben aber leider aus.

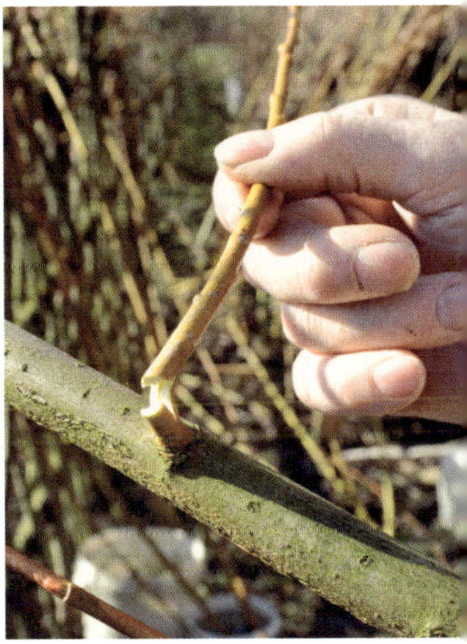

Bei der Knackweide brechen die Seitenäste leicht ab. Die Äste sind flexibel und gut geeignet.

Es gibt zahlreiche Arten und Sorten, die von Korbflechter zu Korbflechter weitergegeben werden. Da Weiden leicht Hybride bilden, ist es oft nur Experten möglich, sie botanisch zu bestimmen. Es ist aber gut möglich, einen Korbflechter um Stecklinge von Flechtweiden zu bitten. Besonders beliebt sind die Ruten der Amerikanischen Weide *(Salix americana)*, verschiedene Sorten der Korbweide *(Salix viminalis)* und der Mandelweide *(Salix triandra)*.

An unseren Flüssen finden wir häufig Knackweiden *(Salix fragilis)* und Hybriden der Knackweide. Auch manche Kopfweide ist ein solcher Hybrid. Knackweiden kann man daran erkennen, dass junge Seitenäste schon abbrechen, wenn man mit dem Finger am Hauptast entlangstreicht. Bei genauer Betrachtung sieht man eine Sollbruchstelle am Astansatz. Ältere Äste splittern leicht, wenn sie gebogen werden. Ein- und zweijährige Äste sind aber sehr elastisch und gut als Flechtmaterial geeignet (siehe Abbildung auf Seite 17).

Durch regelmäßigen Schnitt werden die Weiden zu Kopfbäumen erzogen.

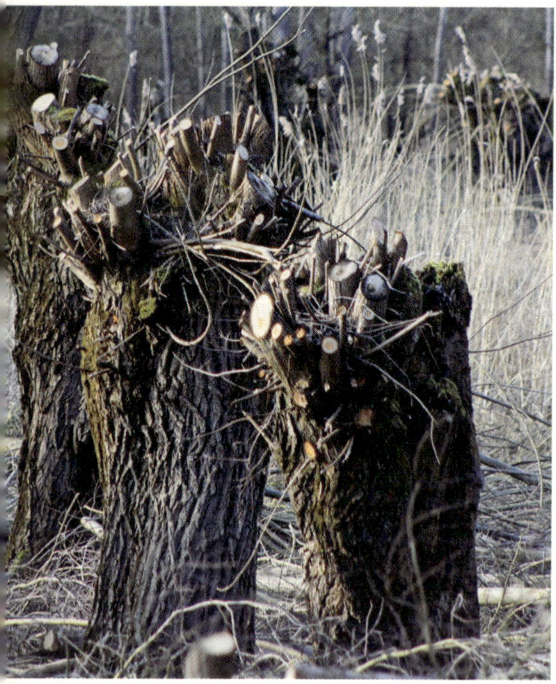

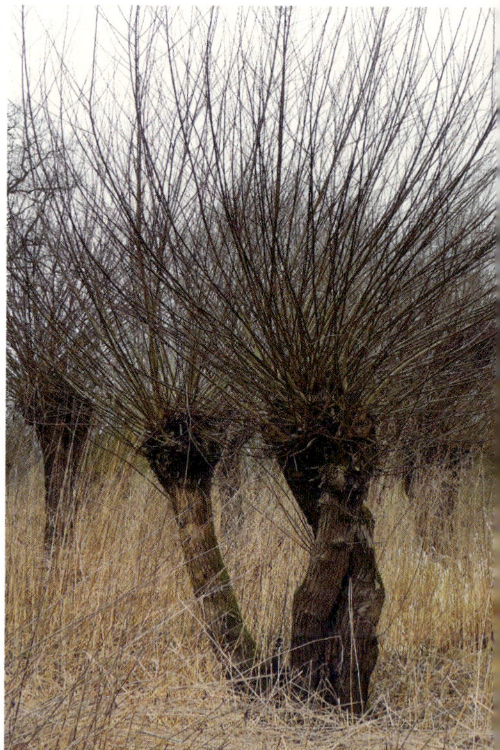

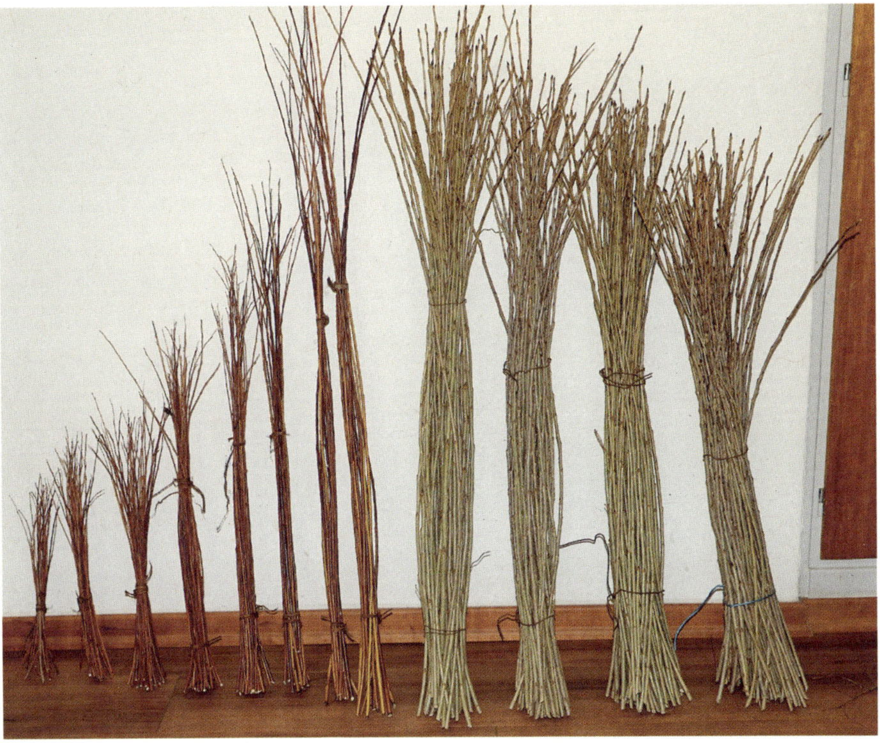

Hübsch aufgereiht: Korbweiden für Ruten, Hybridpappeln für Staken. Außer Weiden liefern noch viele andere Bäume und Gehölze geeignetes und schönes Flechtmaterial.

Für feine Werkstücke verarbeiten die Profis entrindete, getrocknete und wieder eingeweichte Weiden. Entrindete Weiden sind im Außenbereich aber nicht zu empfehlen, da sie draußen sehr schnell vergehen. Wir verarbeiten deshalb ausschließlich Äste mit Rinde. Dadurch sind die Werkstücke aber nicht nur haltbarer, sie haben, vor allem zu Beginn, auch eine interessante Farbigkeit. Zur Verdeutlichung des Verlaufes einzelner Ruten nutzen wir in diesem Buch an einigen Stellen den starken Kontrast von violetter Reifweide und oranger Dotterweide. Durch die Einwirkung des Sonnenlichtes vergrauen die Ruten mit der Zeit, aber manch interessante Rindenstruktur bleibt erhalten. Besonders Clematis schafft da über längere Zeit faserige Aspekte, die einen schönen Kontrast zu Ruten mit glatter Rinde bilden können.

Es muss nicht immer Weide sein

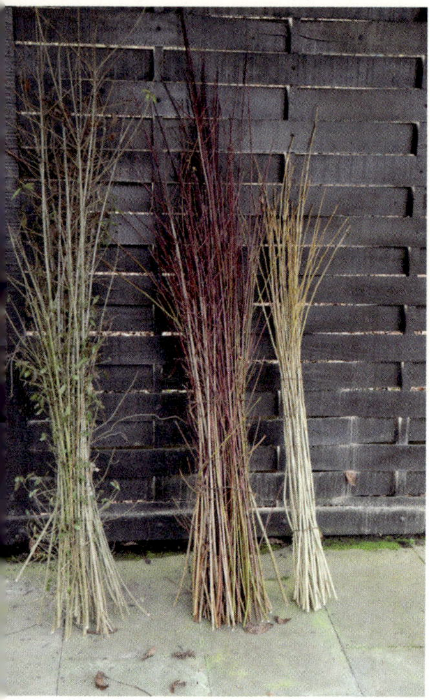

Liguster- und Hartriegeltriebe können wie Weidenruten zum Flechten verwendet werden.

Aber auch in einem Garten ohne Weiden können wir ausreichend Material für Flechtarbeiten finden, das zumeist bei den üblichen Schnittmaßnahmen gewonnen werden kann.

- Wurzelschösslinge von Liguster, Hartriegel, Flieder, Traubenkirsche, Kirsche und Pflaume: Manche Bäume und Sträucher treiben aus den Wurzeln Triebe, die im ersten Jahr meist ohne Seitenzweige straff aufrecht wachsen. Wenn wir diese Wurzelschösslinge bis zum Winter stehen lassen, haben wir ideales Flechtmaterial. Flieder eignet sich eher für Staken oder gröbere Arbeiten, Kirsche und Pflaume auch als Flechtruten.
- Bei Liguster und Hartriegel eignen sich auch die normalen Äste der Sträucher zum Flechten. Hartriegel ist besonders begehrt: Seine Zweige sind sehr elastisch und das Holz ist dauerhafter als Weide. Stärkere Hartriegelzweige eignen sich deshalb gut für Staken von Gartenobjekten, die in den Boden gesteckt werden. Auch Liguster ist recht dauerhaft und gut zum Flechten geeignet, er wird deshalb auch »Rainweide« genannt.

Und es gibt noch weitere Arten, deren Äste gut als Flechtmaterial geeignet sind:

- Hasel *(Corylus avellana)* treibt von unten immer wieder neue Triebe, die straff aufrecht wachsen. Auch ist das Holz ziemlich dauerhaft. Haseläste eignen sich deshalb gut für das Flechten von Zäunen, vor allem als Ruten, weniger als Staken.
- Schneeball *(Viburnum opulus* und *Viburnum lantana)* bildet steife und elastische Triebe, sie sind gut als Staken geeignet.
- Hybridpappeln *(Populus × canadensis)* haben, wenn sie jung sind, fast weiße Äste, die wir für Staken und als Flechtruten verwenden können.

- Faulbaum *(Rhamnus frangula)* bildet straff aufrecht wachsende Triebe. Die Äste des Wildstrauchs sind deshalb gut als Staken geeignet – jedoch nicht als Ruten, weil sie nicht sonderlich flexibel sind.
- Felsenbirne *(Amelanchier*-Arten): Die amerikanischen Felsenbirnen (z. B. *Amelanchier canadensis* oder *spicata)* wachsen – im Gegensatz zu unserer einheimischen Art *(Amelanchier ovalis)* – am Anfang straff aufrecht und eignen sich gut fürs Flechten (als Ruten für Flechtwerke im Garten, aber auch als Staken für Körbe). Leider kann man an einem Strauch meist nur wenige Triebe ernten.
- Linde *(Tilia*-Arten): An der Stammbasis von Linden treiben immer wieder Äste aus, die schön gerade wachsen. Ausgereift, eignen sie sich gut für Flechtarbeiten.
- Robinie *(Robinia pseudoacacia)* ist sehr haltbar und gut geeignet, wenn wir junge gerade Äste verwenden. Auch sie treibt aus den Wurzeln aus, diese Triebe sind schön gerade, aber leider bedornt. Die Dornen werden vor der Verarbeitung entfernt. Entrindetes Holz lässt sich gut als Zaunpfosten verwenden.

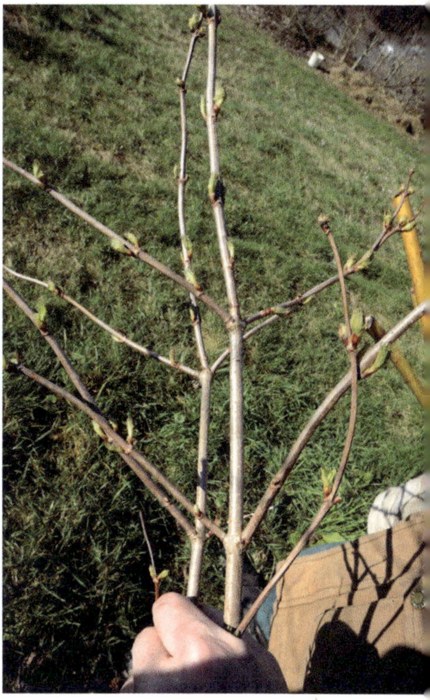

Die Zweige des Schneeballs eignen sich gut als Staken.

- Eichen *(Quercus*-Arten) sind ebenfalls sehr haltbar. Gespaltene dickere Äste eignen sich gut als Pfosten oder stabile Staken für den Zaunbau.
- Johannisbeeren *(Ribes*-Arten): Bei Johannisbeeren sind besonders die Triebe der Zierjohannisbeere *(Ribes sanguineum)* und die Triebe der Alpenjohannisbeere *(Ribes alpinum)* als Flechtruten geeignet, da sie sehr flexibel sind. Als Staken sollten sie nicht verwendet werden.
- Strauchmyrthe *(Lonicera pileata)*: Die dünnen und elastischen Zweige der Strauchmyrthe lassen sich gut als Ruten flechten. Aus ökologischen und gestalterischen Gründen ist diese auf öffentlichen Flächen gerne verwendete Art (»Finanzamtsgrün«) nicht zu empfehlen. Aber wer weiß, vielleicht können wir das Material ja bei einer Umgestaltung gewinnen und so einem sinnvollen Zweck zuführen.

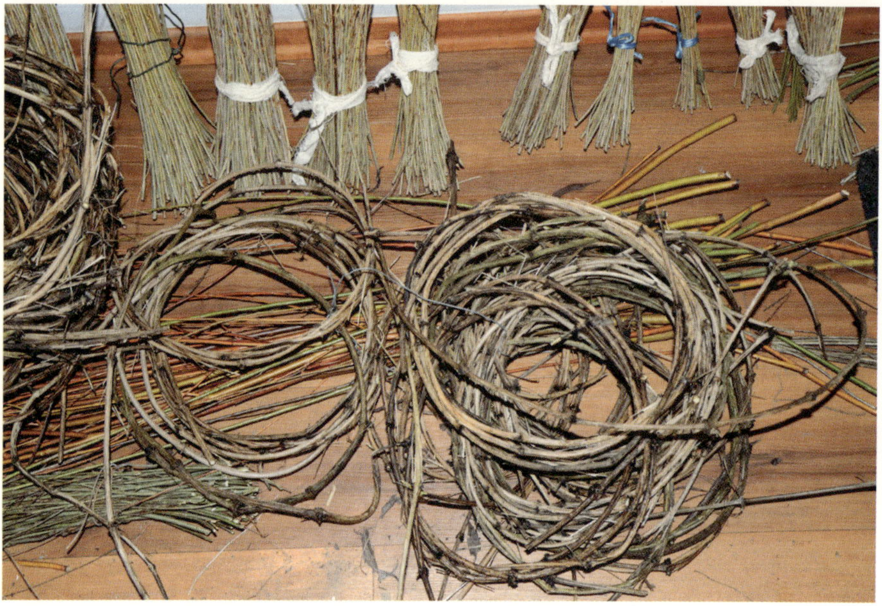

Die langen Triebe der Echten Waldrebe *(Clematis vitalba)* geben Flechtwerk durch die faserige Rinde ein rustikales Aussehen.

- Knallerbsenstrauch *(Symphoricarpus albus)*: Auch diese Art ist im Straßenbegleitgrün sehr beliebt. Die Äste sind etwas steifer als die der Strauchmyrthe, sie wachsen auch weniger gerade, sind aber schön elastisch und zeichnen sich durch ihre helle Rinde aus.
- Eibe *(Taxus baccata)*: Eibe wächst recht langsam, das Holz ist sehr haltbar, die Zweige sind elastisch. Wenn wir Schnittgut von Eiben bekommen können, vor allem dickere gerade Äste, haben wir ideales Material für Zaunpfosten oder haltbare Staken von Werkstücken für den Außenbereich.

Die Triebe von Rankpflanzen können ebenfalls verwendet werden. Ihr Vorteil: Die Ranken sind über eine lange Strecke fast gleich dick. Meist sind sie aber weniger elastisch als Äste von nicht rankenden Gehölzen. Sie eignen sich besonders gut für Zäune oder größere Werkstücke. Zu empfehlen sind:

- Die wilde Echte Waldrebe *(Clematis vitalba)*, aber auch die Kulturrebe *(Vitis vinifera)*. Sie produzieren sehr lange Triebe mit einer faserigen Rinde. Körbe, in denen Clematis verflochten wird, erhalten ein rustikales Aussehen.

- Einjährige Brombeerranken *(Rubus fruticosus)* – sie sind nicht ganz so lang wie Clematisranken, aber ausgereift, also im Winter geerntet, ebenfalls für gröbere Flechtarbeiten gut geeignet. Bei der Ernte werden gleich die Dornen entfernt, indem wir sie beispielsweise mit einem stumpfen Messer abstreifen.
- Geißblatt *(Lonicera periclymenum, Lonicera caprifolium)* – sie schlingen sich um ihre Rankhilfen. Die Triebe sind lang und gleichmäßig dick, jedoch nicht gerade, sondern gedreht. Das muss beim Flechten aber kein Nachteil sein, sondern kann einem Werkstück auch ein interessantes, rustikales Aussehen geben.
- Junge Triebe des Blauregens *(Wisteria)* – sie eignen sich ausgereift, geschnitten in der Winterruhe, gut. Ältere Triebe können extrem stark gewunden sein und sind daher nicht empfehlenswert.

Im Grunde kann man fast alle längeren Materialien, die eine gewisse Elastizität besitzen, zum Flechten nehmen. In nördlichen Regionen, dort wo keine Laubbäume gedeihen, werden sogar die längs gespaltenen Wurzeln von Nadelbäumen verwendet. Für Werkstücke, die im Haus genutzt werden, kommen auch fragile Materialien, wie Gras, lange Kiefernnadeln, verwelkte Blätter der Iris, Blätter aus Maiskolben, Rohrkolben oder auch Stroh in Frage. Mit Experimentierfreude können wir die Anzahl der geeigneten Materialien immer wieder erweitern.

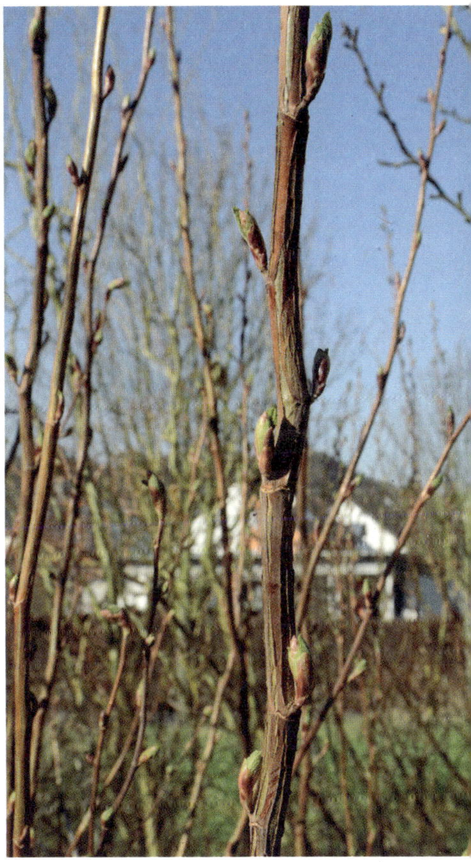

Alle elastischen Triebe, wie beispielsweise auch dieser Zweig der Blutjohannisbeere, können zum Flechten verwendet werden. Mit Fantasie und Experimentierfreude lassen sich in Garten und Natur viele schöne und biegsame Materialien finden.

Flechtgut frisch aus dem Garten

Es gibt viele Gründe, Flechtmaterial im Garten anzupflanzen. Vielleicht reicht das Material, das in unserem Garten bei den normalen Pflegeschnitten anfällt, für unsere Flechtprojekte nicht mehr aus. Vielleicht wollen wir aber auch einfach mehr Weidenarten und -sorten in unserem Garten erleben. Wie so oft, können wir Pflanzungen auch multifunktional anlegen und so gestalten, dass sie den Hauptzweck, z. B. Sichtschutz oder Lebensraum für Vögel zu bieten, erfüllen und dass gleichzeitig Flecht- und Bindematerial dort gewonnen werden kann. Einige Möglichkeiten stellen wir hier vor.

Beschnittene Gehölze im Staudenbeet

Wenn wir Sträucher jedes Jahr knapp über dem Boden abschneiden, werden sie in der Regel nicht blühen und können ihre arteigene Gestalt auch nicht ausbilden. Pflanzen so zu behandeln, klingt zunächst einmal widersinnig. Trotzdem werden solche regelmäßig auf den Stock gesetzten Gehölze gelegentlich als strukturgebende Elemente in öffentlichen Staudenpflanzungen eingesetzt, ähnlich wie auch das Pflanzen von Gemüse in Staudenbeeten zu attraktiven Bildern führen kann. Dies können wir auch im Privatgarten nutzen.

Sträucher im Staudenbeet, regelmäßig bodennah beschnitten, um Flechtruten zu gewinnen, verbinden, wie Gemüsepflanzen im Blumenbeet, den Ziergarten mit einem Nutzgarten. Gerade schmalblättrige Weiden wie Korb-, Silber- und Purpurweide bilden attraktive Büsche aus geraden, elastischen Zweigen, die sich leicht im Wind bewegen. Gestalterisch können sie also ähnlich eingesetzt werden wie Bambus. Im Gegensatz zu Bambus werden die Blätter der Weiden jedoch von zahlreichen Insekten genutzt, sind also auch ökologisch ein Gewinn.

Aber nicht nur regelmäßig geschnittene Weiden können als Strukturelement im Blumenbeet eingesetzt werden. Auch andere ausschlagswillige und schnellwüchsige Arten wie Pappel, Linde und Hasel sind dafür geeignet. Nach dem englischen Ausdruck für »Auf-den-Stock-setzen« wird dies dann »*Coppicing*« genannt.

Die Wahl des verwendeten Gehölzes sollte standortgerecht sein, Weiden brauchen – bis auf die Purpurweide – einen gut mit Feuchtigkeit versorgten Boden und alle Weidenarten lieben die Sonne. Im Schatten werden Weiden immer kümmern, dort sollten wir schattenverträglichere Gehölze wie Faulbaum oder Liguster wählen.

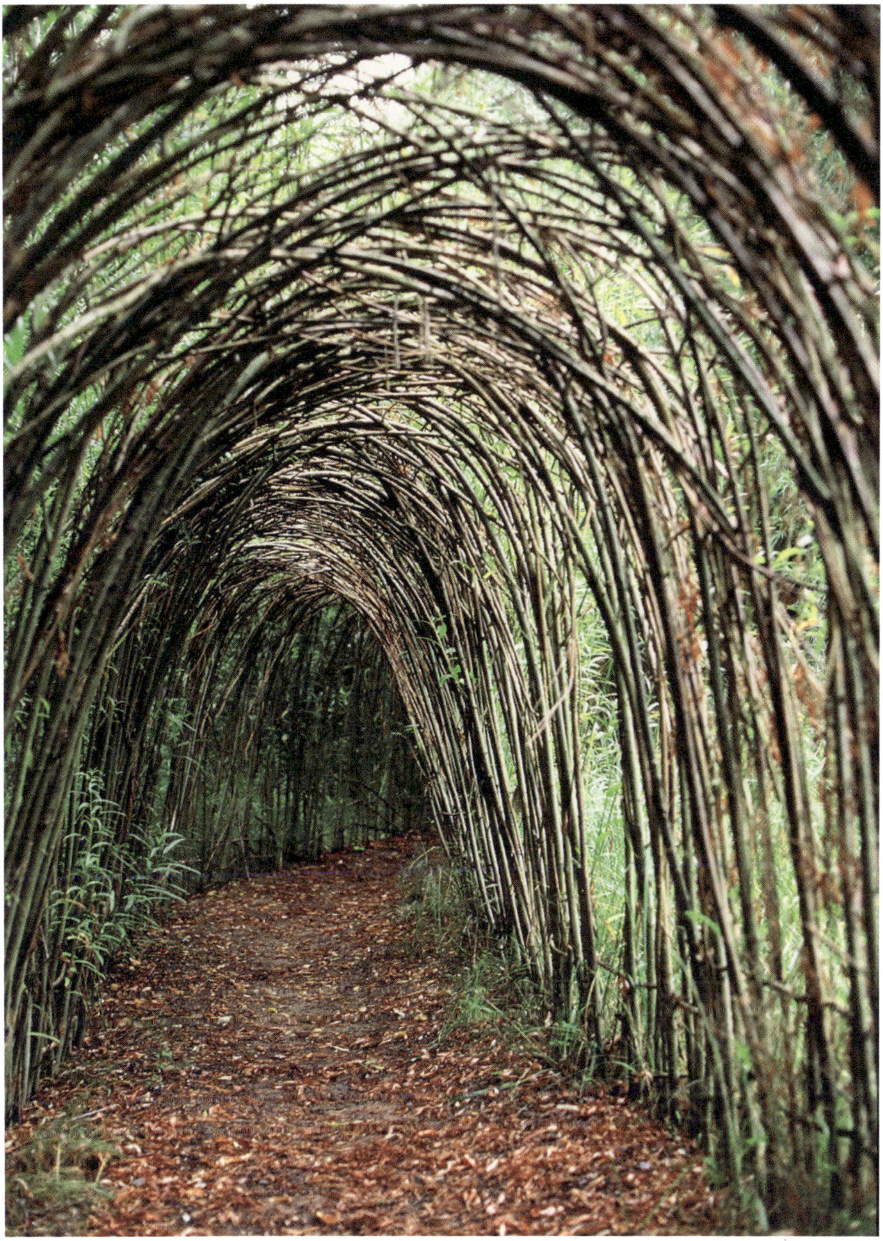

Weiden sind ein Gewinn für den Garten – wie hier als Weidentunnel, aber auch als Gestaltungselement im Staudenbeet oder als lebendiger Sichtschutzzaun.

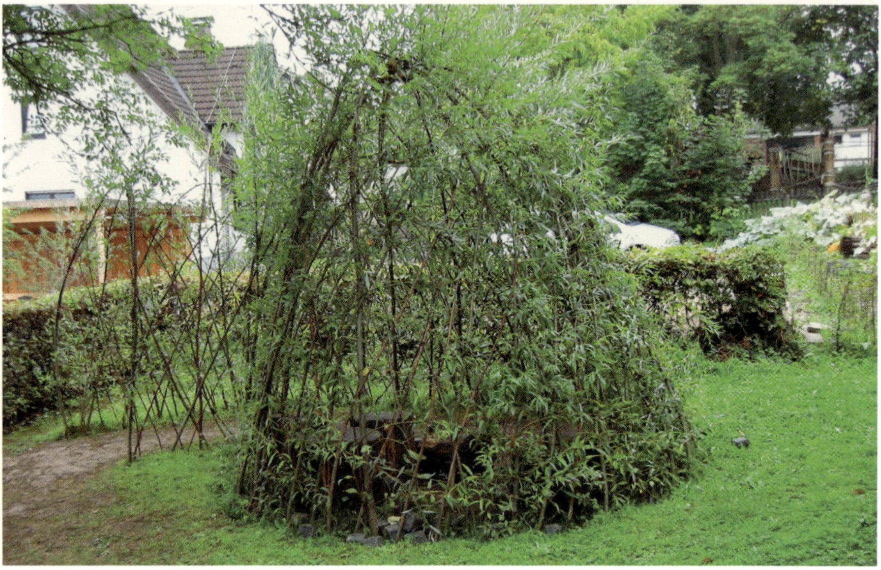

Ein Weidentipi ist ein schönes Kinderversteck, im Sommer bietet es ein gemütliches Schattenplätzchen für Groß und Klein. Damit das Tipi in Form bleibt, werden die Äste regelmäßig geschnitten oder eingeflochten. Während der Winterruhe geschnittene Zweige sind gutes Flechtmaterial.

Weidenbaumwerke liefern Nachschub

Weidenbaumwerke sind besonders in Natur-Spiel-Räumen beliebt. Weidenzweige, die in die Erde gesteckt werden, wachsen leicht an. In Form gebogen und verflochten, kann man ohne viel Aufwand Tipis, Tunnel und andere grüne Räume »bauen«. Einer der Pioniere dieser Technik, Marcel Kalberer, hat diese Strukturen, weil es keine Bauwerke sind, für die entsprechende DIN-Regeln angewandt werden müssen, »Baumwerke« genannt.

Nun sind diese Gartenelemente zwar einfach zu erstellen und kosten fast nichts, aber sie brauchen ständige Pflege, denn jeder der Weidenstecken hat den genetisch festgelegten Plan, ein Baum zu werden. Daran muss er dauerhaft gehindert werden, indem Seitenäste entweder eingeflochten oder abgeschnitten werden – und bei Letzterem fällt dann eine Menge Flechtmaterial an! Wichtig ist dafür nur, eine Schnittmaßnahme in die winterliche Ruhezeit zu verlegen. Die beste Zeit, Weidenbaumwerke wie Tipis oder Lauben vor dem Neuaustrieb wieder in Form zu bringen, sind frostfreie Tage im Winter. Seitenäste, die nicht eingeflochten werden konnten, schneiden wir stammnah ab.

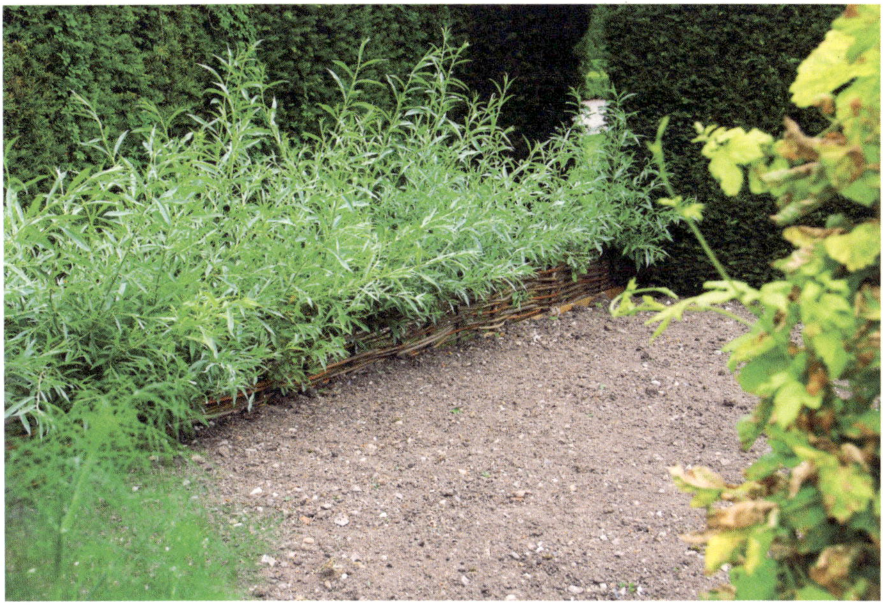

Lebende Pfosten treiben neu aus und müssen regelmäßig beschnitten werden. Ein guter Anlass, etwas Neues zu flechten!

Lebende Zäune für neues Flechtmaterial

Wenn wir totes Material als Ruten verwenden, werden die Zäune nicht zu einer grünen Wand auswachsen und brauchen weniger Platz. Das bedeutet aber auch, dass die Zäune in regelmäßigen Abständen renoviert werden müssen. Ein guter Kompromiss kann es sein, die Pfosten so in die Erde zu setzen, dass sie austreiben können. So bleiben die Pfosten (Staken) dauerhaft und wir müssen nur die Ruten regelmäßig erneuern. Auch hier muss jeder Pfosten daran gehindert werden, ein Baum zu werden. Die Austriebe müssen also in regelmäßigen Abständen entfernt werden – und können dann für neue Flechtarbeiten genutzt werden. Oft wachsen die Pfosten am Anfang nicht gleichmäßig. Manche bleiben zurück, andere haben sich gut bewurzelt, werden gut belichtet und wachsen deshalb gut. Diejenigen, die kräftig wachsen, werden früher und mehr geschnitten als die »Nachzügler«. Bei den langsam wachsenden Pfosten lassen wir die Äste länger am Holz, damit sie in ihrem Wachstum nachholen. Frisch gesetzt, sollten wir, wie bei Weidenbaumwerken auch, einen Teil des Austriebs entfernen, damit die wenigen Wurzeln nicht zu viele Blätter versorgen müssen.

Gehölzplantage als Sichtschutz

Wer noch mehr Material zum Flechten braucht, wird sich eine kleine »Plantage« anlegen. Das kann durchaus auch ein Streifen an der Grundstücksgrenze sein. Unsere Pflanzung ersetzt dann die Hecke.

Manche Straucharten kann man über Steckhölzer vermehren. Sie werden im Winter einfach in die Erde gesteckt. Dafür werden Äste in Abschnitte von etwa 30 cm Länge geschnitten. Wir schneiden kurz unter bzw. über einer Knospe. Es ist praktisch, das untere und obere Ende der Steckhölzer zu markieren, zum Beispiel kann man sie unten gerade abschneiden und oben schräg. Steckhölzer der meisten Arten bilden nur Wurzeln, wenn der Knoten, der in der Erde unten zu liegen kommt, zuvor auch an der Pflanze unten war. Wir dürfen den Astabschnitt also – relativ zur Schwerkraft – nicht umdrehen. Mit den verschiedenen Schnittrichtungen – schräg oder gerade – markieren wir die Lage der Knoten, wie sie an der Pflanze waren. Natürlich können wir diese Lage oft auch an den Blattknospen erkennen, diese sind aber manchmal sehr klein oder fallen leicht ab. Mit dem Trick, oben und unten verschieden abzuschneiden, sind wir auf der sicheren Seite.

Alle Seitenäste werden entfernt, dann können die Äste mit etwas Abstand in das gut gelockerte Beet gesteckt werden. Der Abstand hängt davon ab, wie leicht sich die Steckhölzer der verwendeten Art bewurzeln.

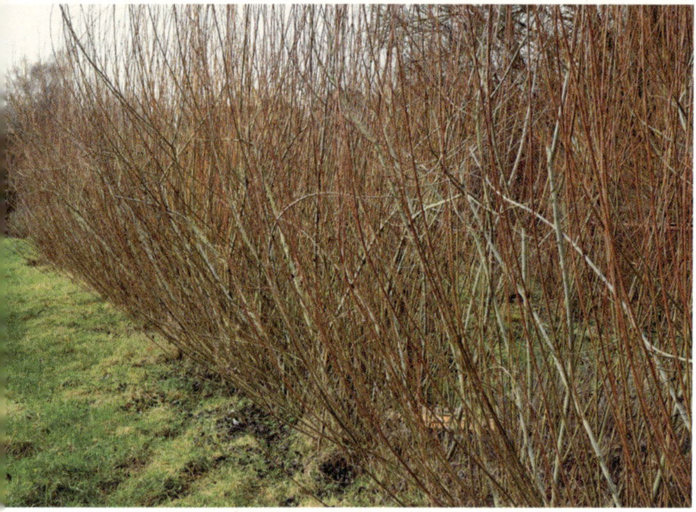

Ein Weidenbeet kann auch als Sichtschutz oder Abgrenzung dienen.

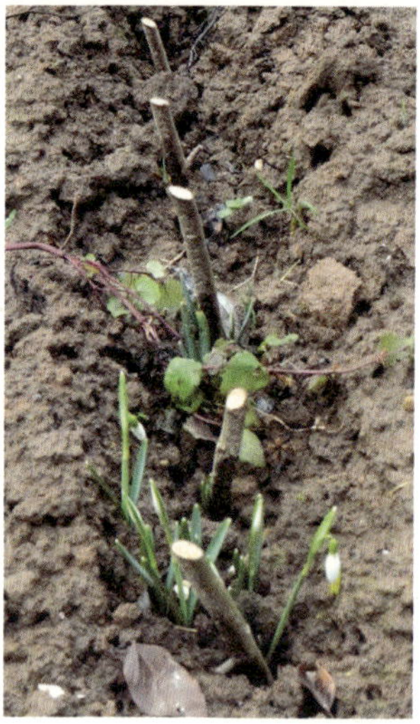

frisch gestecktes Weidenbeet

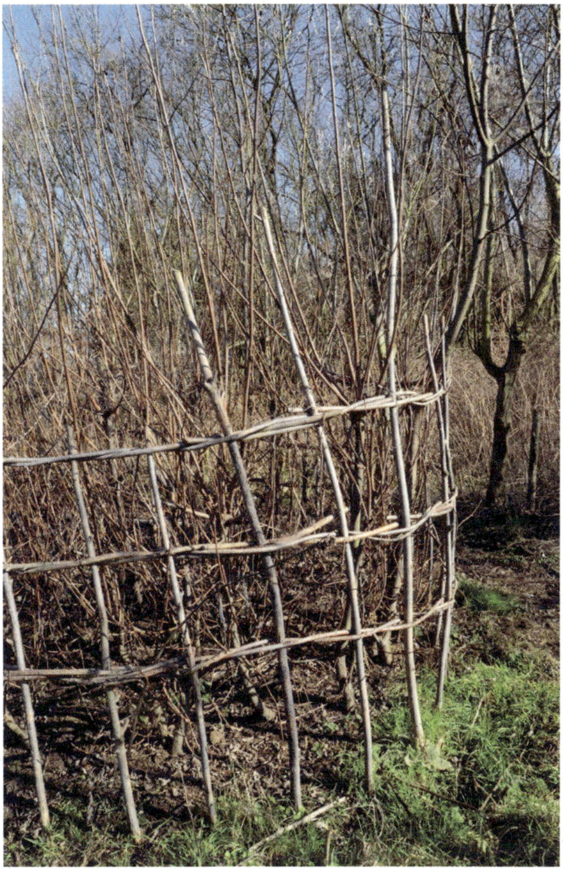

Hier werden Traubenkirschen durch den Flechtzaun dazu »erzogen«, schöne Ruten zu bilden, die nach oben wachsen.

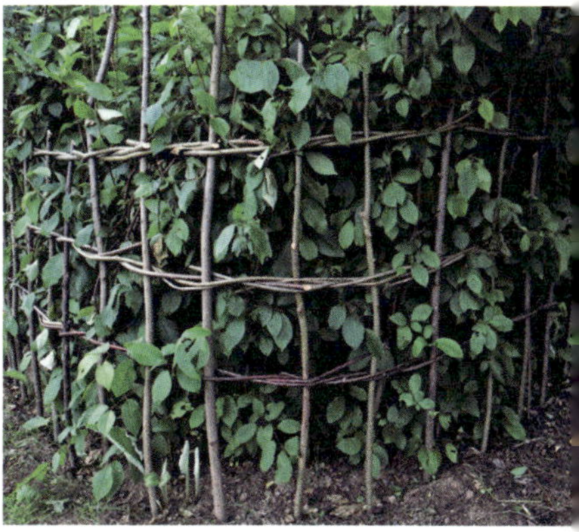

Weiden, Pappeln und Liguster bewurzeln sich leicht, sie können in einem weiten Abstand gesteckt werden (20 cm in der Reihe, 50 cm zwischen den Reihen). Andere Arten wie Schneeball oder Faulbaum bewurzeln sich nicht so einfach, sie werden enger gesteckt (etwa 10 cm). Dann ist es später nicht so schlimm, wenn sich nicht alle Steckhölzer zu Pflanzen entwickeln.

Bei manchen Arten, z. B. Traubenkirsche oder Flieder, ist es einfacher und sicherer, Wurzelausläufer abzustechen, statt sie über Steckhölzer zu vermehren. Eine weitere Möglichkeit, an Jungpflanzen zu kommen, ist es, Absenker zu bilden, also Zweige auf die Erde zu biegen und dort zu befestigen, zum Beispiel mit einem Stein. Bei Schneeball und Johannisbeere funktioniert das gut.

Wenn wir unsere kleine »Plantage« zusätzlich mit einem Flechtzaun umgeben, zwingen wir die Pflanzen, nach oben zu treiben, und sie bilden weniger Seitenäste.

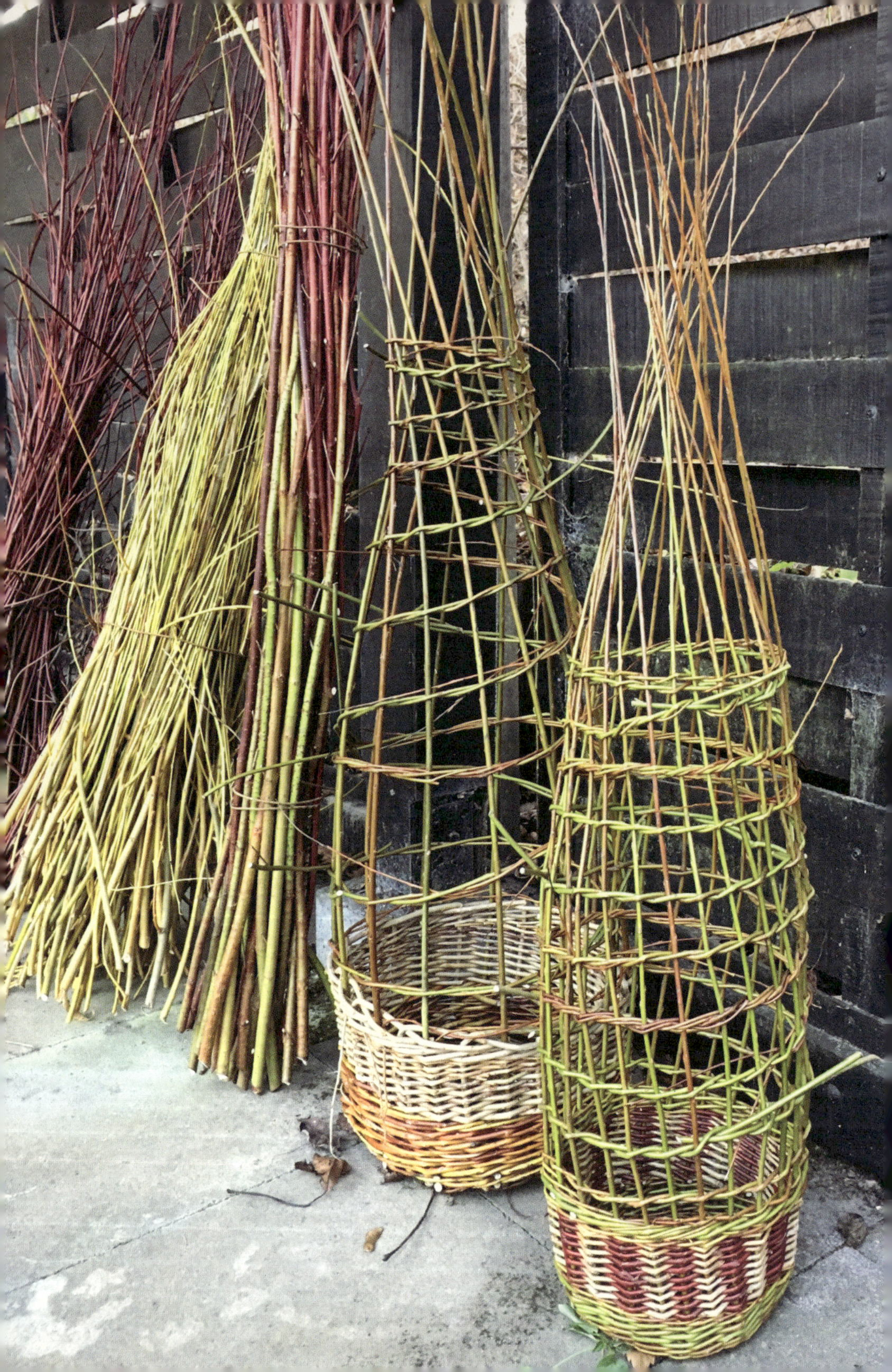

Flechtmaterial ernten und vorbereiten

Die Haltbarkeit der Flechtwerke hängt nicht nur stark vom richtigen Erntezeitpunkt ab, sondern auch davon, ob das Material nach der Ernte so behandelt und gelagert wird, dass die angestrebten Eigenschaften erhalten bleiben. Dabei kann beispielsweise das verfrühte Abschneiden der Seitenäste die Verwendbarkeit ganzer Bündel zunichtemachen. In diesem Kapitel erfahren Sie, wie Sie Flechtmaterialien während des Schnitts und bei der Lagerung bis zur späteren Verarbeitung am besten behandeln – so werden Sie lange Freude an Ihren selbst gemachten Schmuckstücken haben.

Ernte und Erntezeitpunkt

Damit das Flechtmaterial möglichst lange seine Elastizität behält und auch durch den Trocknungsprozess nicht so sehr schrumpft, sollte das Holz der Äste ausgereift sein. Wir schneiden also am besten in der winterlichen Ruheperiode, nach dem Blattfall. In jedem Garten wird im Winter der eine oder andere Strauch geschnitten, dabei können wir das Schnittgut gleich auf seine Eignung als Flechtmaterial prüfen und beiseitelegen. Am besten sortieren wir die Äste nach Art des Strauches und bündeln sie, indem wir sie mit Draht oder Band umwickeln. Besonders stilecht ist natürlich eine Bindung mit selbst geernteter Weidenrinde (mehr dazu auf Seite 150).

Warum fassen wir Material von nur einer Strauchart in einem Bündel zusammen? Die Äste einer Strauchart haben ähnliche Eigenschaften und sollten am besten gemeinsam verarbeitet werden, damit das geflochtene Werkstück schön gleichmäßig wird.

Die Seitenäste werden erst einmal nicht abgeschnitten. An den Schnittstellen würde der Ast schneller austrocknen, hier könnte die Rute beim Arbeiten später

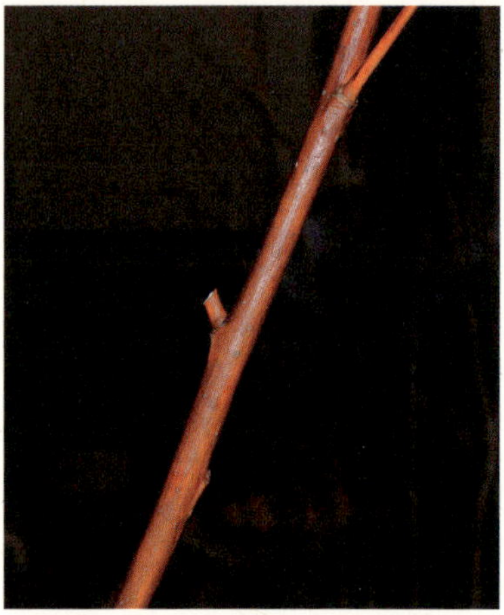

Vom unerwünschten Seitenast bleibt bei der Ernte zunächst mindestens ein »Kleiderhaken« stehen.

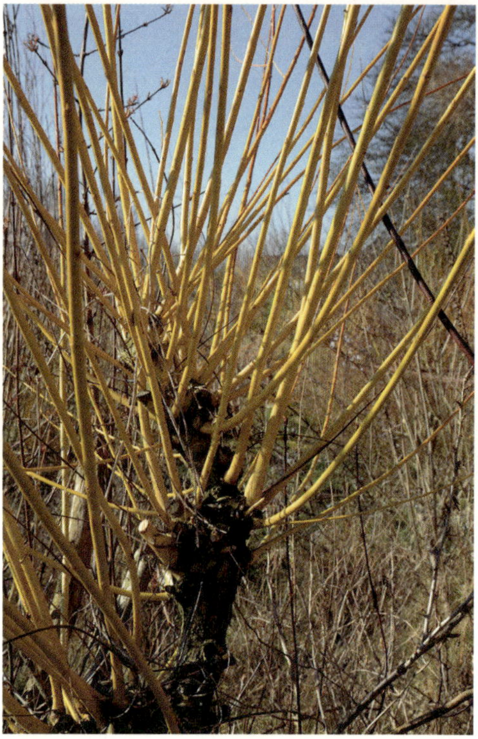

An längeren Stummeln treiben mehr Augen aus und es bilden sich mehr dünnere Äste. Bei der Gewinnung von Flechtgut ist das erwünscht.

leicht brechen und es würde eine Sollbruchstelle entstehen. Falls ein Seitenast stört und abgeschnitten werden muss, wird er deshalb zunächst in einigem Abstand von der Verzweigung entfernt. Sollten die Äste beim Ernten noch beblättert sein, belassen wir erst einmal die Blätter am Ast. Vor dem Verziehen (siehe Seite 35) werden die Blätter dann abgestreift.

Es ist jedoch sinnvoll, das Material bald nach der Ernte zu verziehen. So haben wir immer vorsortiertes Material bereit, wenn wir Zeit haben, etwas zu flechten.

Wenn wir Material von Pflanzen ernten, die wir speziell für die Produktion von Flechtruten im Garten gepflanzt haben, dann sollten wir so schneiden, dass die Pflanzen weiterhin gute Ruten produzieren. Wir verbinden also mit der Ernte gleichzeitig einen Pflegeschnitt: Dabei werden zuerst sehr schwache Ruten, die nicht als Flechtruten taugen, entfernt. Bei Pflanzen, die stark sind, lassen wir längere Aststummel stehen. Dann können mehr Augen austreiben und die Pflanze wird mehr Ruten produzieren. Schwache Pflanzen werden von der Ernte ausgenommen.

Diese Grundsätze können sowohl bei Beeten, wo die Pflanzen auf den Stock gesetzt werden, als auch bei Kopfbäumen angewandt werden. Wenn wir Kopfbäume zur Produktion von Flechtmaterial nutzen wollen, schneiden wir so, dass nicht nur wenige dicke Triebe gebildet werden, sondern viele dünnere Triebe. Dafür schneiden wir diese Pflanzen anders als üblich: Wir schneiden nicht am »Kopf«, sondern lassen dickere Seitenäste ein Stück stehen. So bleiben mehr schlafende Knospen (Augen) erhalten, es werden mehr Äste gebildet, die miteinander um Nährstoffe konkurrieren und deshalb dünner bleiben, als wenn nur wenige Augen austreiben können.

Lagern und Einweichen

Die gebündelten Äste werden an einem schattigen, möglichst wettergeschützten, aber kühlen Platz gelagert. Sonnenlicht und Pilze brechen die Holzstrukturen auf, vor diesen beiden Einflüssen müssen wir die Bündel schützen. Es ist aber kein Problem, wenn sie dem Frost ausgesetzt sind. Die Äste sollten wenig Bodenkontakt haben, damit sie nicht anfangen, zu schimmeln. An der Nordseite eines Gartenschuppens, vor Sonne und Regen mit einer Plane oder durch den Dachüberstand geschützt, können sie lagern und werden ihre Elastizität behalten.

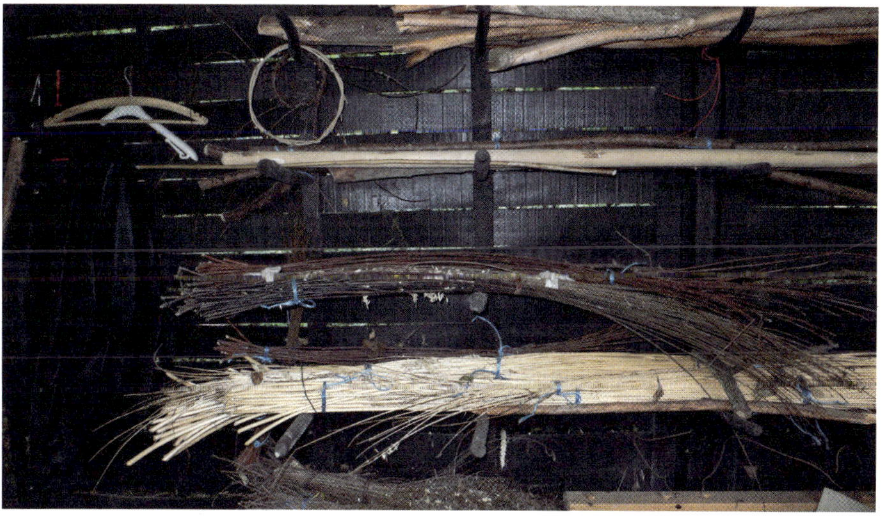

An einem kühlen, trockenen Platz ohne Bodenkontakt sind die Ruten vor Mäusen gut geschützt und können den ganzen Winter über gelagert werden.

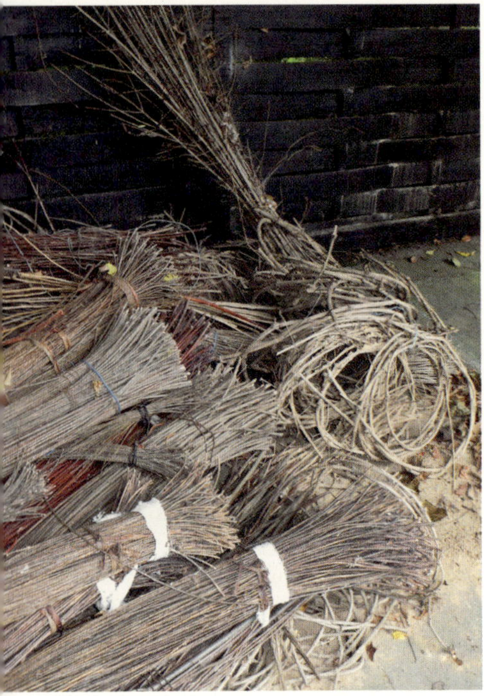

Wenn die Bündel wie hier lange auf dem Boden lagern, werden sie von Mäusen angefressen.

Man kann die Bündel aber auch in einem Lagerraum im Haus aufbewahren. Dann werden sie trocknen und müssen vor dem Verarbeiten eingeweicht werden. Dies gilt auch für Flechtruten, die bis zum Beginn der warmen Jahreszeit nicht verarbeitet werden konnten und deshalb ebenfalls getrocknet sind.

Am besten werden die Äste liegend und ohne Bodenkontakt gelagert, insbesondere, wenn wir sie außerhalb des Hauses aufbewahren. Gut geeignet sind Haken und Regalwinkel zum Aufhängen oder offene Regale an einer Schuppenwand. Denn Mäuse lieben leider Äste und knabbern sich durch die Bündel, die sie erreichen können.

Um getrocknete Ruten für die Flechtarbeit wieder elastisch zu machen, müssen die Bündel eingeweicht werden. Früher wurden sie dafür von den Korbflechtern in einen Bach gelegt. Die ständige Zufuhr von frischem Wasser verhindert das Faulen der Ruten. Heute ist das Einweichen in der Badewanne eine gute Möglichkeit. Wenn wir die Badewanne nutzen, sollten die Ruten aber nicht zu lange darin liegen. Die Ruten werden entweder zehn Minuten eingeweicht oder einmal gründlich überbraust und dann aus der Wanne genommen und in eine Folie gewickelt. Dieser Vorgang wird dreimal am Tag wiederholt. Die Einweichdauer ist abhängig von der Dicke der Ruten, aber auch vom verwendeten Material. Wenn die Ruten bleistiftdick sind, dauert der Vorgang drei Tage, wenn sie dicker sind (etwa 15 mm), kann es sieben bis zehn Tage dauern. Diese Angaben sind aber nur Anhaltswerte, wichtig ist, zu prüfen, ob die Ruten wieder elastisch sind.

Und wir sollten die Wanne nach jedem Einweichen gründlich reinigen. Auch wenn man am Anfang nichts sieht: Der Gerbstoff der Rinde verfärbt das Emaille und die Flecken dunkeln mit der Zeit immer weiter nach. Die Flecken können nach einiger Zeit nicht mehr entfernt werden. Wer eine alte Badewanne auf dem Sperrmüll findet, und genug Platz dafür im Garten hat, braucht sich um das Putzen der Wanne nicht zu kümmern.

Man kann das Flechtmaterial aber auch einfach mehrfach (drei- bis viermal) täglich im Freien mit der Gießkanne überbrausen und dann gleich wieder luftig abdecken. Wichtig ist immer, dass alle Bereiche gut durchfeuchtet werden. Elastisch werden nur die Stellen, an denen die Äste mit Wasser in Kontakt kommen. Wenn wir, wie bei einem Blumenstrauß, nur die unteren Bereiche in einen Wasserbottich stellen würden, wäre am Ende nur der untere eingetauchte Bereich wieder elastisch.

Ruten prüfen und verziehen

Nach der Ernte, spätestens aber vor Beginn der Flechtarbeit, verziehen wir die Bündel, die wir für unsere Arbeit nutzen wollen. Dazu nehmen wir jede Rute eines Bündels in die Hand und prüfen sie auf ihre Eignung. Gut geeignet sind die Ruten, die möglichst gerade und möglichst gleichmäßig dick sind. Sie sollten keine geknickten Stellen und keine vertrockneten Bereiche haben, an denen sie brechen können.

Zuerst werden die Seitenäste entfernt. Wenn wir das Material erst später verwenden wollen, lassen wir beim Abschneiden der Seitenäste jeweils noch einen Stummel stehen und schneiden diesen später direkt vor dem Flechten ab. Anschließend wird sortiert: Die »Guten« werden in einen Eimer gestellt, die »Schlechten« kommen in den Kompost. Manche Seitenäste sind lang genug, sie kommen nach dem Abschneiden auch in den Eimer. Bei manchen Ästen sind auch nur die Seitenäste zum Flechten geeignet.

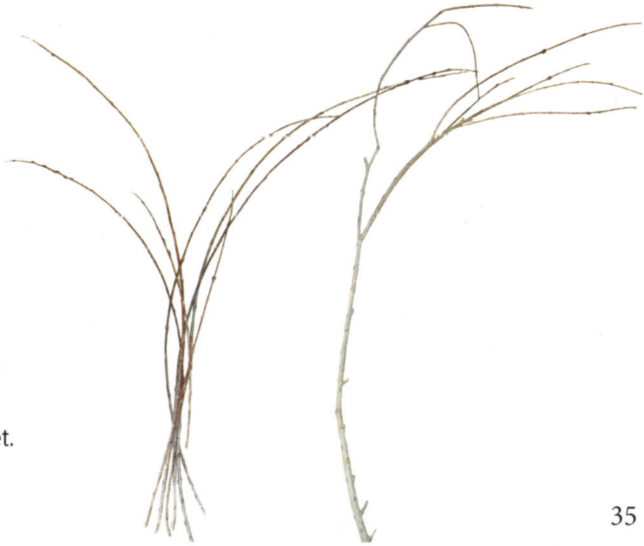

Links sind die geeigneten Ruten ausgewählt, die rechte Rute ist ungeeignet.

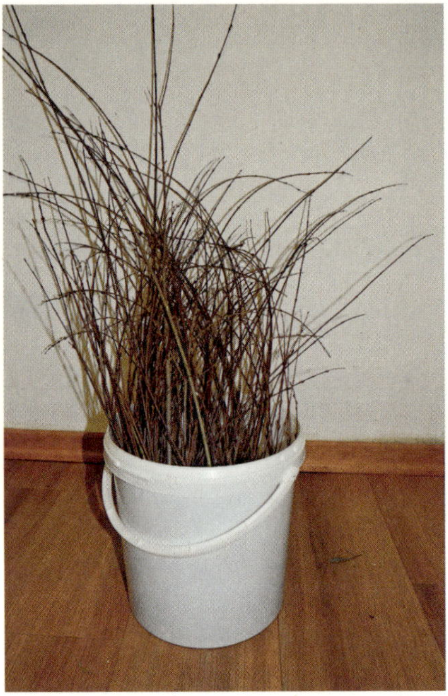

Jetzt stehen die Ruten zum Verziehen bereit.

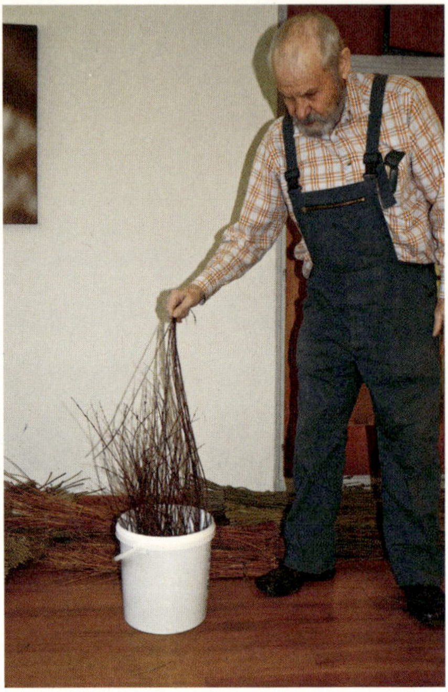

Die Ruten werden an den Spitzen gefasst und aus dem Eimer gezogen.

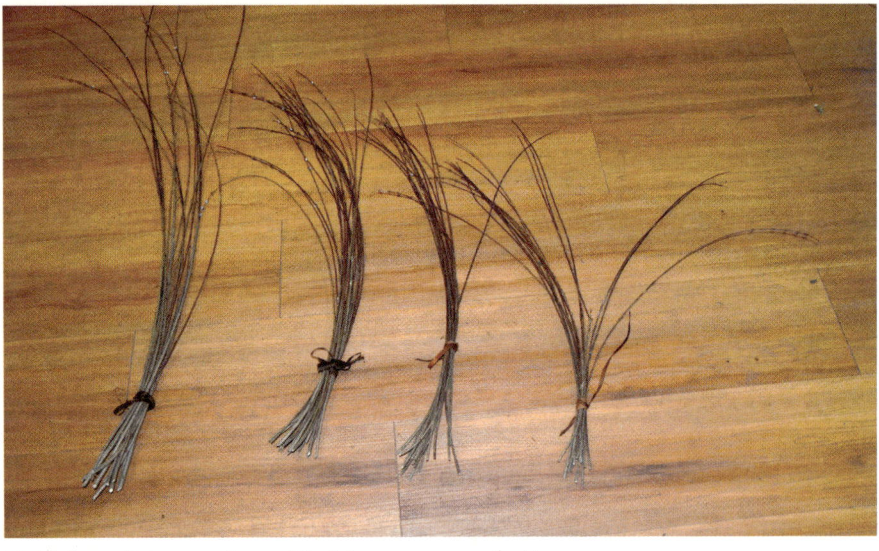

Gleich lange Ruten werden zu Bündeln zusammengefasst.

Wenn wir das Bündel durchgesehen haben, stehen in dem Eimer viele verschieden lange Ruten einer Gehölzart. Sie werden nun »verzogen«. Dafür fassen wir die jeweils längsten Ruten, die wir leicht mit einer Hand herausziehen können, indem wir nur die obersten Rutenspitzen greifen, und ziehen sie aus dem Eimer heraus. Nach dem Verziehen haben wir mehrere Bündel erhalten, sortiert nach der Länge.

Vor dem Flechten suchen wir aus einem Bündel dann die für unseren Zweck passenden Ruten gleicher Dicke heraus. Hierbei »sehen« die Finger besser als die Augen.

Wenn die Bündel dann wie die Orgelpfeifen an der Wand aufgereiht stehen, ist das schon mal ein schöner Anblick. Mit Weidenrinde gebunden und aufgestellt, ist ein Weidenrutenbündel an sich auch schon ein schönes Dekorationsobjekt.

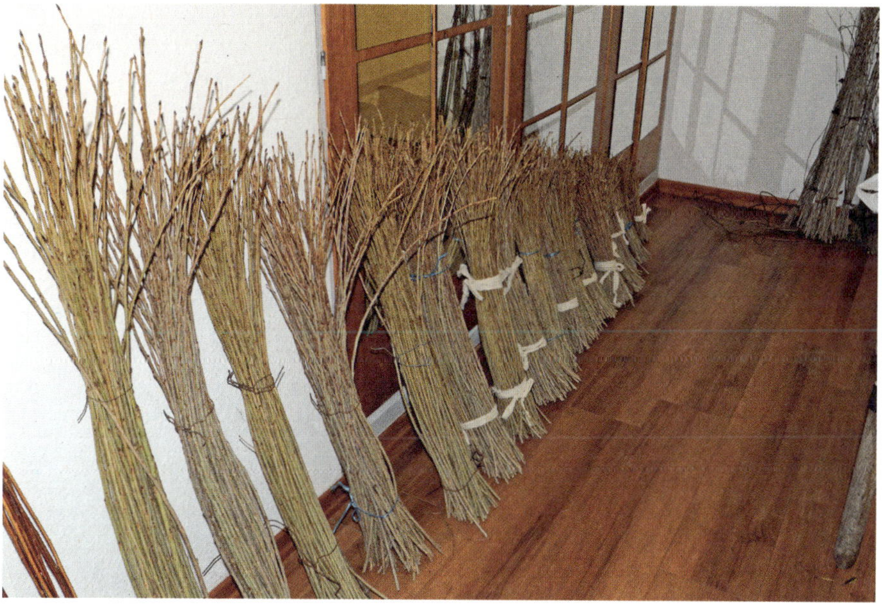

Die Ruten (hier Pappel) werden der Länge nach sortiert und können dann passend zum Werkstück nach Bedarf ausgewählt und verflochten werden.

Passendes Werkzeug

Viel Werkzeug brauchen wir nicht. Es gibt zwar Profiwerkzeug fürs Korbflechten, in fast jedem Haushalt findet sich aber etwas, das dieses ersetzen kann:

Rosenschere

Je besser die Schere ist, desto mehr und länger werden wir Freude an ihr haben. Damit die Schnitte schön glatt werden, sollte sie gut geschärft sein. Es gibt sogenannte Amboss-Scheren und zweischneidige Scheren, bei denen Klingen und Gegenklingen aneinander vorbeigleiten. Die Amboss-Schere, bei der die scharfe Klinge auf eine feste Unterlage trifft, quetscht oft mehr, als dass sie schneidet. Sie ist deshalb für unseren Zweck nicht geeignet.

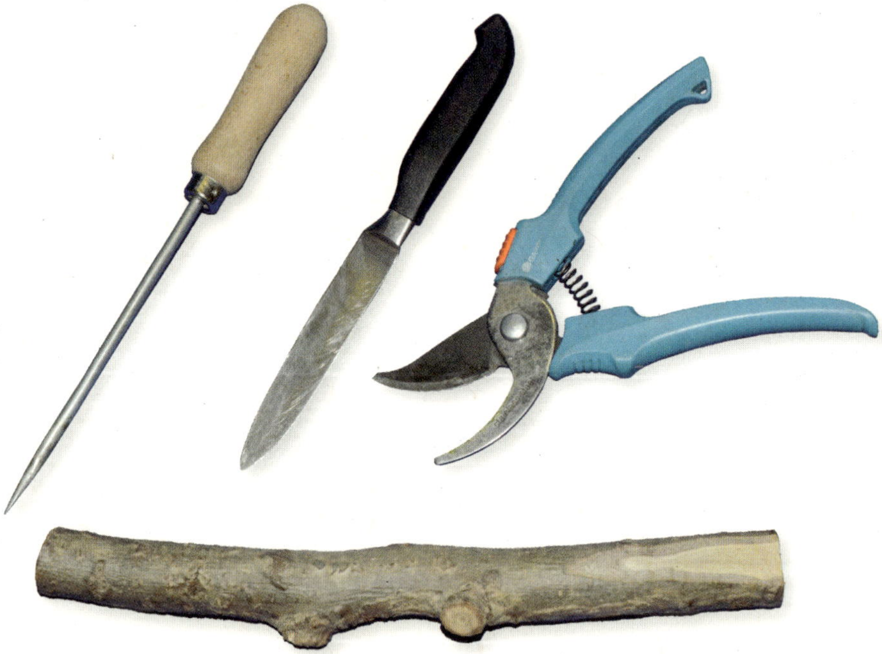

Mehr brauchen wir nicht: nur Ahle oder Schraubenzieher, Messer, Rosenschere und einen Stock zum Klopfen.

Messer

Zum Spalten und Anschneiden von Ruten brauchen wir ein starkes und scharfes Messer. Ein stabiles Küchenmesser mit kurzer und etwas dickerer Klinge findet sich in jedem Haushalt und ist völlig ausreichend.

Ahle/Pfriem

Manchmal muss der Raum für eine Rute vor dem Einstecken etwas erweitert werden. Man kann dafür einen Schraubenzieher oder eine Ahle (auch Pfriem genannt) einsetzen. Eine Ahle sieht aus wie ein Schraubenzieher mit einer spitz zulaufenden und nicht abgeflachten Spitze. Wichtig ist, dass das Werkzeug nicht zu scharf ist, damit man die Ruten nicht so leicht verletzt. Sehr gut kann man sich eine Ahle / einen Pfriem aus Holz selbst schnitzen, sie ist dann an der Spitze schön rund und wird das Flechtwerk nicht beschädigen, wenn wir eine Lücke für neue Ruten schaffen.

Schlagwerkzeug

Damit das Flechtwerk schön dicht wird, müssen wir es regelmäßig nach unten schlagen und festklopfen. Profis haben dafür ein Klopfeisen. Man kann für diesen Zweck aber auch jeden dickeren Stock oder eine Leiste verwenden.

Gewicht

Damit der Korb während des Flechtens stabil auf der Unterlage steht, sollte der Korbboden innen beschwert werden. Die Bleigewichte der Profis können wir durch einen Stein, eine mit Sand gefüllte Plastikflasche oder einen gefüllten Plastikschraubbecher ersetzen. Zerbrechlich, also aus Glas, sollte das Gewicht jedoch nicht sein.

Werkzeug für die Übungsplatte

Um die ersten Schritte beim Korbflechten zu üben, ist es sinnvoll, eine Übungsplatte herzustellen. Dafür benötigen wir Werkzeuge und Material für die Holzbearbeitung: Säge, Bohrmaschine, Schraubenzieher, Holzleim, Schmirgelpapier und Dübel. Für den einmaligen Gebrauch lässt sich nicht vorhandenes Werkzeug vielleicht ausleihen? Vielleicht findet sich auch ein hilfsbereiter Mensch mit einem gut sortierten Hobbykeller?

Alternativ können auch Böden für Peddigrohrkörbe verwendet werden, aus denen sich leicht ein Übungsgerät bauen lässt (Bezugsquelle siehe Seite 168).

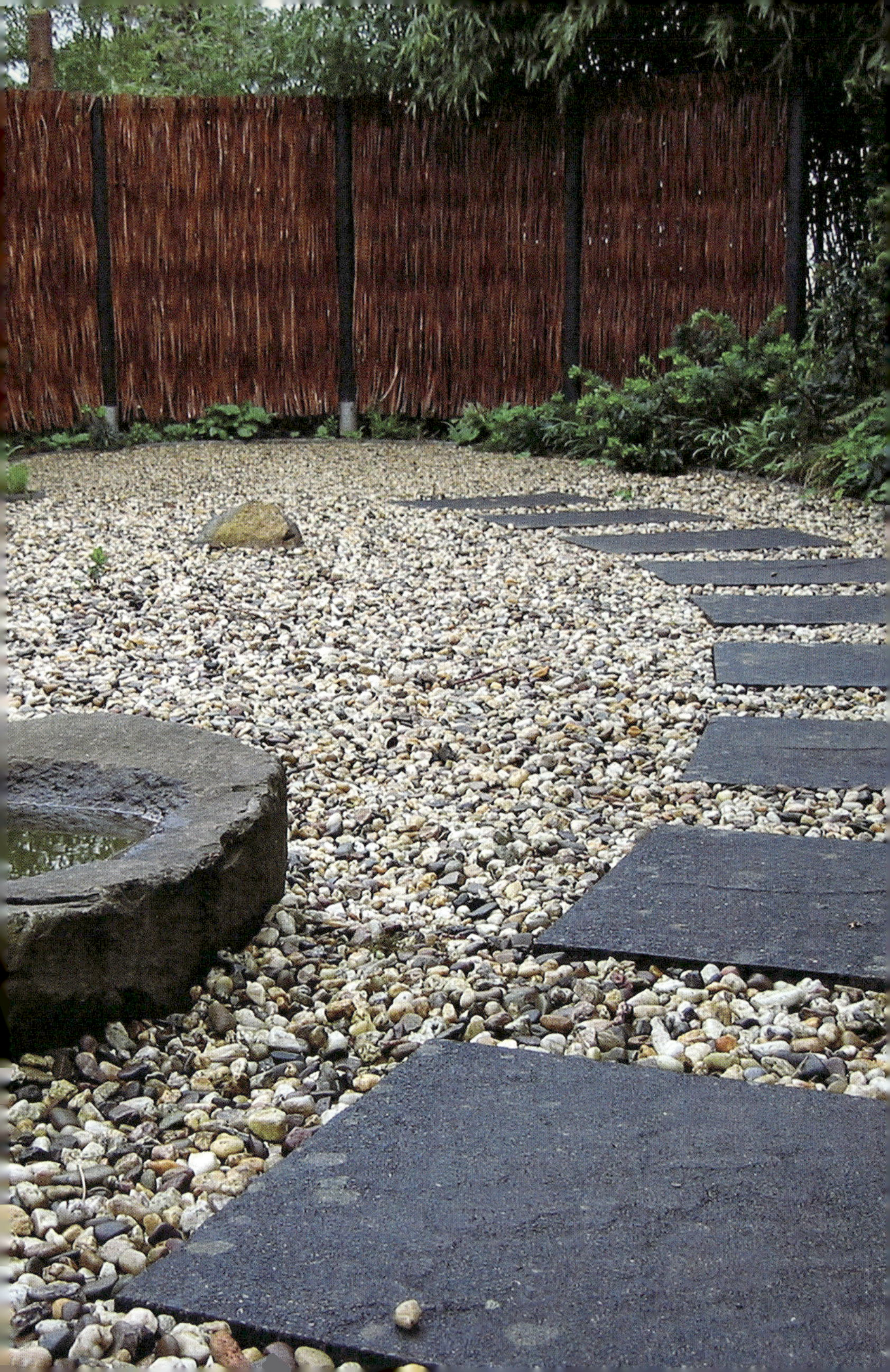

Grundbegriffe und Vorübungen

Bevor wir uns an unser erstes Werkstück machen, ist es sehr hilfreich, die grundlegenden Techniken erst einmal zu üben. So können sich unsere Hände an die Arbeit gewöhnen. Das ist allemal angenehmer, wenn wir in einem warmen Raum sitzen, als wenn wir die ersten Schritte des Flechtens im Garten erlernen würden.

Wir verwenden dafür zunächst ein Übungsgerät, das wir später zum Herstellen von Obelisken weiterverwenden können. Damit wir den Verlauf der Ruten und die Flechttechniken besser verstehen, hat es sich sehr bewährt, zum Üben farbige »Ruten« zu verwenden. Wir können dazu alte Stromkabelreste aufschneiden und die in unterschiedlichen Farben ummantelten Leiter verwenden. Oder wir benutzen verschiedenfarbige Stücke von mit Kunststoff ummantelten Wäscheleinen. Diese »Übungsruten« sind zwar nicht elastisch, verhalten sich also etwas anders als die Ruten, die wir später zum Flechten benutzen, dafür können wir sie aber immer wieder verwenden, und – das ist hilfreich – sie lassen sich deutlich unterscheiden. Außerdem können wir das Flechtwerk jederzeit bei Fehlern ohne Probleme lösen und von Neuem beginnen. Bei Flechtruten ist das nicht möglich. Eine einmal eingeflochtene Rute kann nicht wiederverwendet werden, wenn sie wegen eines Fehlers gelöst werden muss.

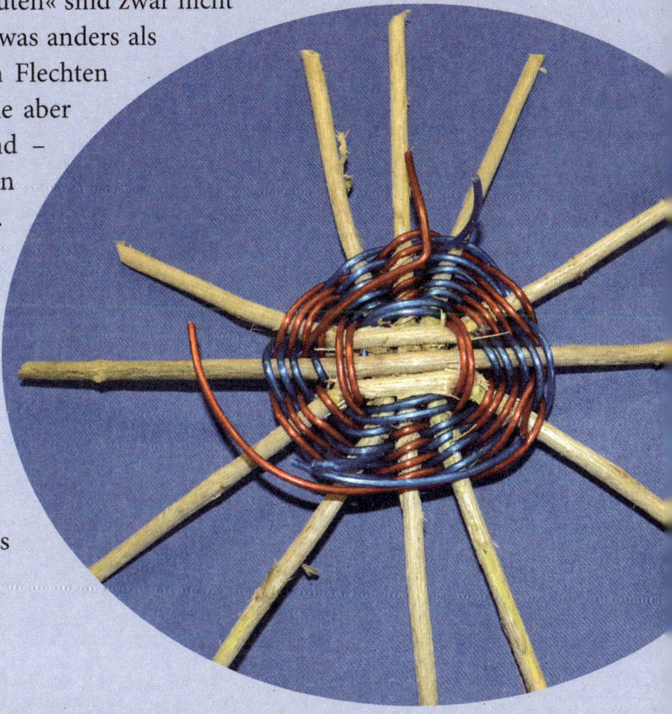

Begriffe und Regeln

Ruten und Staken: Beim Flechten unterscheiden wir Ruten und Staken. Als Staken wählen wir gleichmäßig dicke und gerade Äste, im Flechtwerk bleibt der Name »Rute« nur für die flexiblen dünnen Äste erhalten, die wir zwischen den Staken einarbeiten. Staken entsprechen der Kette beim Weben, sie haben einen größeren Durchmesser als die Ruten, die wir einflechten. Der Durchmesser der Flechtruten beträgt ungefähr zwei Drittel des Durchmessers der Staken.

Ähnlich einem Skelett spannen wir mit den Staken die Fläche auf, die wir dann mit den Ruten füllen. Staken müssen deshalb stark genug sein, um die Kräfte des Flechtwerkes aufzunehmen und zu halten. So entsteht durch unsere Arbeit ein formstabiles Werkstück. Wie die passenden Ruten verzogen werden, wird auf Seite 35 erklärt. Während des Flechtens kann die Stake aber eine andere Funktion bekommen, zum Beispiel wenn ein Rand gearbeitet wird. Dann wird sie wie eine Rute behandelt und eingeflochten.

Bauch und Rücken: Das Material, mit dem wir flechten, nennen wir generell Ruten. Die Seiten werden von den Profis unterschiedlich benannt. Für uns ist es nur wichtig zu wissen, dass jede Rute mehr oder weniger krumm gewachsen ist. Am Baum oder Strauch gab es immer eine Hälfte der Rute, die eher oben, und eine, die eher der Erde zugewandt war, selbst wenn sie fast aufrecht gewachsen ist. Da sich alle Zweige immer, wenigstens ein bisschen, nach oben biegen, sind die meisten Ruten etwas gekrümmt. Die konvexe Seite heißt »Rücken«, die konkave Seite »Bauch«. Zum Flechten wählen wir aber immer möglichst gerades Material.

Dickes und dünnes Ende: Das Ende, an dem wir die Rute abgeschnitten haben, ist das »dicke Ende«. Es wird auch Basisende, Wurzelende oder Fuß genannt. Die Spitze des Astes nennen wir »dünnes Ende«. Das dicke Ende der Rute ist meist besonders krumm, es wird deshalb so weit entfernt, dass die Rute möglichst gerade ist. Die Bezeichnungen sind deshalb wichtig, weil wir im Verlauf der Flechtarbeiten immer mal wieder neue Ruten ansetzen werden. Je nachdem, ob wir mit der Spitze oder dem Fuß der alten Rute enden, wird unterschiedlich gearbeitet (siehe dazu auch die Grundregeln auf der folgenden Seite und Seite 44).

Schlag: Ein Schritt der Flechtarbeit wird auch »Schlag« genannt. Ein Schlag ist dann beendet, wenn die Rute wieder auf der äußeren (rechten) Seite zu liegen kommt.

Grundregeln des Flechtens

Schritt für Schritt werden wir die grundlegenden Techniken des Flechtens erlernen. Vorab aber schon einmal wichtige Regeln, die bei allen Arbeiten berücksichtigt werden sollten:

- Material, das gemeinsam verarbeitet wird, z. B. die Staken eines Korbes oder die Ruten, die gemeinsam verflochten werden, sollte möglichst gleich lang und gleich dick sein.
- Die Ruten werden gleichlaufend verarbeitet. Material, das gemeinsam verarbeitet wird, zum Beispiel die beiden Ruten einer Fitze oder die 3 Ruten einer Kimme oder alle Ruten einer Schicht, werden entweder alle mit dem dicken oder alle mit dem dünnen Ende eingefügt, nie abwechselnd.
- Beim Ansetzen wird immer »dünn an dünn« und »dick an dick« gearbeitet. Endet die Rute im Flechtwerk mit der dünnen Spitze, legen wir die neue Rute mit dem dünnen Ende ein und flechten mit beiden Ruten einige Schläge gemeinsam. Endet die Rute im Flechtwerk mit dem dicken Ende, wird die neue Rute ebenfalls mit dem dicken Ende voran eingelegt.
- Beim Einlegen darf man die Rute nicht wie beim Weben oder Nähen nur einfädeln, sondern man sollte sie zuerst an der Stake vorsichtig nach oben biegen und dann einlegen.
- Beim späteren Ausputzen der Ansätze darf die Rute nicht so kurz abgeschnitten werden, dass das abgeschnittene Ende zwischen zwei Staken zu liegen kommt. Sie wird so abgeschnitten, dass das Ende auf einer Stake liegt und sich dort durch die Elastizität und Spannung der Rute festklemmt. So kann sich das Flechtwerk nicht auflösen.
- Geübte spitzen die dicken Enden der Flechtruten vor dem Einlegen etwas an und legen sie so ein, dass sie nicht mehr ausgeputzt werden müssen. Ungeübte können aber ebenso gut auch nächträglich ausputzen (siehe Seite 45).

Wir beschreiben hier die Vorgehensweise für Rechtshänder. Dabei wird, ähnlich wie beim Nähen, wenn das Werkstück vor einem liegt, von links nach rechts gearbeitet. Linkshänder werden in der Regel spiegelbildlich arbeiten. Linkshänder stellen am besten einen Spiegel vor die Abbildungen dieses Buches und orientieren sich am Spiegelbild der Fotos.

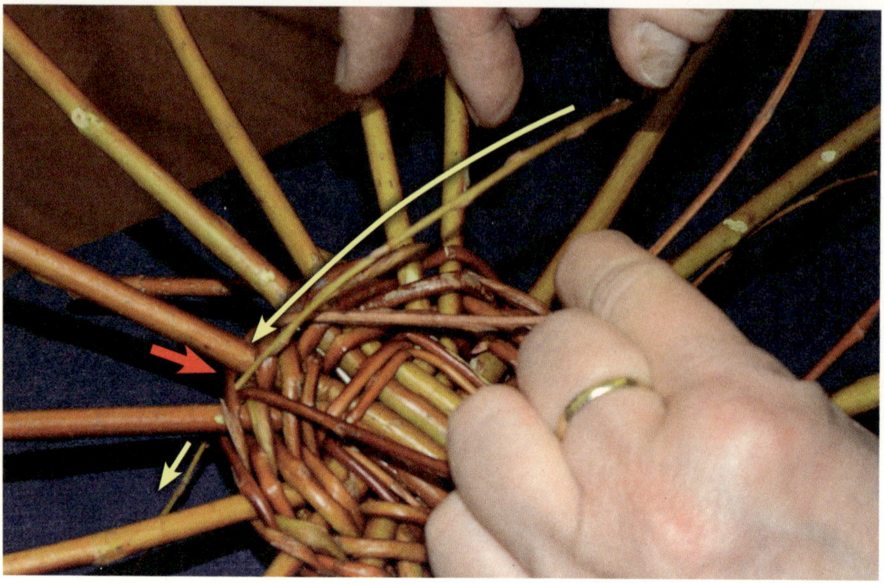

Enden die Ruten mit den dünnen Enden,
wird die neue Rute jeweils mit der Spitze voran angesetzt.

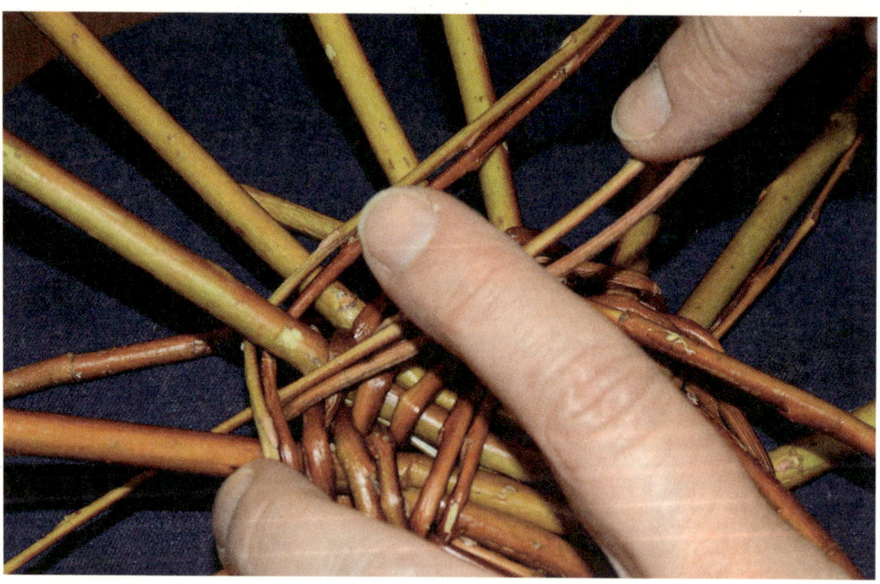

Die Rutenspitzen werden einige Schläge doppelt geführt,
so wird das Flechtwerk gleichmäßig.

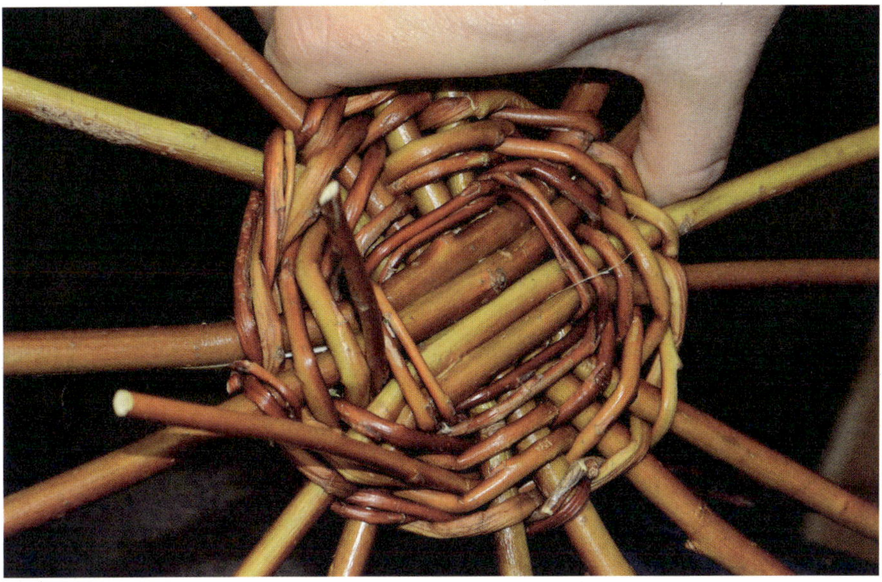

Da die dünnen Rutenspitzen gemeinsam verflochten werden,
ist der Ansatz später nicht zu sehen. Das Flechtwerk hat ein einheitliches Bild.

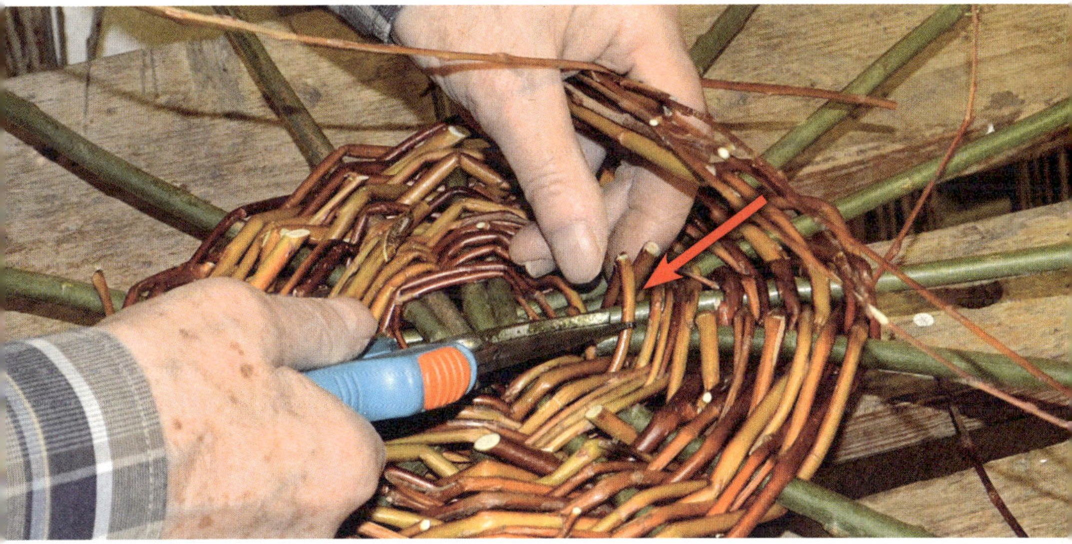

Beim späteren Ausputzen die Rute immer so abschneiden,
dass sie vor der Stake liegt und nicht auf die andere Seite durchrutschen kann.

Übungsunterlage selbst machen

Korbflechten ist einfach zu erlernen, wenn wir uns vor dem Arbeiten mit Weidenruten die Techniken mit einigen Vorübungen aneignen. Dafür stellen wir uns eine Übungsunterlage her: Besonders stabil wird die Unterlage, wenn wir sie aus Brettern oder Spanplatten bauen.

So wird's gemacht:

[1] Zwei Quadrate mit einer Kantenlänge von etwa 25 cm zuschneiden. Die Ecken der Quadrate nach Belieben noch abschneiden, sodass Achtecke entstehen.

Bei einem der Quadrate bzw. Achtecke die Mitte markieren und einen Kreis mit dem Durchmesser von etwa 20 cm einzeichnen. Entlang des Kreises in gleichmäßigen Abständen 18 Löcher bohren. Bei einem Kreis mit 20 cm Umfang beträgt der Abstand zwischen zwei Löchern (Mitte zu Mitte) 3,5 cm. Die Anzahl der Löcher ist eigentlich unwichtig. Da unser erstes Werkstück aber ein runder Korb mit einer geraden Anzahl Staken sein wird, ist es hilfreich, auch eine gerade Anzahl an Löchern zu bohren. Die Löcher sollten so groß sein, dass eine Stake gut hindurchpasst, bewährt hat sich ein Durchmesser von 8 – 10 mm.

Es ist hilfreich, die Löcher auf der Unterlage zu nummerieren.

Beide Scheiben mit einem Abstandhalter, z. B. einem Stück Dachlatte, übereinanderkleben oder zusammenschrauben.

01

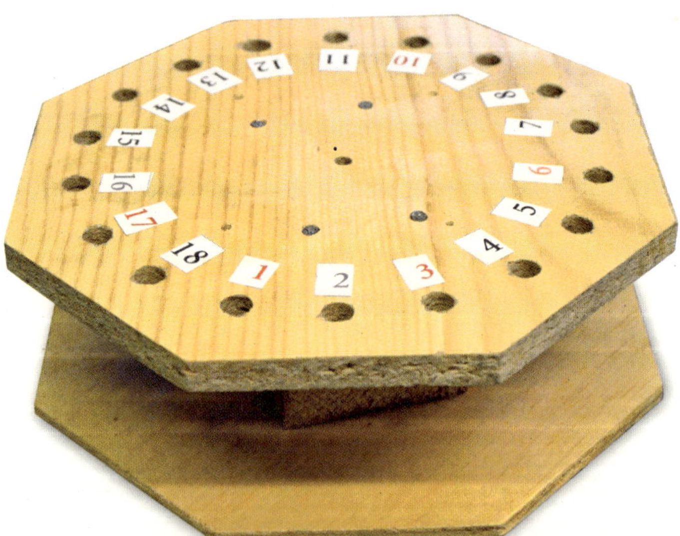

[2] Die fertige Übungsunterlage kann dann mit kurzen, geraden Ästen, die als Übungsstaken dienen, bestückt werden.
Wenn wir später Rankobelisken für den Garten oder als Dekorationsobjekte herstellen wollen, ist es sinnvoll, die Unterlage aus Holz herzustellen, da wir diese Werkstücke auf dieser Unterlage arbeiten werden (mehr dazu auf Seite 125).

Um das Zäunen zu üben, können wir uns zusätzlich noch eine rechteckige Unterlage herstellen, auf der die Löcher in einer Linie angeordnet sind. Dazu schneiden wir ein Brett in der passenden Länge zu und bohren in gleichmäßigen Abständen Löcher mit einem Durchmesser von 8 – 10 mm hinein. Die Anzahl der Reihen und der Löcher ist zum Üben nicht wichtig (siehe Seite 48).

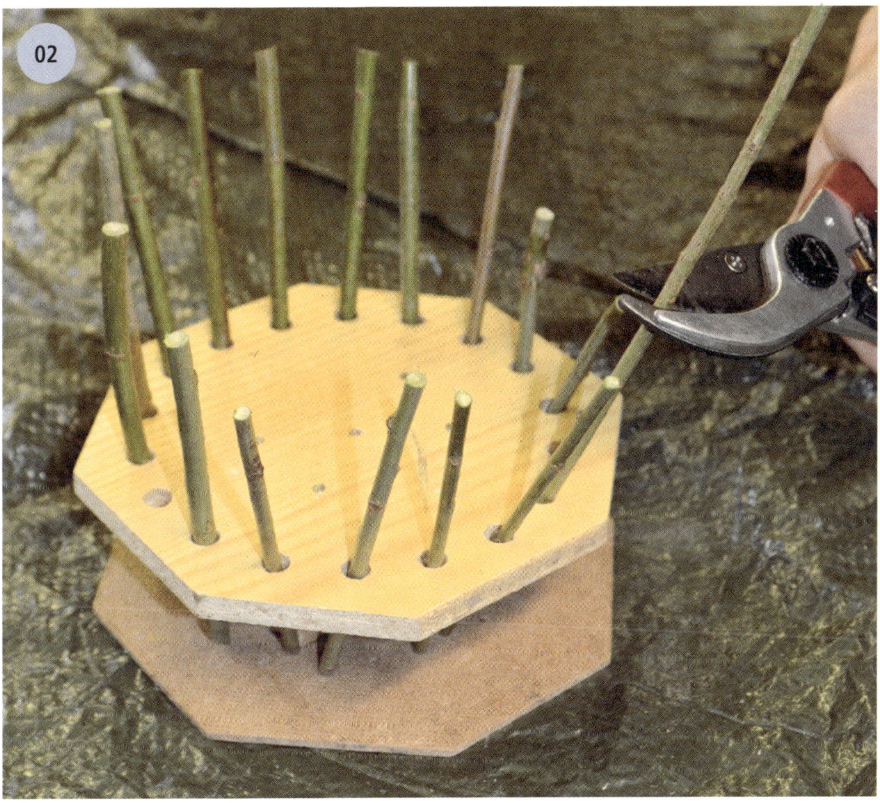

Das Zäunen üben

Das Zäunen ist die einfachste Flechttechnik. Hier wird, wie beim Weben in Leinwandbindung, jeweils nur 1 Rute abwechselnd einmal vor und einmal hinter den Staken geführt. Um es zu üben, stecken wir Staken in eine rechteckige Übungsunterlage. Man kann das Zäunen aber auch gut an der runden Übungsunterlage von Seite 46 üben, wir flechten dabei einfach nicht rundherum, sondern nur auf einem Teilstück hin und her.

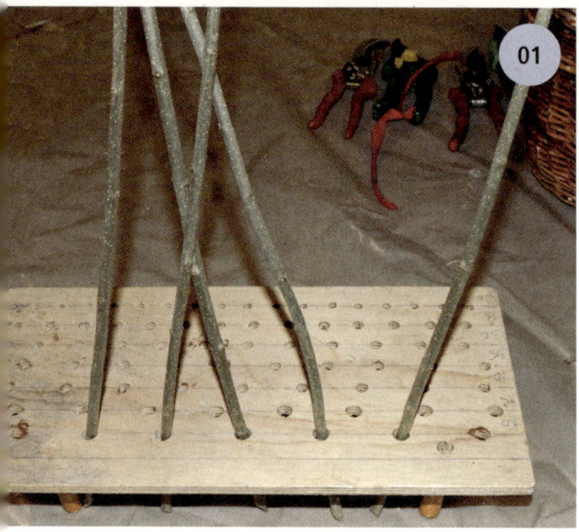

So wird's gemacht:

[1] Die Staken in eine rechteckige Unterlage stecken, noch stehen sie nicht stabil.

[2] Die Rute an einem Ende zwischen 2 Staken einlegen. Der Schlag geht vor 1 Stake, hinter 1 Stake.
Durch Zäunen erzeugtes Flechtwerk ist nicht sehr stabil, da die einzelnen Ruten nicht miteinander verdreht werden und so keine zusätzliche Spannung entsteht, die das Werkstück stabilisieren könnte. Es wird nur mit 1 Rute gearbeitet.

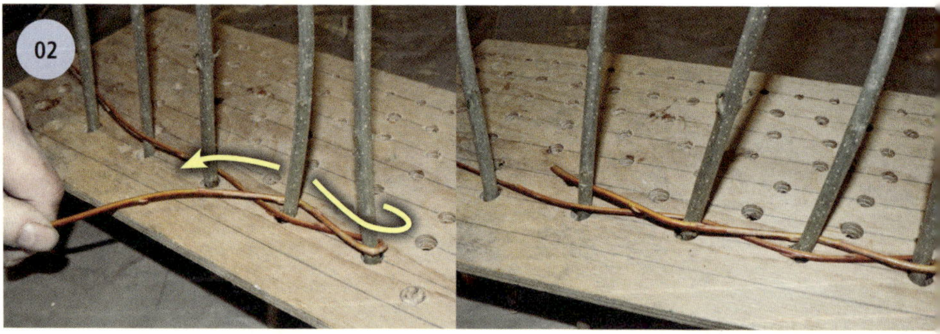

Beim Zäunen haben wir eine Vorderseite und eine Rückseite: Die vordere Seite ist unsere Schauseite, die hintere Seite die Innenseite, auf die wir später die Rutenenden führen.

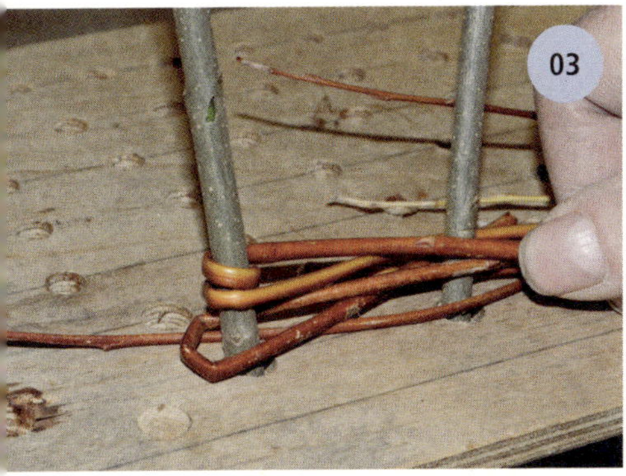

03

[3] Zäune haben meist Anfang und Ende, wir flechten also keine Runde. Wenn die Ruten elastisch genug sind, biegen wir sie am Ende der Reihe vorsichtig um die äußere Stake. Am Wendepunkt die Rute ab und zu auch zweimal um die Stake wickeln, damit der Rand nicht niedriger wird als das Flechtwerk.

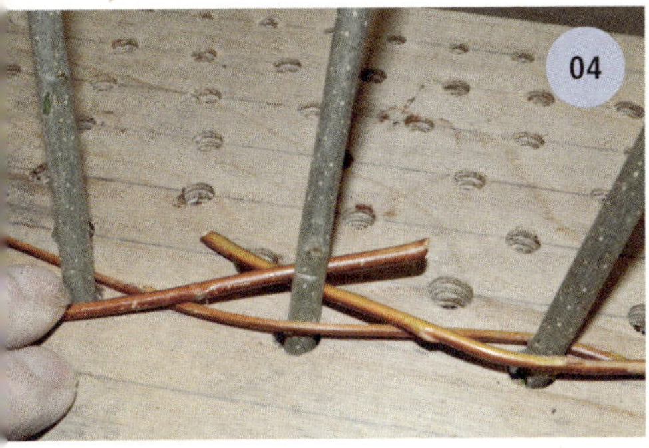

04

[4] Beim Ansetzen einer neuen Rute »dick an dick« arbeiten: Beide dicken Enden hinter derselben Stake einlegen und dann mit der neuen Rute wie gewohnt vor 1 Stake, hinter 1 Stake weiterarbeiten. Die Enden halten allein durch die Spannung der Rute. Beim Ansetzen »dünn an dünn« die beiden Spitzen hinter derselben Stake einlegen und eine Weile gemeinsam flechten.

[5] Wenn es sich nicht um eine Übung handelt, sondern um ein später genutztes Flechtwerk, sollten die äußeren Staken besonders stabil und auch dicker sein. Passen diese Staken nicht in die Löcher, können sie angespitzt werden.
In der Fläche ist es dann auch sinnvoll, die Staken nach den ersten Schlägen zu verdoppeln: Zu jeder Stake eine weitere Stake in dieselbe Öffnung dazustecken. Dabei sollten die Knospen an den Staken eines Pärchens in die entgegengesetzte Richtung schauen, damit die gemeinsame Dicke über die gesamte Länge gleich bleibt.

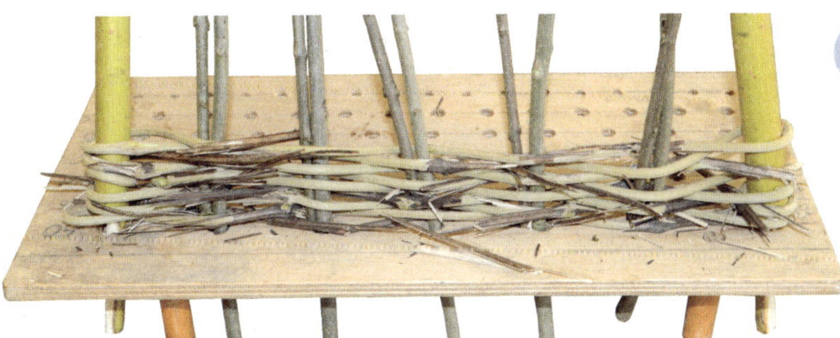

05

Das Fitzen üben

Um das Fitzen zu üben, stecken wir kurze Staken in unsere quadratische oder achteckige Übungsunterlage. Wir brauchen außerdem kurze Wäscheleinenstücke oder Kabelabschnitte in zwei verschiedenen Farben. So können wir die Vorgehensweise besonders gut verstehen und immer wieder nachschauen, ob wir richtig gearbeitet haben. Ist das Grundprinzip erst einmal klar, können wir später mit den Weidenruten leichter arbeiten.

Beim Fitzen wird abwechselnd mit 2 Ruten gearbeitet. Der Schlag geht vor 1 Stake, hinter 1 Stake, jeweils im Wechsel.

So wird's gemacht:

[1] Eine »Rute« (hier grün) zwischen die Stake Nr. 1 und Nr. 2 legen. Dann eine andersfarbige »Rute« (hier rot) zwischen die Stake Nr. 2 und Nr. 3 legen.

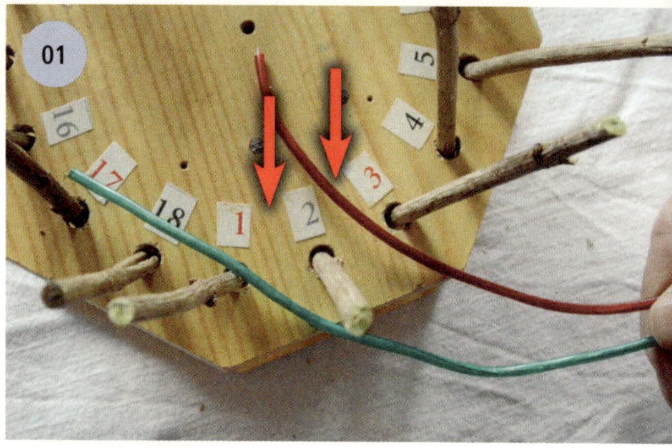

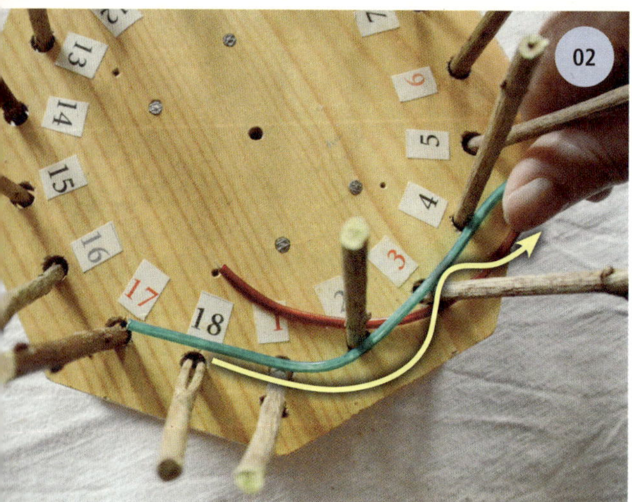

[2] Die links liegende, 1. »Rute« (hier grün) vor der Stake Nr. 2 vorbeiführen und nach innen legen, hinter der Stake Nr. 3 vorbeiführen und zwischen Nr. 3 und 4 wieder nach außen führen.

[3] Im nächsten Schritt die 2. »Rute« (hier rot) vor die Stake Nr. 3 legen, nach innen führen und dann hinter Stake Nr. 4 legen. Zwischen Stake Nr. 4 und Nr. 5 wieder nach außen führen.

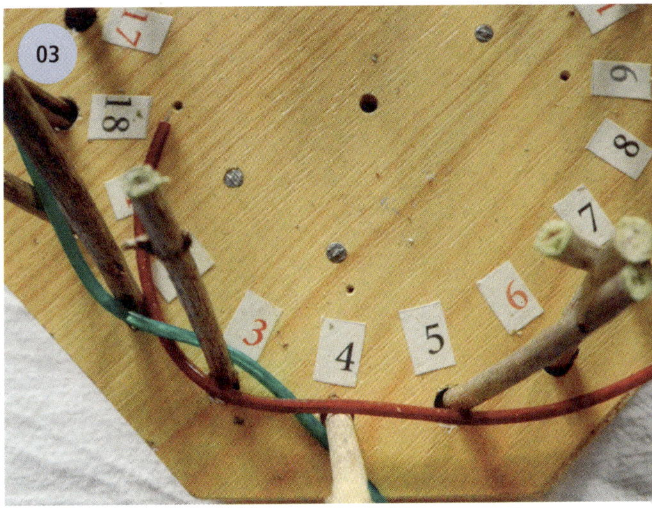

[4] Noch einige Schläge so weiterarbeiten: Immer geht die links liegende »Rute« einen Schritt weiter, vor 1 Stake und wieder nach innen, hinter 1 Stake und wieder nach außen. Wenn wir die Arbeit betrachten, sehen wir, dass sich die beiden Ruten überkreuzen. Das gibt dem Flechtwerk viel mehr Stabilität als beim Zäunen.

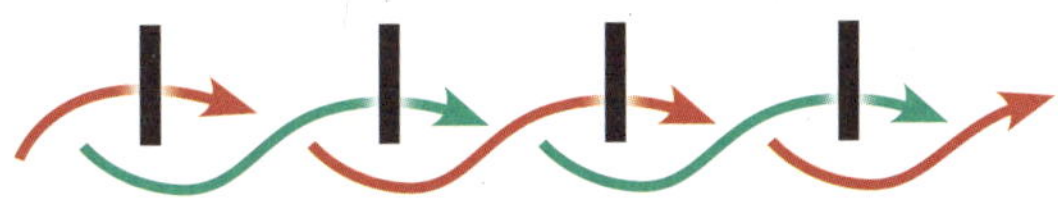

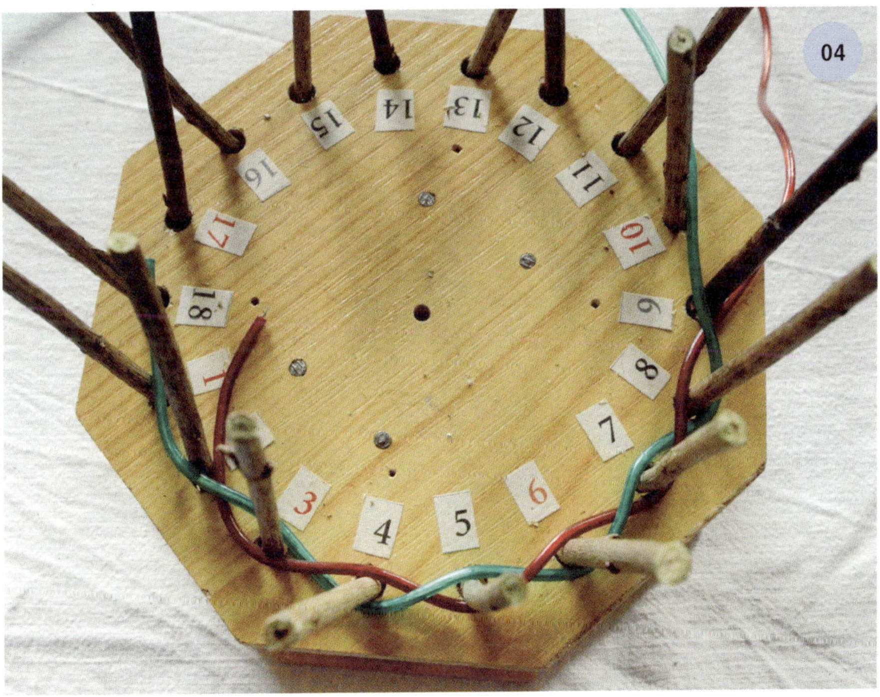

Das Kimmen üben

Beim Kimmen produzieren wir ein noch stabileres Flechtwerk als beim Fitzen, da mit 3 (oder mehr) Ruten gleichzeitig geflochten wird. Der Schlag geht vor 2 Staken, hinter 1 Stake, im Wechsel. Wieder arbeiten wir übungshalber mit verschiedenfarbigen Wäscheleinenstücken oder Kabelabschnitten als »Ruten«, diesmal brauchen wir drei verschiedenen Farben.

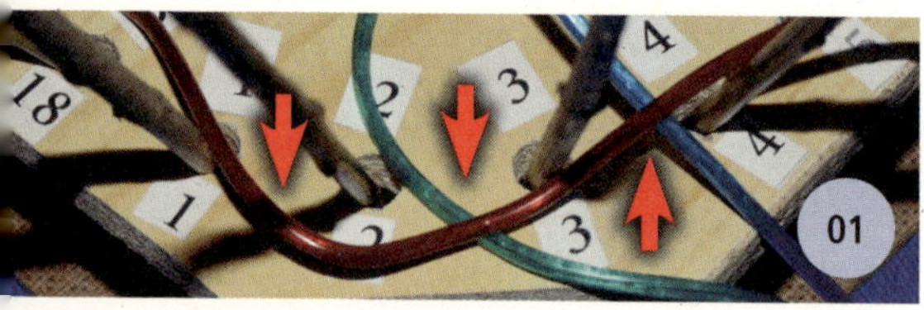

So wird's gemacht:

[1] Die drei verschiedenfarbigen »Ruten« in die nebeneinanderliegenden Zwischenräume – zwischen die Staken Nr. 1 und 2, Nr. 2 und 3 sowie Nr. 3 und 4 – legen.

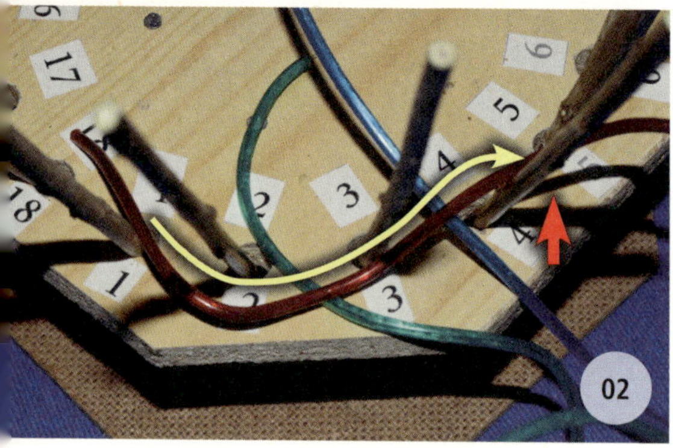

[2] Die links liegende, 1. »Rute« (hier rot) geht, ähnlich wie beim Fitzen, einen Schlag. Allerdings die Rute jetzt vor den Staken Nr. 2 und 3 vorbeilegen, hinter der Stake Nr. 4 vorbeiführen und zwischen Nr. 4 und 5 wieder nach außen führen. Der Schlag geht vor 2 Staken, hinter 1 Stake.

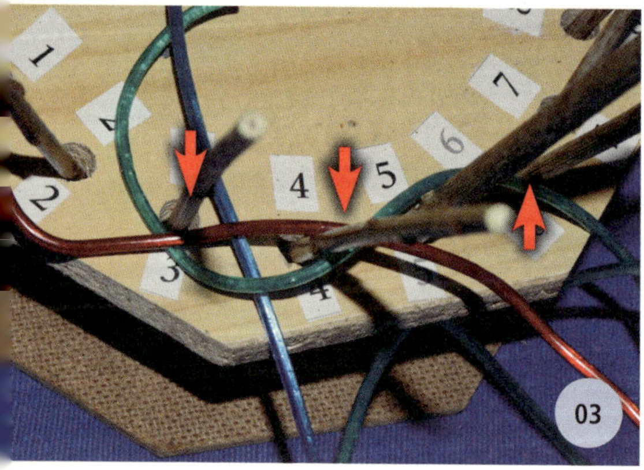

[3] Die 2. »Rute« (hier grün) geht ebenfalls vor 2 Staken, hinter 1 Stake. Sie kommt beim nächsten freien Zwischenraum – zwischen Stake Nr. 5 und 6 – wieder nach außen.

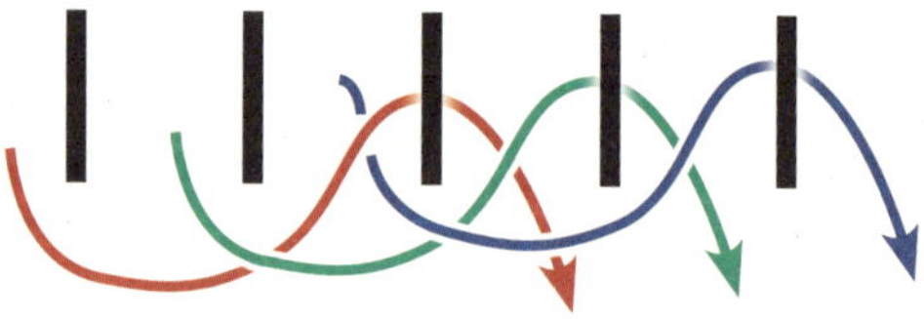

[4] Die 3. »Rute« (hier blau) wird ebenso eingeflochten. Der Schlag geht vor 2 Staken, hinter 1 Stake, und die »Rute« und kommt zwischen Stake Nr. 6 und 7 wieder heraus.

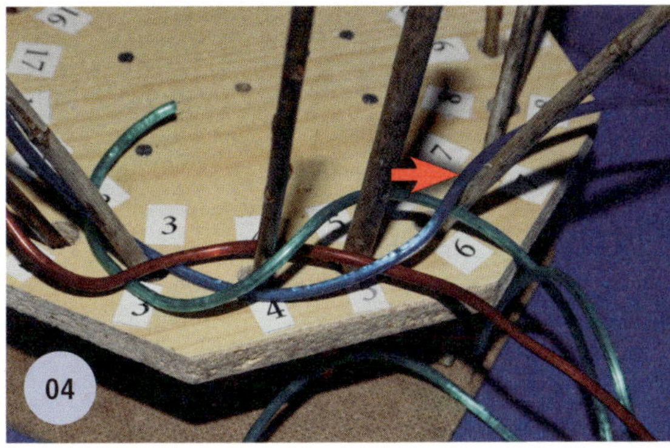
04

[5] Jetzt noch einige Schläge so weiterarbeiten. Zuerst wieder die 1. »Rute« (hier rot) vor 2 Staken, hinter 1 Stake flechten.

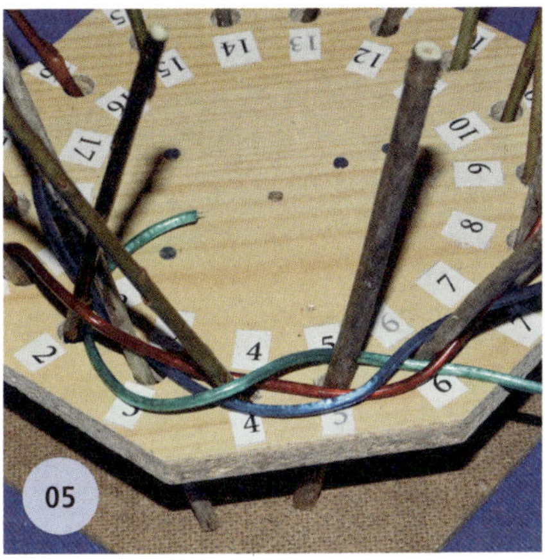
05

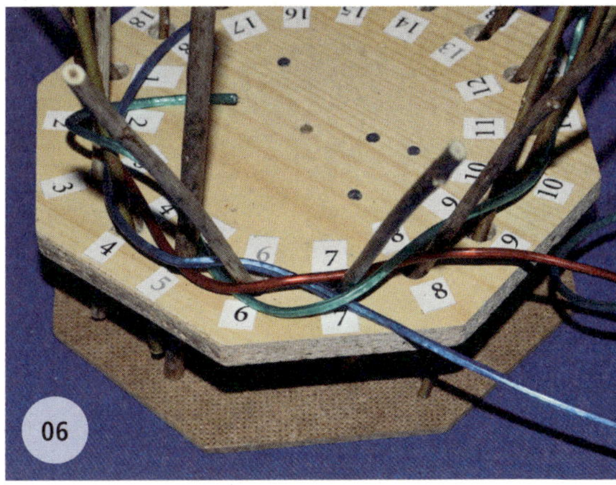
06

[6] Die 2. »Rute« (hier grün) ebenfalls wieder vor 2 Staken, hinter 1 Stake legen. Sie kommt hier auf dem Foto zwischen Stake Nr. 8 und 9 wieder nach außen.

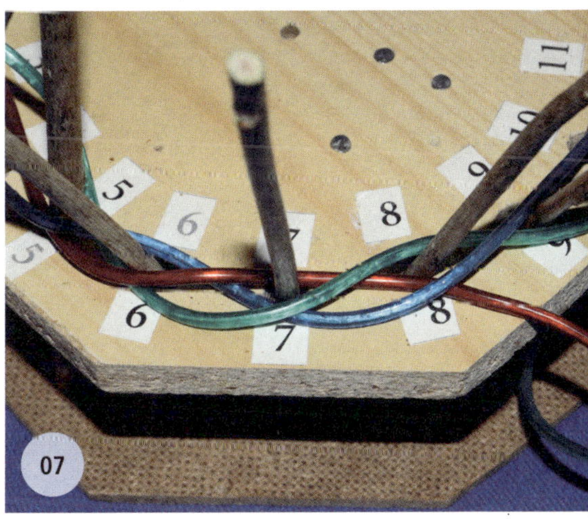
07

[7] Anschließend auch die 3. »Rute« (hier blau) wieder vor 2 Staken, hinter 1 Stake legen. So noch einige Schläge weiterüben. Die jeweils links liegende Rute wird weitergeführt.

[8] Da das Kimmen am Anfang recht kompliziert erscheint, empfiehlt es sich, bevor wir an unserem Werkstück arbeiten, noch einmal mit kurzen Ruten auf der Übungsunterlage zu arbeiten. Dazu die Ruten mit den dünnen Enden in die nebeneinanderliegenden Zwischenräume – zwischen die Staken Nr. 1 und 2; Nr. 2 und 3 sowie Nr. 3 und 4 – legen.

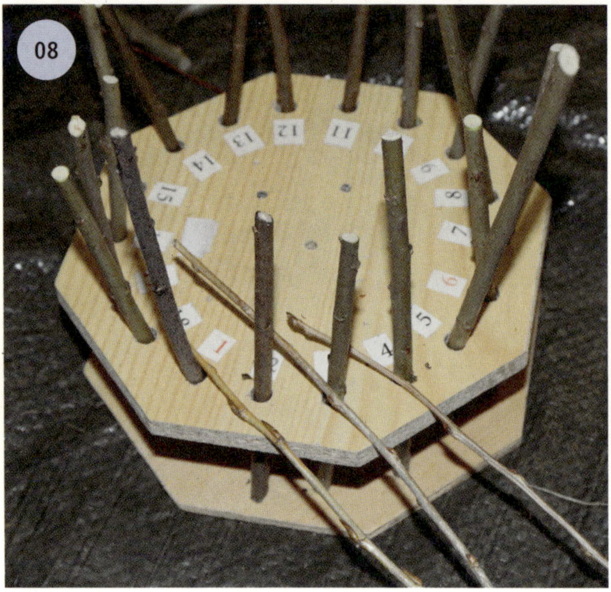

[9] Mit der 1. Rute einen Schlag gehen: vor 2 (Stake Nr. 2 und 3), hinter 1 (Stake Nr. 4) legen und wieder nach außen (zwischen den Staken Nr. 4 und 5) führen.

[10] Mit der 2. Rute den nächsten Schlag gehen: vor 2 Staken, hinter 1 Stake, und wieder nach außen führen (zwischen den Staken Nr. 5 und 6).

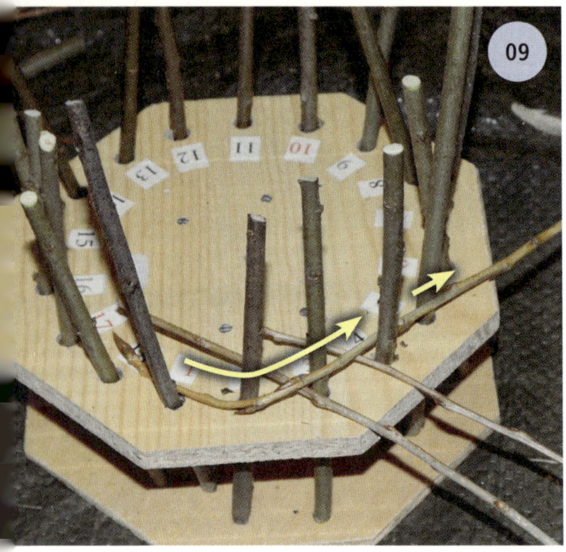

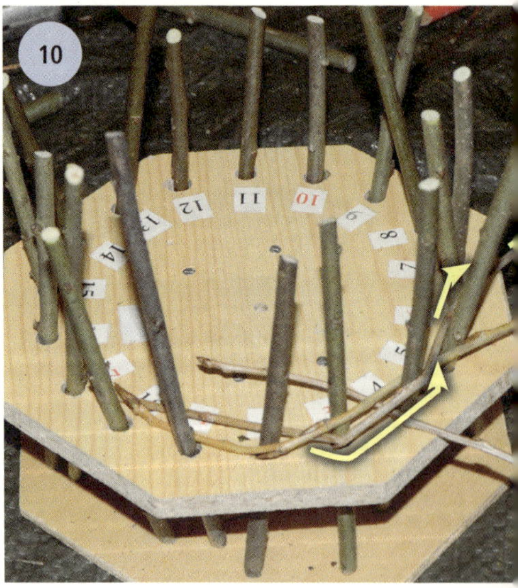

[11] Mit der 3. Rute ebenfalls den nächsten Schlag gehen, vor 2 Staken, hinter 1 Stake. Sie kommt hier zwischen Stake Nr. 6 und 7 wieder heraus. So noch einige Schläge weiterüben.

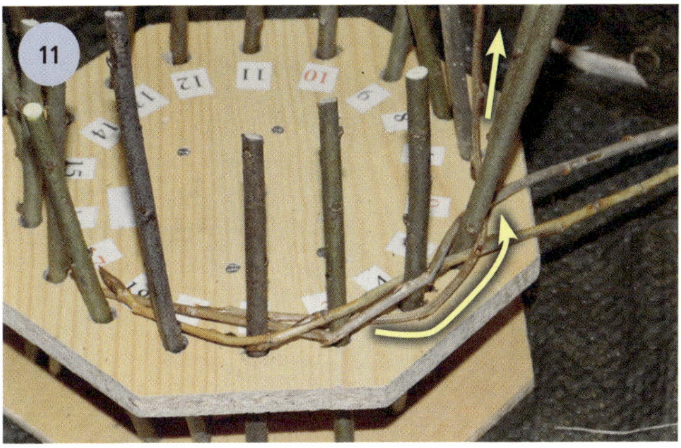

[12] An der Übungsunterlage üben wir auch das Anlegen neuer Ruten. Da wir anfangs die Ruten mit den Spitzen eingelegt haben, enden sie mit den dicken Enden. Wir legen »dick an dick« an. Dazu das dicke Ende der neuen Rute rechts neben dem dicken Ende der alten Rute hinter der Stake einlegen. Das neue Ende fixiert dadurch das alte Ende.

[13] Mit den beiden anderen Ruten genauso verfahren, ebenfalls »dick an dick« ansetzen und anschließend weiterkimmen.

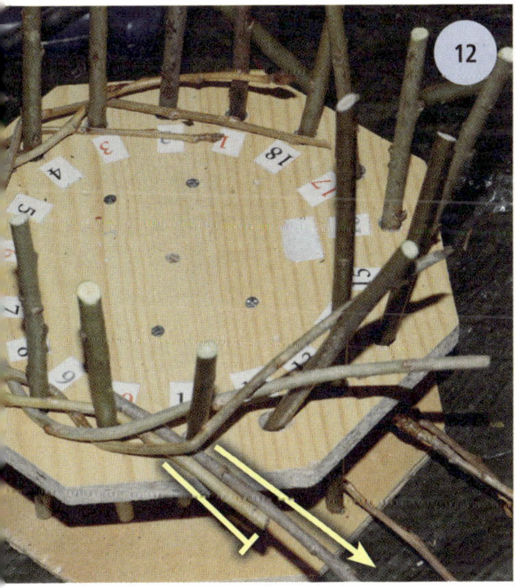

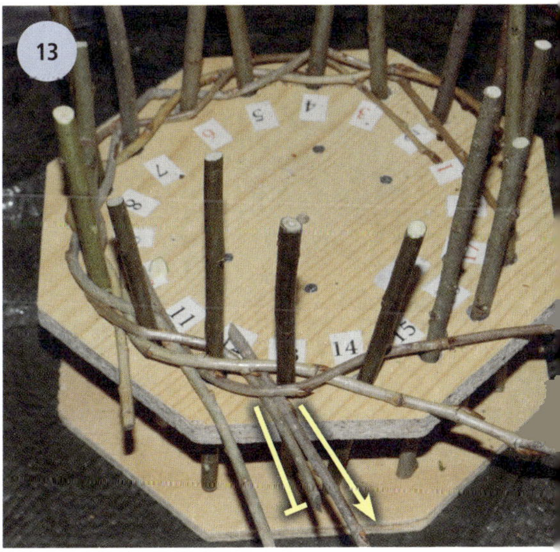

[14] Mit den neuen Ruten weiterflechten, immer vor 2 Staken, hinter 1 Stake, im Wechsel.

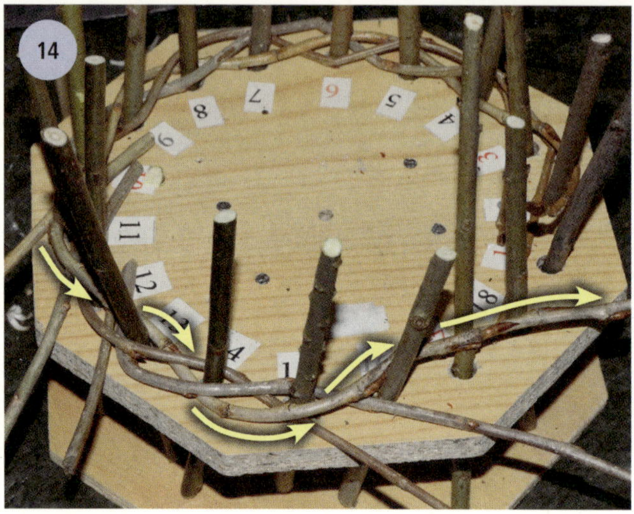

[15] Ungefähr zwei bis drei Schläge, bevor wir das dünne Ende der Rute erreichen würden, eine neue Rute mit ihrem dünnen Ende in den Zwischenraum einlegen.

[16] Die neu angesetzte dünne Rute gemeinsam mit der alten Rutenspitze vor 2 Staken, hinter 1 Stake weiterflechten und dann eine weitere neue Rute an der zweiten alten Rute einlegen.

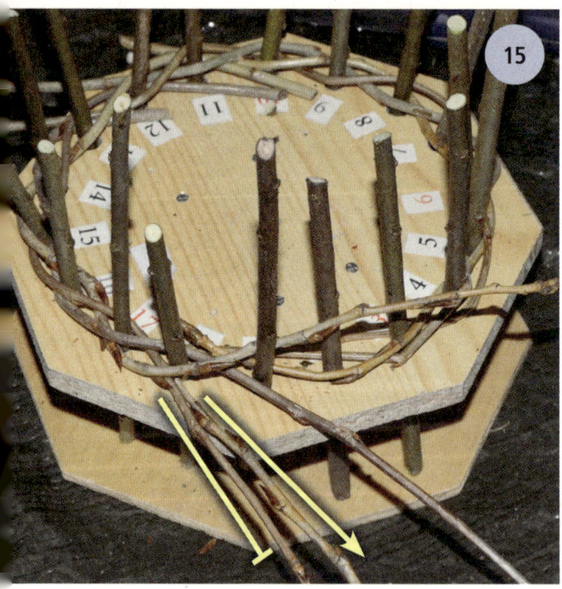

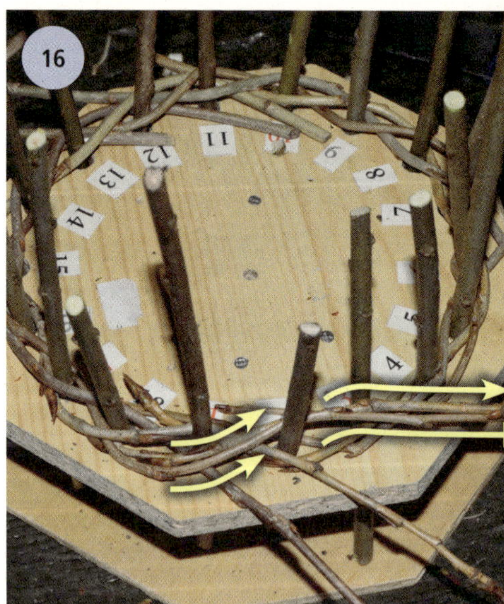

[17] Hier wurden schon zwei Ruten »dünn an dünn« verlängert und gemeinsam weitergeflochten.

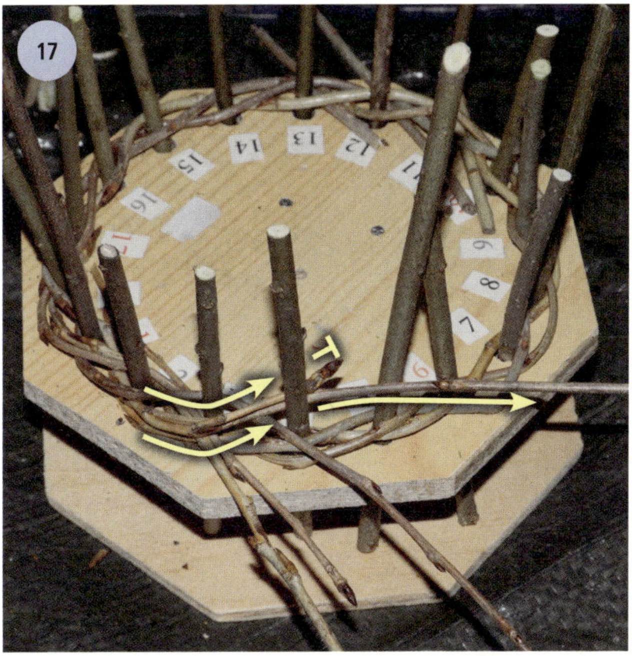

[18] Jetzt sind alle drei Ruten »dünn an dünn« verlängert, wir nähern uns im Verlauf des Flechtens wieder den dicken Rutenenden.

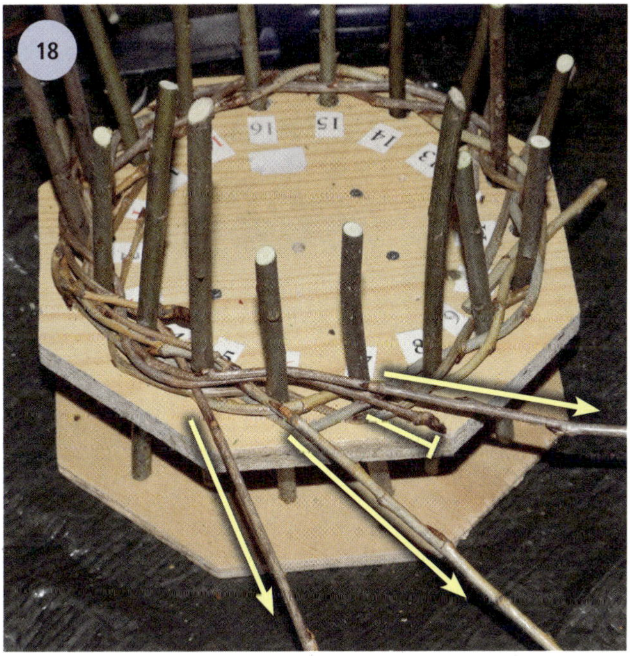

Vorübung für den Korbboden

Um das Flechten eines Korbbodens zu üben, sägen wir aus einem etwas dickeren Brett eine kreisförmige Scheibe mit dem Durchmesser von etwa 10 cm aus und schmirgeln die Schnittfläche glatt. Auf der Schnittfläche wird dann rundherum eine gerade Anzahl von Holzdübeln im gleichmäßigen Abstand angebracht. Einer der Dübel wird farblich markiert, hier beginnen wir mit unserer Vorübung. Rechtshänder halten die Übungsunterlage dabei in der linken Hand. Zum Üben brauchen wir zwei verschiedenfarbige Wäscheleinenstücke von etwa 30 cm Länge. Wir arbeiten von links nach rechts, also im Uhrzeigersinn.

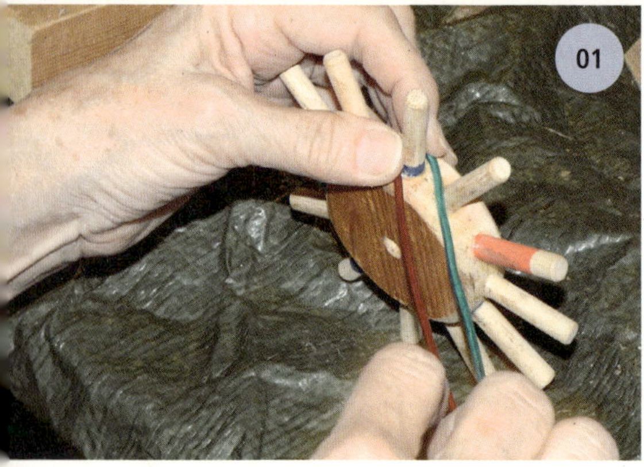

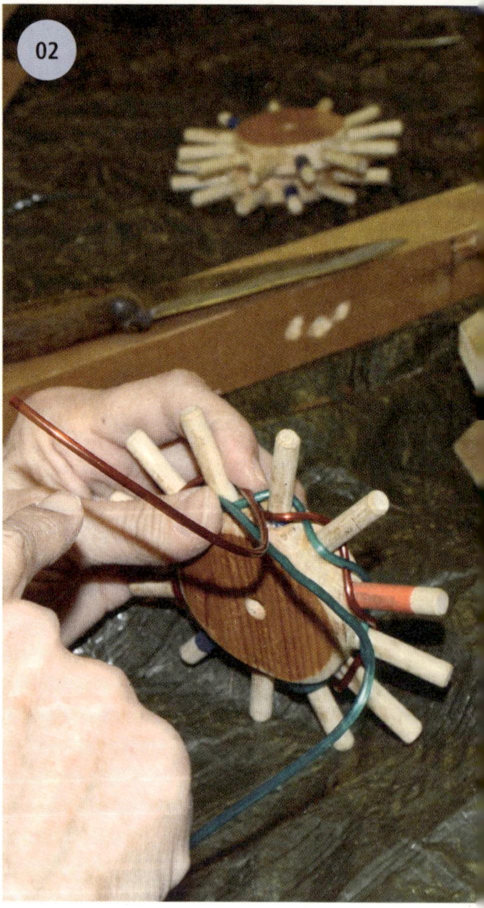

So wird's gemacht:

[1] In zwei nebeneinanderliegende Zwischenräume legen wir zwei Wäscheleinenstücke (hier rot und grün) ein.

[2] Jetzt wie auf Seite 50 beschrieben fitzen: Das jeweils links liegende Stück vor 1 Stake (um den rechts davon liegenden Dübel vorne herum) legen. Dann hinter 1 Stake legen (um den nächsten Dübel hinten herum nach vorne). Bis zum Ende der »Ruten« so weiterarbeiten, vor 1, hinter 1 im Wechsel.

Diese Vorübung wird nun mit Weidenruten fortgesetzt. Die Wäscheleinen wieder entfernen. Zwei Weidenruten mit dem dünnen Ende so, wie wir das gerade geübt haben, in die Unterlage einlegen. Bis zum Ende der Ruten fitzen (jeweils vor 1, hinter 1 im Wechsel).

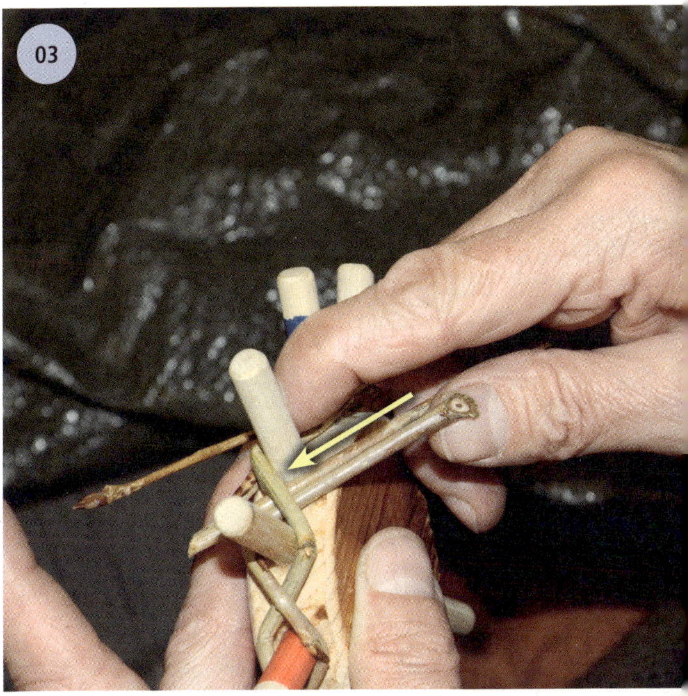

[3] Zwei neuen Ruten »dick an dick« ansetzen: Jeweils mit dem dicken Ende voran zwischen der alten Rute und dem Dübel hindurchschieben und dann wieder weiterfitzen, vor 1, hinter 1 im Wechsel.

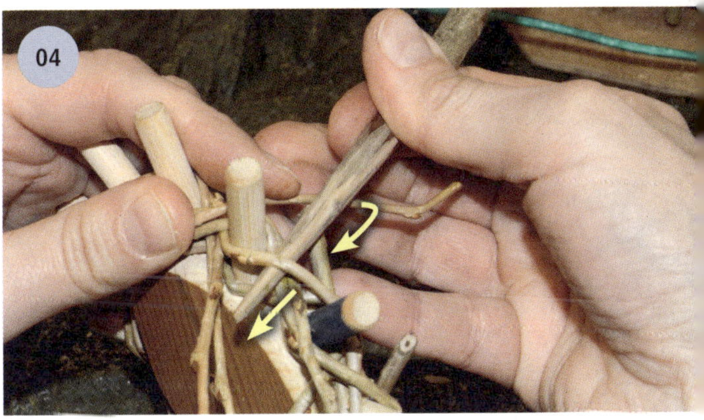

[4] Am dünnen Ende der Rute angekommen, die Übungsreihe fixieren: Dazu das dünne Ende jeweils unter der gefitzten Rute der vorigen Runde hindurchschieben und gut durchziehen. Mit einer Ahle kann bei Bedarf die Öffnung zunächst etwas erweitert werden.

Möchten wir aber noch weiterflechten und neue Ruten mit der Spitze voran ansetzen, werden die neue und die alte Rute jeweils einige Schläge gemeinsam verarbeitet.

Vorübung für den Beginn des Bodens

Unsere Vorübungen schließen wir mit einer Übung für den Beginn des Bodens ab. Dazu suchen wir uns 6 Staken. Dies können bereits die Staken sein, die später den Boden unseres ersten Korbes bilden. Die Staken schneiden wir so zurecht, dass sie etwa 10 cm länger sind als der Durchmesser des gewünschten Korbbodens.

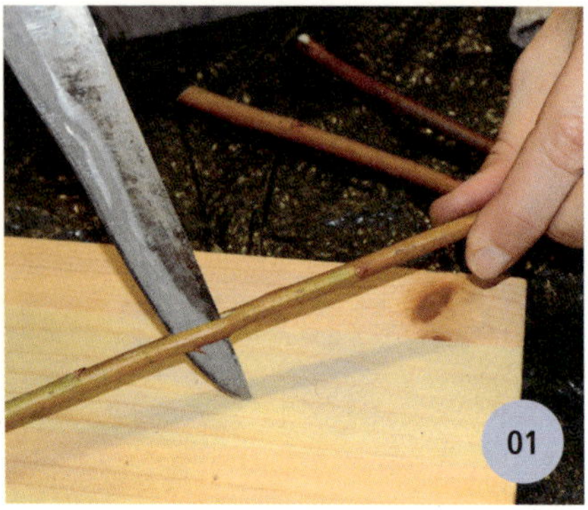

01

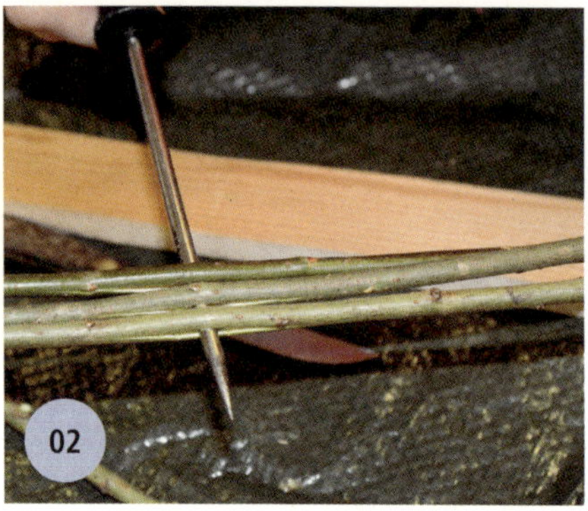

02

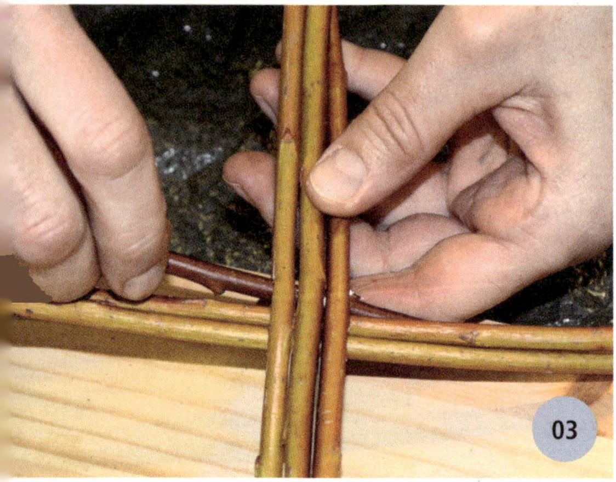

03

So wird's gemacht:

[1] 3 Staken mit dem Messer oder einer Ahle über eine Strecke von wenigen Zentimetern in der Mitte spalten.

[2] Die gespaltenen Staken auf die Ahle stecken. Wenn wir die Äste mit einer Ahle gespalten haben, können wir sie gleich darauf stecken lassen, sie quasi »auffädeln«.

[3] Die 3 nicht gespaltenen Staken durch diese Öffnung schieben und so ausrichten, dass sie ein Kreuz mit gleich langen Armen bilden.

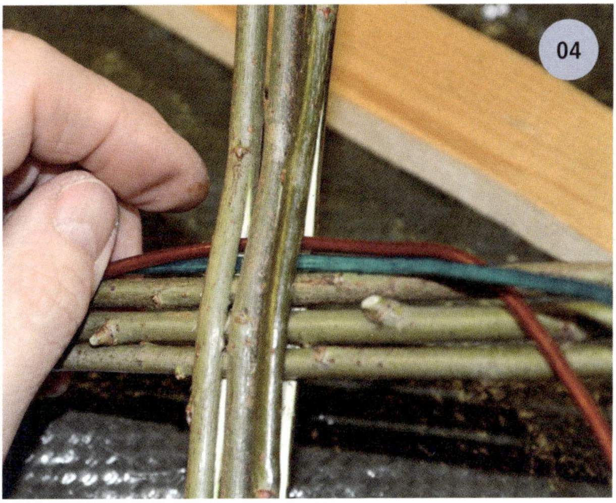

[4] Zum Üben 2 verschiedenfarbige Wäscheleinenstücke (Länge etwa 30 cm) in die Öffnung der gespaltenen Ruten stecken und etwa 5 cm hindurchziehen.

[5] Mit den Wäscheleinenstücken das Fitzen üben, wobei wir die Gruppe aus 3 Staken zunächst so behandeln, als wäre es 1 Stake: Das 1. Wäscheleinenstück (hier grün) geht vor die Gruppe der 3 Staken und dann hinter die andere Gruppe der 3 Staken (hier als Besonderheit also nur einen halben Schlag).

[6] Jetzt mit dem 2. Wäscheleinenstück (hier rot) fitzen: hinter die Gruppe aus 3 Staken und vor die andere Gruppe der 3 Staken. Beim Flechten des Bodens arbeiten wir im Uhrzeigersinn.

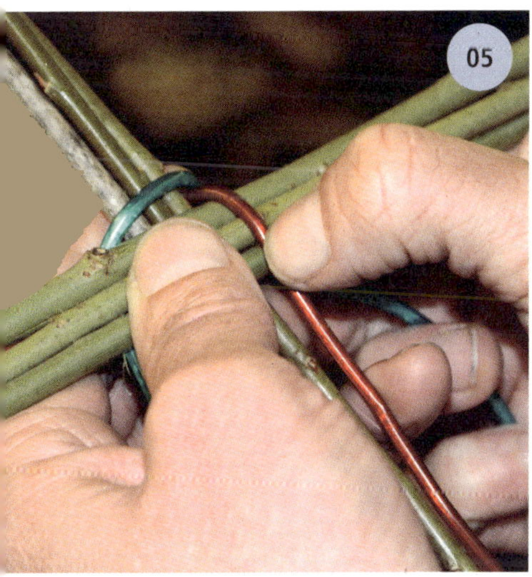

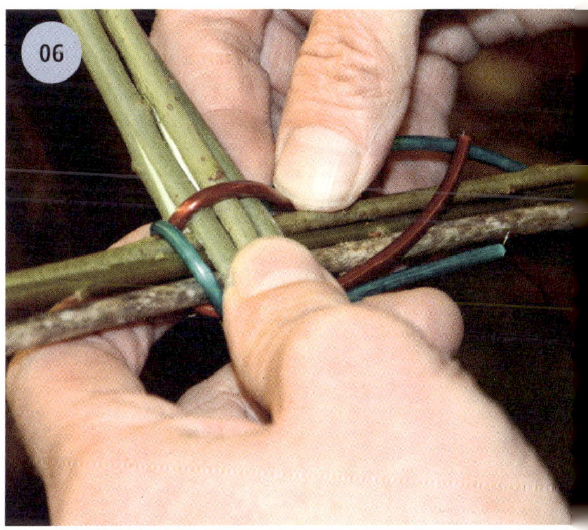

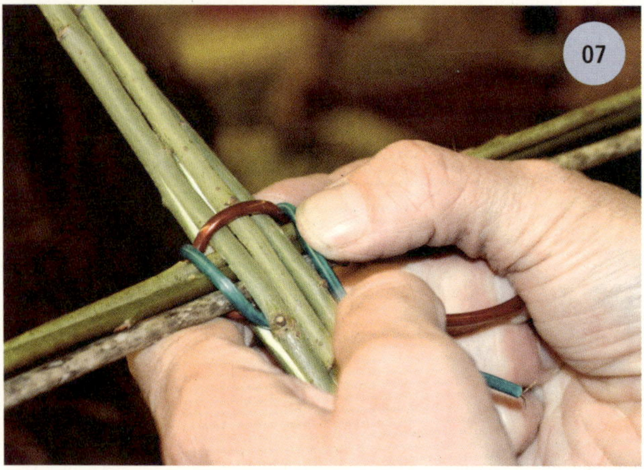

[7] Die zu einem Kreuz gelegten Staken, die später den Boden bilden werden, so fixieren. Wie beschrieben noch eine Runde weiterfitzen.

[8] Nach der zweiten Runde wird jede Stake einzeln mit den Wäscheleinenstücken erfasst. Dazu die Dreiergruppen aufbiegen und um jede Stake einzeln fitzen: vor 1, hinter 1 im Wechsel.

[9] Mit den beiden Wäscheleinenstücken das Fitzen eine Runde weiterüben.

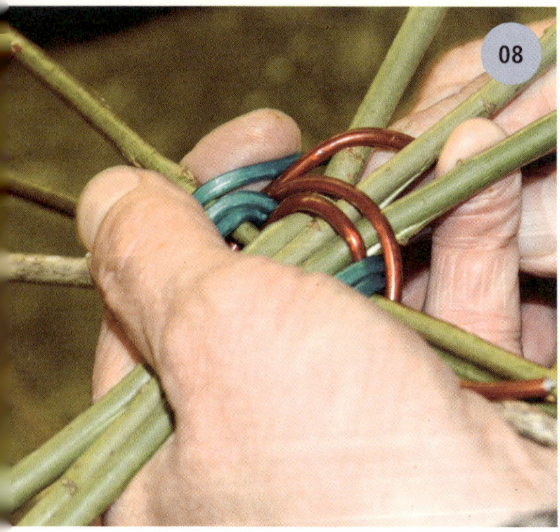

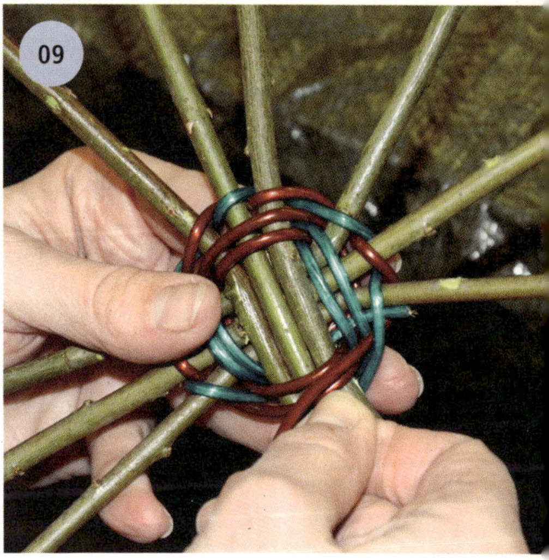

[10] Nach mehreren Runden sind wir mit der Arbeitsweise vertraut und beenden die Übung.

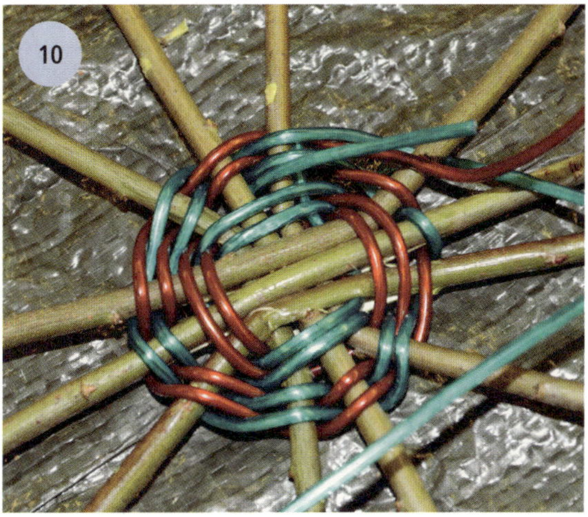

Wenn wir einen größeren Korb herstellen wollen (ab einem Durchmesser von etwa 22 cm), arbeiten wir ein Kreuz aus 8 oder mehr Staken. Dazu zunächst zwei Runden über 4 (oder entsprechend mehr) Staken fitzen, als wären sie 1 Stake. Danach bauen wir noch einen Zwischenschritt ein, indem wir die vier Kreuzarme mit je 4 Staken in 8 Arme mit je 2 Staken aufbiegen:

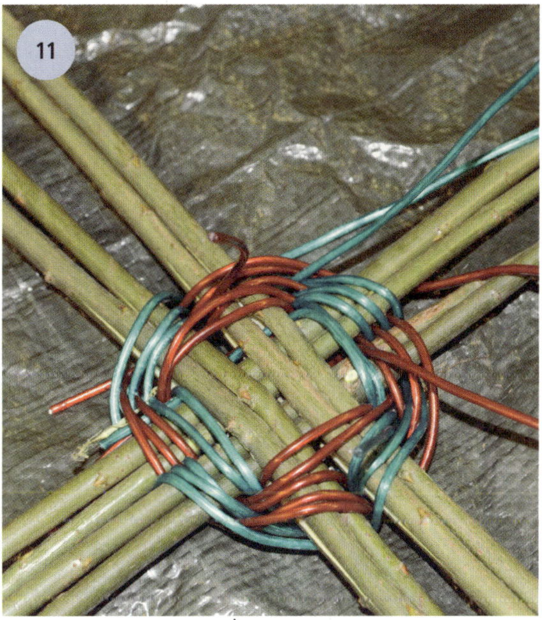

[11] Die Vierergruppen zu Zweiergruppen aufbiegen und zwei Runden über 2 Staken fitzen (vor 1 Stakendoppel, hinter 1 Stakendoppel).
Nach zwei Runden über 2 Staken auch diese Pärchen aufbiegen und um jede Stake einzeln weiterfitzen (vor 1, hinter 1).

Die Wäscheleinen werden nun nach der Vorübung entfernt. Das Kreuz kann, wenn die Staken nicht gebrochen sind oder beim Üben auf andere Weise beschädigt wurden, für den Boden unseres ersten Korbes genutzt werden.

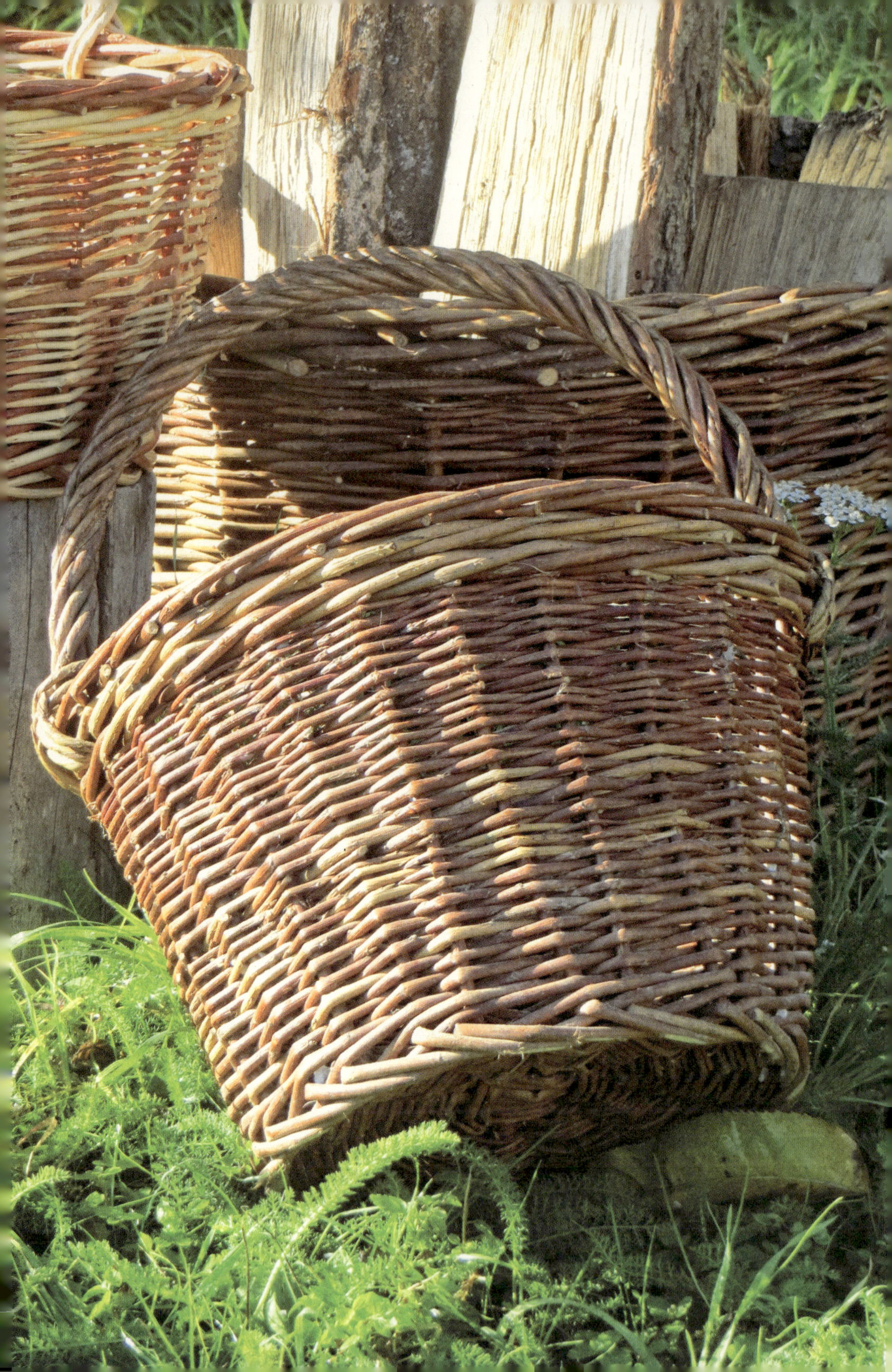

Der Korb

Korbflechten ist ein Handwerk. Auch wenn sich die Korbflechter heute »Flechtwerkgestalter« nennen, so ist es doch bezeichnend, dass »Korbflechten« immer noch die gesamte Tätigkeit bezeichnet, auch wenn dabei etwas anderes als ein Korb entsteht: Wer einen Korb flechten kann, der beherrscht die Grundtechniken, die auf alle anderen Flechtwerke übertragen werden können. Nachdem wir die Grundtechniken beim Flechten unseres ersten Korbes erlernt haben, können wir sie im Garten für verschiedene Gestaltungselemente einsetzen. Die Schritt-für-Schritt-Anleitung zum Flechten eines Korbes steht deshalb im Zentrum dieses Buches.

Welche Größe ist für unseren ersten Korb empfehlenswert? Nun, er sollte weder sehr klein sein – dann ist das Arbeiten zu knifflig – noch zu groß – dann dauert die Arbeit sehr lange und ist wegen der dickeren Materialien auch anstrengender. Empfehlenswert ist zum Beispiel:

- ein Boden mit einem Durchmesser von ungefähr 18 cm,
- eine Korbhöhe von 20 cm.
- Oben wird der Korb dann einen Durchmesser von ungefähr 23 cm haben.
- Zum höchsten Punkt des Bügels sind es 30 cm.

(Die angegebenen Maße sind natürlich nur Richtwerte, richtig ist, was gefällt.)

Um einen Korb herzustellen, brauchen wir folgendes Material:

- für den Boden 6 Äste als Staken (Durchmesser ungefähr 8 mm, Länge etwa 30 cm) und 20 Flechtruten,
- für die Seitenwände des Korbes 24 Staken (Durchmesser ungefähr 8 mm, Länge etwa 120 cm) und etwa 100 Äste als Ruten zum Einflechten,
- für den Henkel 8 – 10 besonders schöne, gleichmäßig dünne Ruten. Sie werden um die »Seele« gewickelt: Das ist ein gut biegsamer Stock (Durchmesser etwa 25 mm, Länge etwa 60 cm), den wir ebenfalls bereitlegen.

Den Boden flechten

Wir suchen 6 Staken, die wir so zurechtschneiden, dass ihre Länge etwa 10 cm länger als der Durchmesser des gewünschten Korbbodens ist. Eine Länge von etwa 30 cm ist beispielsweise ideal für einen Korbdurchmesser von rund 20 cm. (Für große Körbe suchen wir 8 oder mehr Staken aus.)

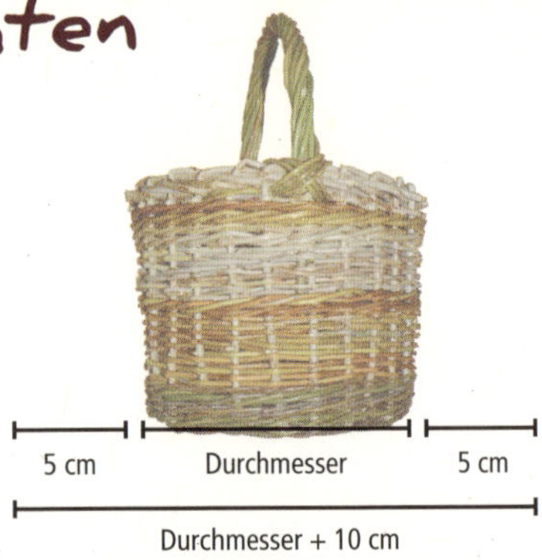

So wird's gemacht:

[1] 3 Staken nacheinander in der Mitte mit dem Messer oder einer Ahle über eine Strecke von wenigen Zentimetern spalten.

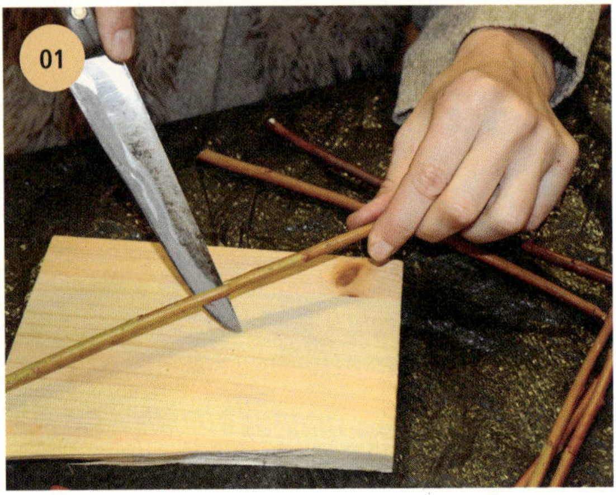

[2] Die 3 gespaltenen Staken nebeneinander auf eine Ahle aufstecken. Eine dünne Holzahle ist besonders schonend für die Staken, da sie nicht scharf ist. Andererseits hat eine spitze Ahle aus Stahl den Vorteil, dass man in einem Arbeitsgang durchstechen und auffädeln kann (siehe Seite 60).

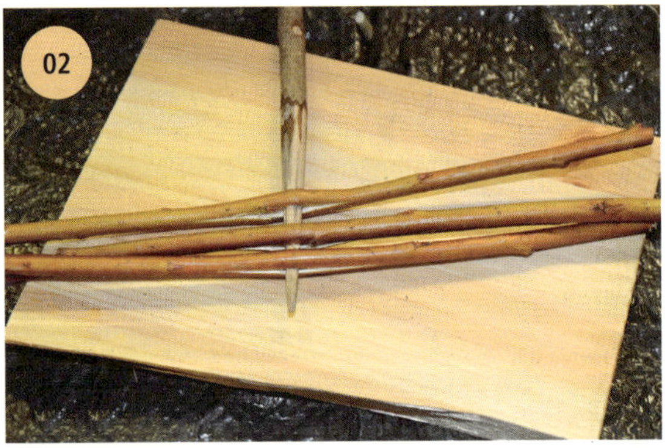

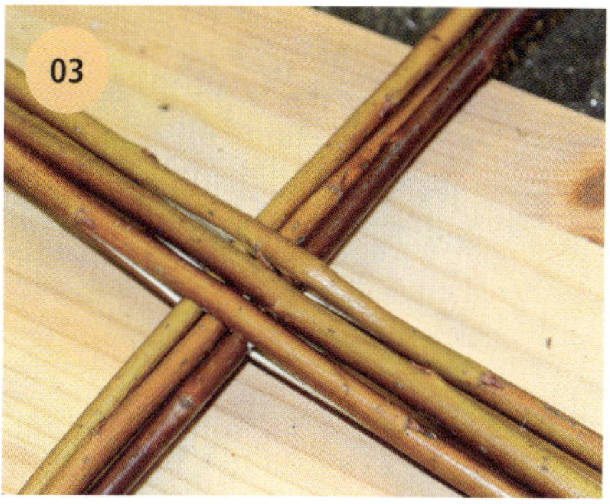

[3] Nun die 3 ungespaltenen Staken durch die Öffnung stecken, sodass sich ein Kreuz ergibt.

[4] Für große Körbe, ab einem Durchmesser von etwa 30 cm, entsprechend 8 oder mehr Staken verwenden, die Hälfte davon spalten.

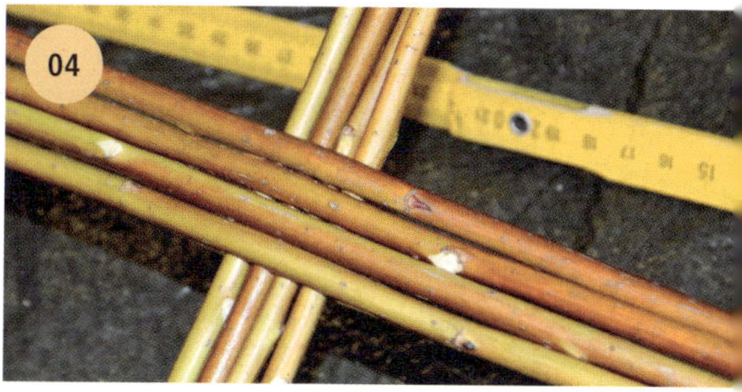

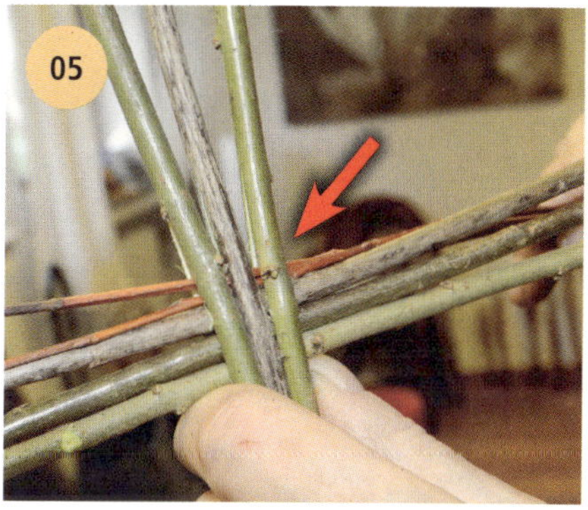

[5] Zum Fixieren des Kreuzes 2 Ruten mit ihren dünnen Enden (Spitzen) in den aufgeschlitzten Spalt einstecken.

[6] Die 2 Ruten, wie in der Vorübung auf Seite 61 beschrieben, um das Kreuz herum als Fitze führen. Abwechselnd die 1. Rute vor 3 Staken und hinter 3 Staken legen, die 2. Rute hinter 3 Staken und vor 3 Staken führen. Die Dreiergruppen werden jeweils als 1 Stake behandelt.

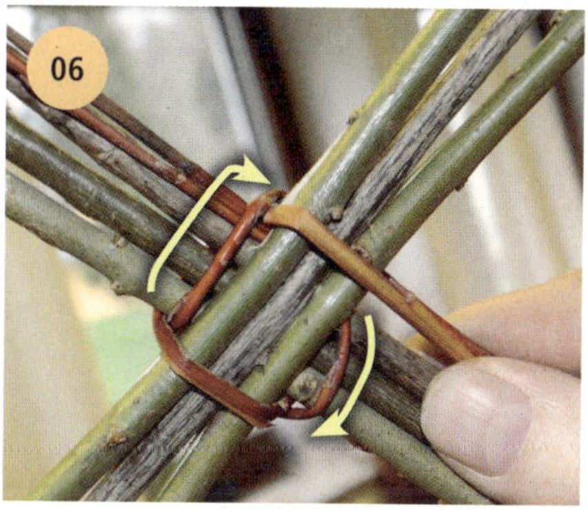

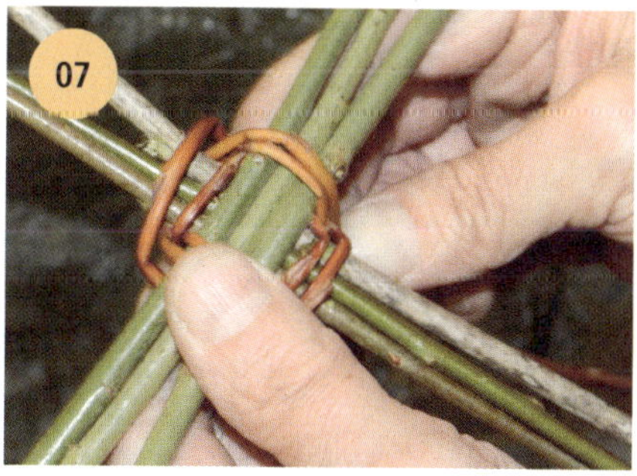

[7] So im Uhrzeigersinn zwei Runden fitzen.

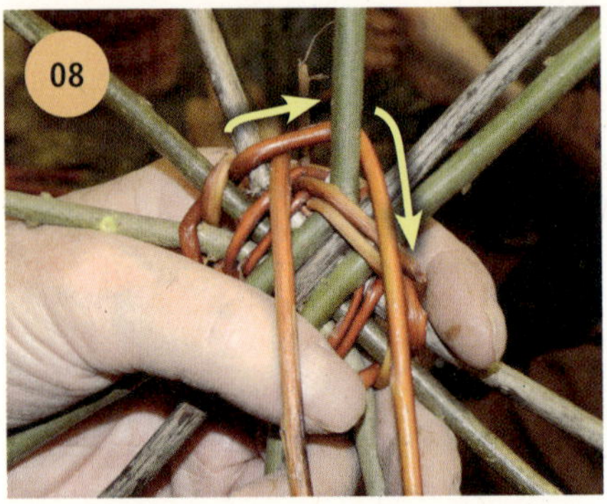

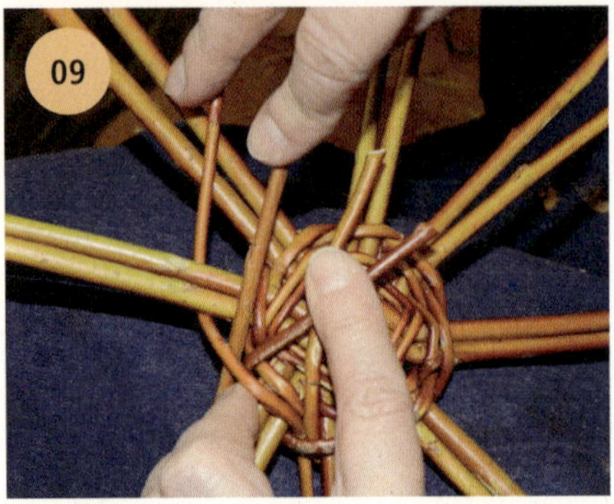

[8] Nach zwei Runden die 3 Staken auseinanderbiegen und nun um jede Stake einzeln fitzen, jeweils vor 1 Stake, hinter 1 Stake im Wechsel.

[9] Bei großen Körben für einige Runden zunächst noch einmal jeweils 2 Staken zusammenfassen und dann erst um die einzelnen Staken fitzen.

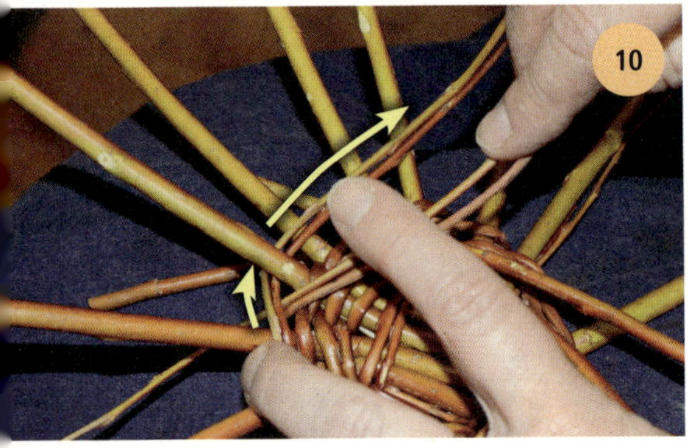

Beim Ansetzen von neuen Ruten nach der Grundregel »dünn an dünn« und »dick an dick« verfahren (siehe auch Seite 43).

[10] Beim Ansetzen »dünn an dünn« die alte und die neue Rute für einige Schläge gemeinsam führen.

Entsprechend weiterfitzen, bis der gewünschte Durchmesser fast erreicht ist. Jetzt noch so lange flechten, bis 2 Ruten mit ihren dünnen Enden übrig bleiben.

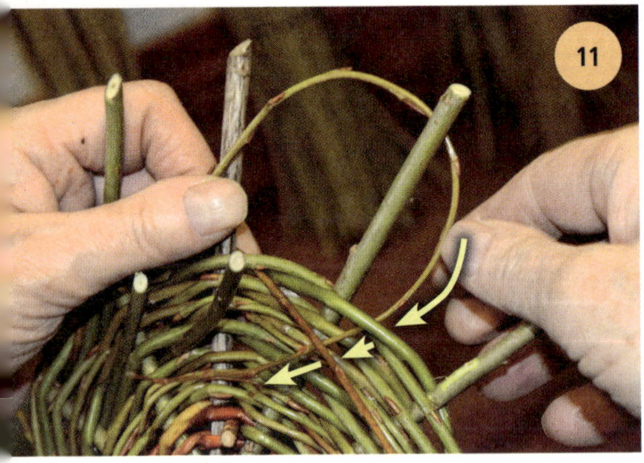

[11] Die Spitzen einzeln unter der vorigen Runde einfädeln. Jetzt kann sich das Geflecht nicht mehr auflösen.

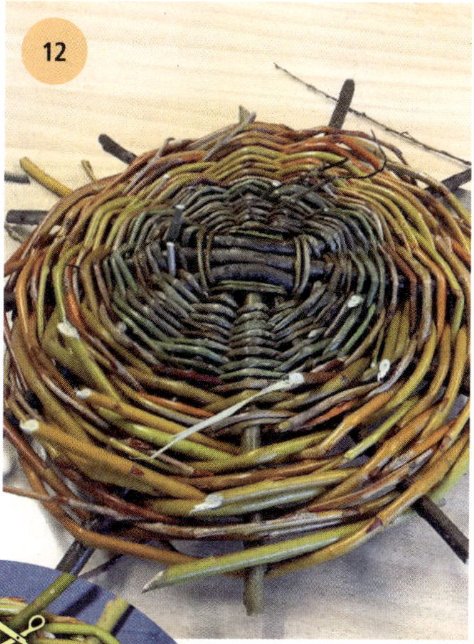

[12] Der fertige Boden sollte leicht gewölbt sein, wir drücken die Staken beim Flechten also immer ein bisschen von uns weg. Wenn wir weiterarbeiten, kommt die konkave Seite nach unten, die Wölbung wird beim späteren Korb innen liegen (siehe dazu auch Seite 72). Sollte keine Wölbung entstanden sein, können wir sie auch noch nachträglich hineindrücken.

Wir haben nun schon eine ganz nette »Sonne« vor uns liegen, die mit den herausragenden Staken als Dekorationsobjekt dienen kann oder, nach Abschneiden der Staken, als Untersetzer.

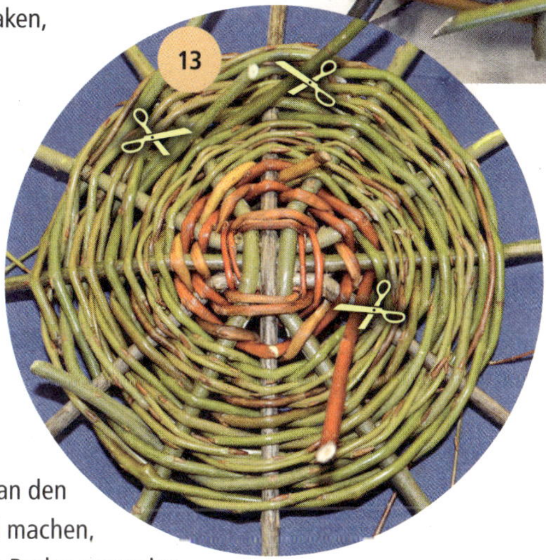

[13] Bevor wir uns an den Übergang zur Wand machen, werden die aus dem Boden ragenden Rutenenden mit der Rosenschere bündig abgeschnitten (✂). Dabei sollten wir darauf achten, dass die Ruten nicht zu kurz abgeschnitten werden (siehe dazu auch Seite 45). Wenn möglich, sollten die Enden noch auf einer Stake aufliegen und von dieser – auch wenn der Korb später durch Trocknen etwas geschrumpft ist – festgehalten werden.

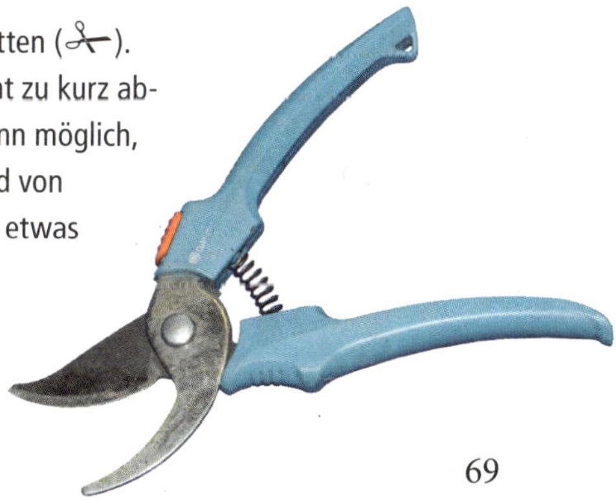

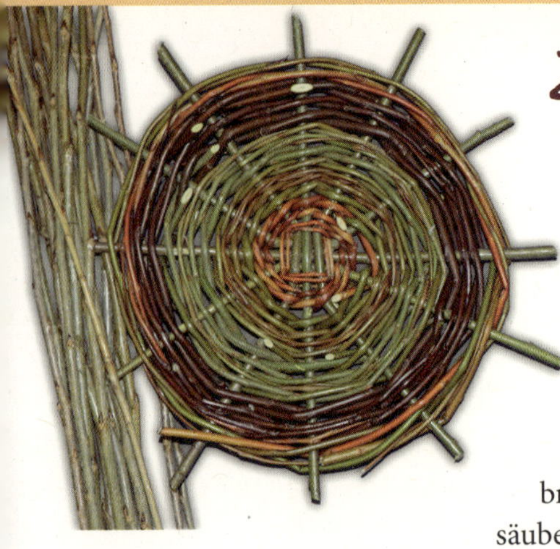

Zwischen Boden und Korbwand

Der Boden ist fertig, nun beginnen wir mit dem Flechten der Korbwand. Je sorgfältiger wir den Übergang zwischen Boden und Wand arbeiten, umso schöner wird später unser Korb sein. Für die Korbwand suchen wir uns schöne und gleich dicke Staken, wir brauchen doppelt so viele Staken wie aus dem versäuberten Boden herausragen – in unserem Fall also 24 Stück. Die Staken sollten entsprechend mindestens dreimal so lang sein, wie die Korbwand hoch werden soll, besser aber länger (bei einer gewünschten Höhe von 20 cm sollten sie mindestens 60 cm lang sein).

Vereinfachter Übergang für Anfänger

So wird's gemacht:

[1] Alle 24 Staken mit einem scharfen Messer schräg anspitzen. Die Schnittfläche sollte jeweils mindestens viermal so lang sein wie der Durchmesser der Stake.

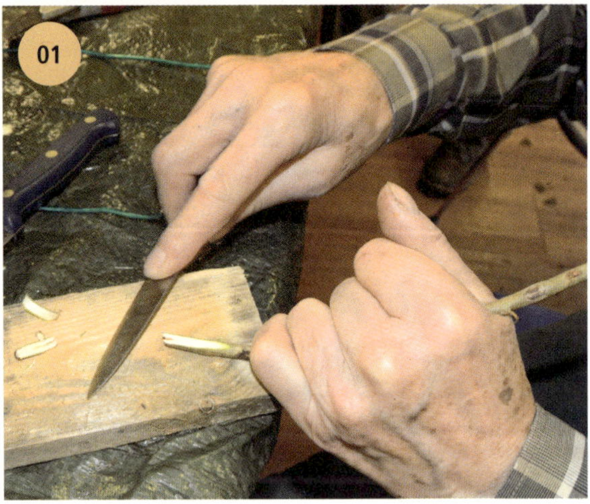

[2] Jeweils 2 neue Staken werden zu den alten Bodenstaken gesteckt. Die schräg angespitzten Schnittflächen der beiden neuen Staken kommen dabei an der alten Stake zu liegen. Erst unmittelbar bevor die beiden neuen Staken eingesteckt werden, die alte Stake des Korbbodens mit der Rosenschere abschneiden. Sie sollte bündig abschließen. Dort wo wir noch nicht arbeiten, die aus dem Boden herausragenden Staken erst einmal stehen lassen.

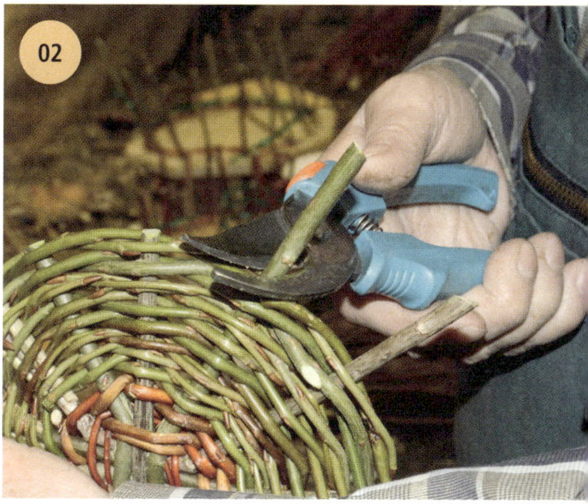

[3] Jeweils 2 Staken mit der Schnittfläche voran links und rechts von der alten Bodenstake in den Boden einstecken. Vorher kann der Raum neben der Bodenstake mit der Ahle etwas erweitert werden.

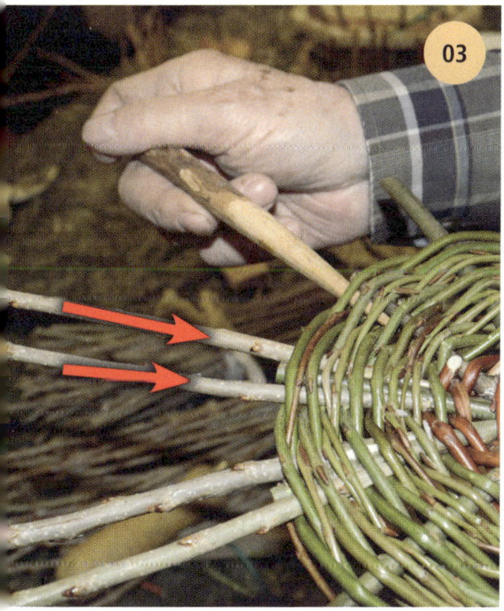

[4] Nach und nach alle 24 neuen Staken einarbeiten. Nun haben wir eine Sonne mit langen Strahlen, die von den Staken für die Korbwand gebildet werden. Auch schon ein schönes Dekorationsobjekt!

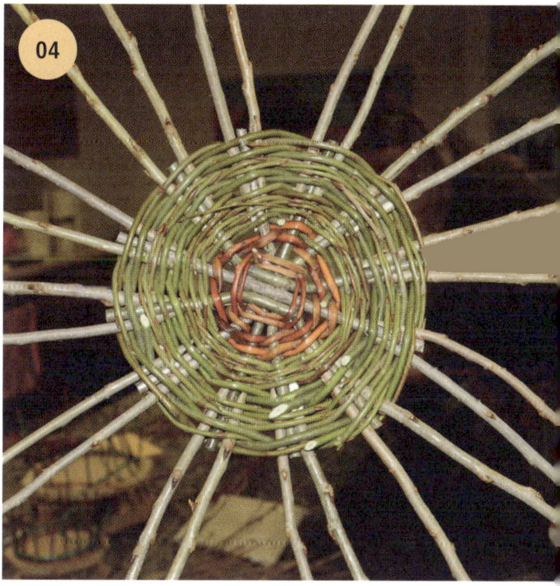

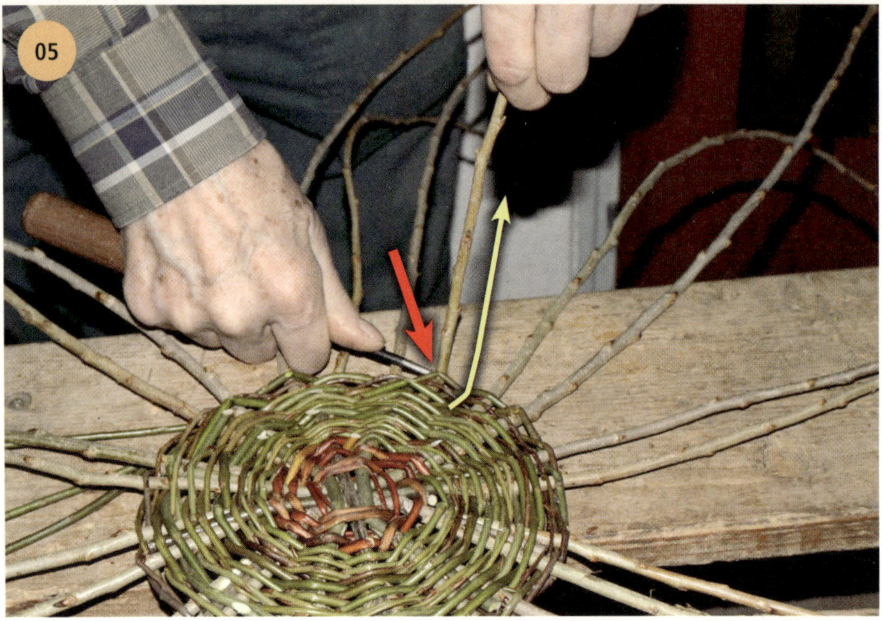

[5] Die Staken nach und nach einzeln am Rand des Flechtwerkes vorsichtig umbiegen. Vorher können sie mit einer Rundzange oder mit der Ahle leicht gequetscht werden, denn sie dürfen nicht brechen.

[6] Abwechselnd Gruppen von gegenüberliegenden Staken nach oben biegen und so nach und nach alle Staken zusammenfassen. Durch die Elastizität der Ruten sind die fertig geflochtenen Böden immer leicht gewölbt. Wir biegen die Staken so um, dass die konkave Seite des Bodens außen zu liegen kommt, die Wölbung des Bodens kommt nach innen. Der Korb steht so nicht auf der gesamten Bodenfläche, sondern nur auf dem äußeren Rand.

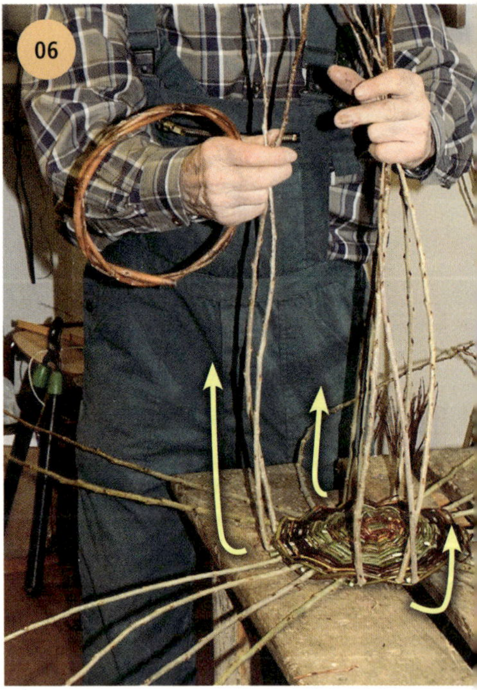

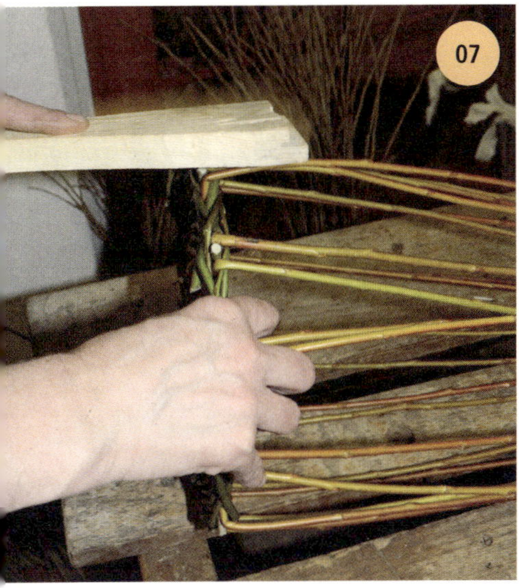

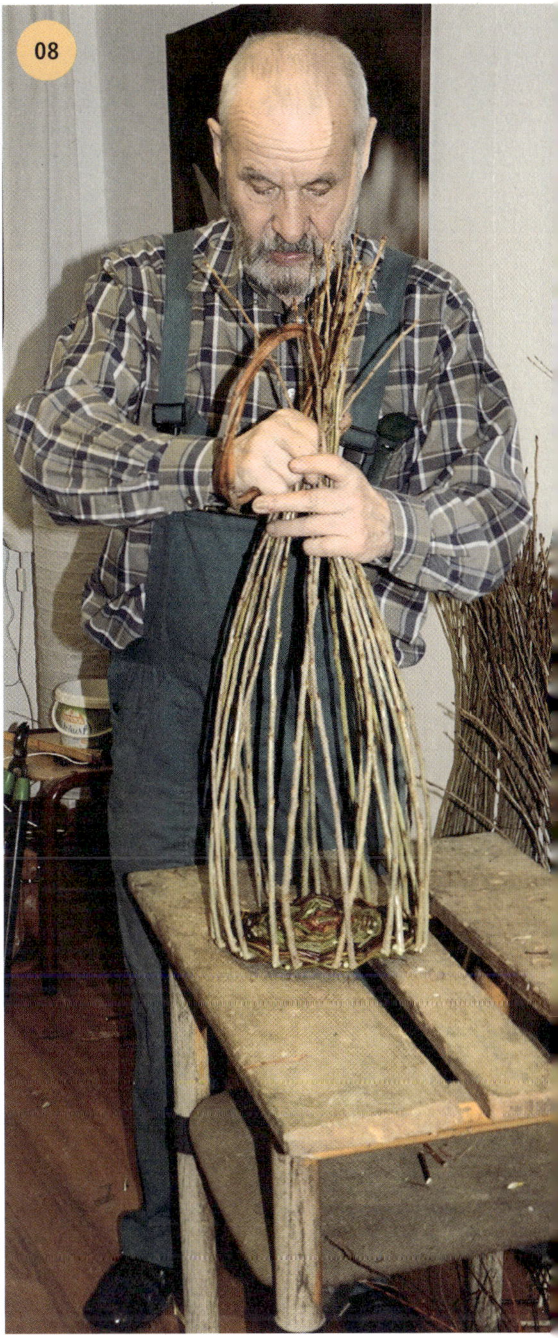

[7] Die umgebogenen Staken noch einmal vorsichtig festklopfen.

[8] Einen Ring über die Enden der Staken legen, damit sie für die nun folgenden Schritte fixiert sind. Den Ring können wir zum Beispiel aus einer langen Rute herstellen, indem wir den unteren Teil einer langen Rute zu einem Ring biegen und das überstehende Ende mehrfach um diesen Ring herumwickeln. Wir können aber auch einen Ring aus Draht biegen. Wichtig dabei: Der Ring darf sich während der ersten Schritte unserer Arbeit nicht lösen.
Alternativ können wir die Staken aber auch oben mit einer Schnur locker zusammenbinden.

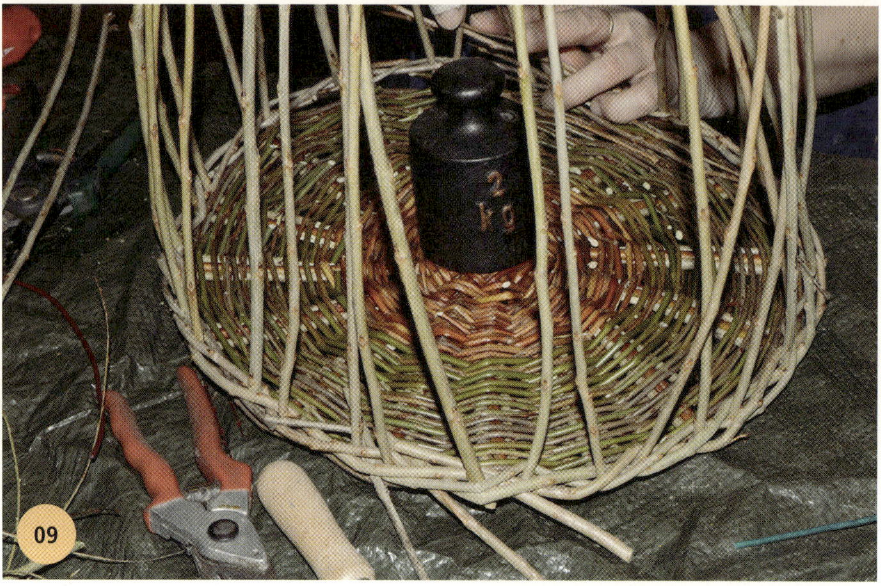

09

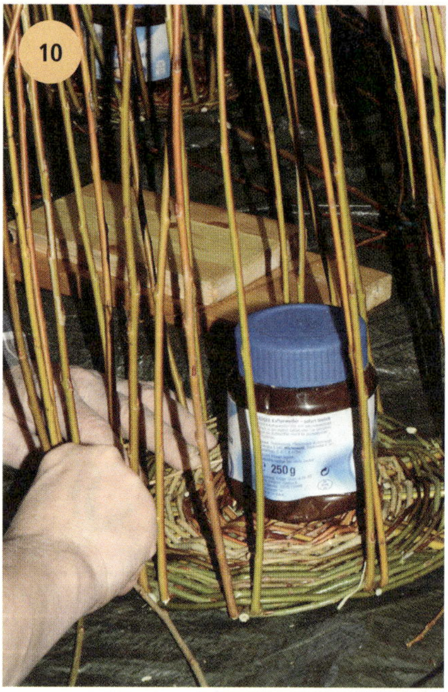

10

[9] Jetzt beginnen wir mit einer Kimme: Wir arbeiten, wie in der Vorübung auf Seite 52 beschrieben, mit 3 Ruten.
Dazu die Ruten mit der Spitze voran in nebeneinanderliegende Zwischenräume legen (siehe Abb. 1 und Schritt 1, Seite 76).
Im Folgenden immer die jeweils links liegende Rute vor 2 Staken, hinter 1 Stake im Wechsel flechten.
Die dicken Enden der Ruten zeigen dabei jeweils nach außen.

[10] Der Boden wird mit einem unzerbrechlichen Gewicht, beispielsweise mit einem mit Sand gefüllten Plastikschraubbecher, beschwert. So bleibt das Werkstück immer aufrecht auf der Unterlage stehen und fällt uns nicht vom Tisch. Alternativ können auch ein flacher Stein oder ein Metallgewicht verwendet werden.

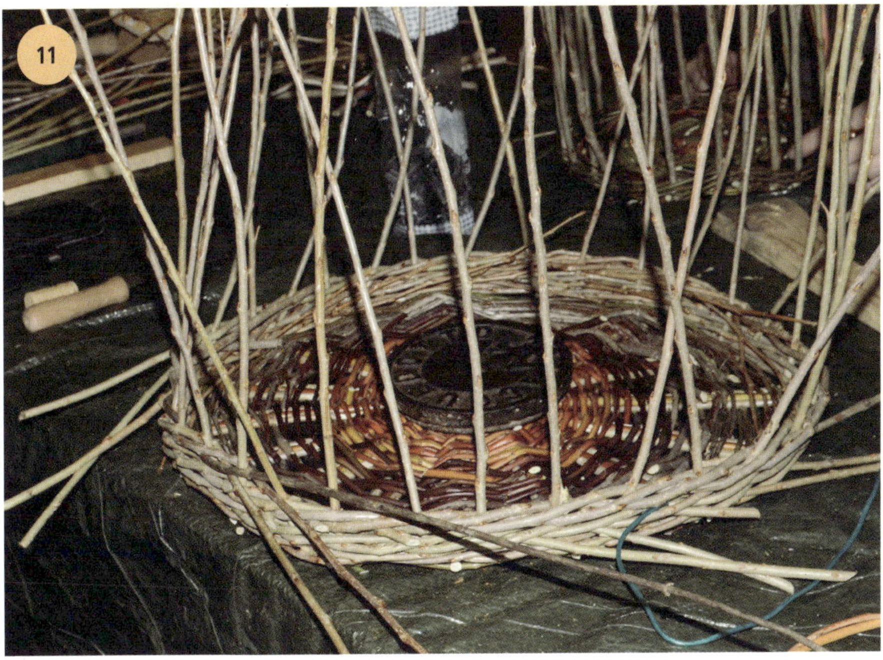

[11] Wir kimmen im Folgenden mindestens zwei Runden, vor 2 Staken, hinter 1 Stake im Wechsel.
Rechtshänder arbeiten die Seitenwand am Anfang immer von links nach rechts, von oben betrachtet wäre das gegen den Uhrzeigersinn. Neue Ruten werden »dünn an dünn« bzw. »dick an dick« angelegt.

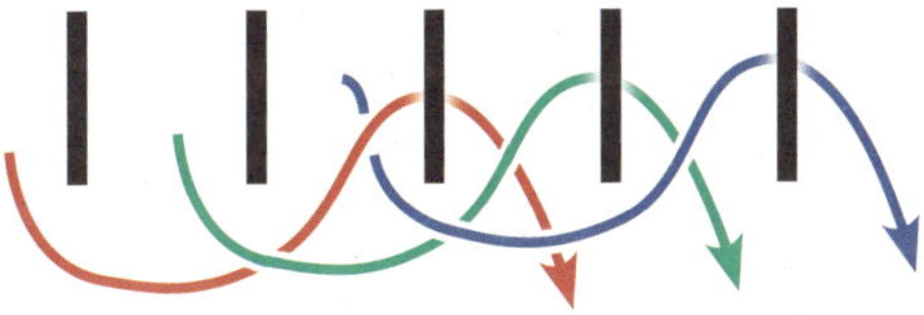

Übergang für Fortgeschrittene

Der Rand des Bodens wird stabiler, wenn wir mit der Kimme schon vor dem Umbiegen der Staken beginnen. Beim allerersten Korb ist das noch nicht zu empfehlen, aber schon beim zweiten Exemplar kann es gut gelingen.

So wird's gemacht:

Schritt 1 bis 4, wie auf den Seiten 70 und 71 beschrieben, arbeiten. Den Korbboden mit der Wölbung nach unten legen.

[1] Das Kimmen mit den dünnen Enden der Ruten beginnen. Die 3 Ruten jeweils links von 3 nebeneinanderliegenden Staken, an der Stake entlang, in das Geflecht des Bodens einschieben.

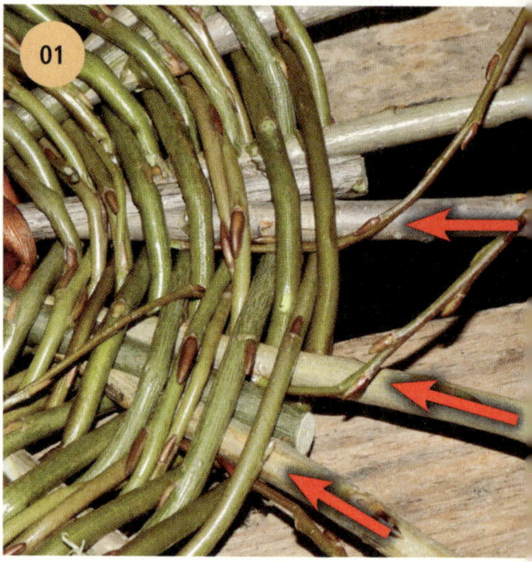

[2] Einmal im Uhrzeigersinn rundherum kimmen, und dabei immer die rechts (in Arbeitsrichtung betrachtet: hinten) liegende Rute im Wechsel vor 2 Staken und hinter 1 Stake legen.

[3] Hier »geht« die dritte Rute vor 2 Staken und hinter 1 Stake.

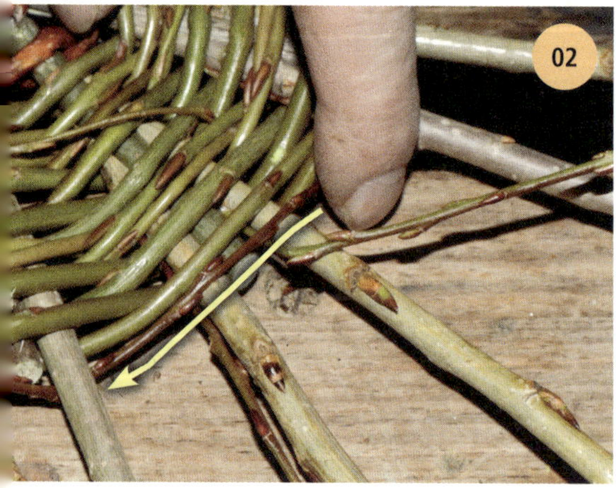

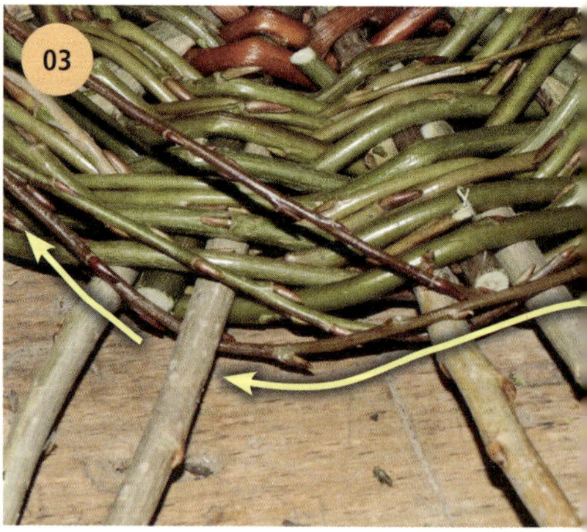

Nachdem einmal rundherum gekimmt wurde, den Korbboden umdrehen. Die Wölbung liegt jetzt oben.

[4] Durch das Kimmen vor dem Umdrehen wird der Korb später noch stabiler sein. Außerdem werden die Staken mithilfe der Kimme gleichmäßig verteilt.

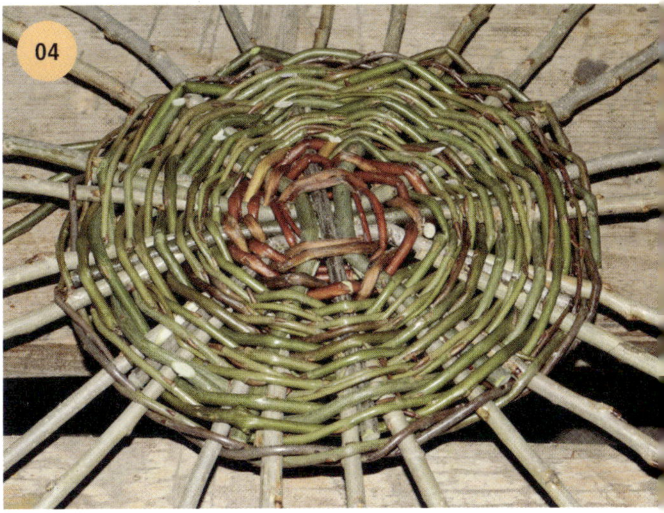

[5] Die Staken nach der ersten Runde Kimmen vorsichtig umbiegen. Wieder benutzten wir dazu eine Ahle, um die Stake direkt am Flechtwerk etwas zu quetschen, damit sie an der gewünschten Stelle weicher wird und umgebogen werden kann.

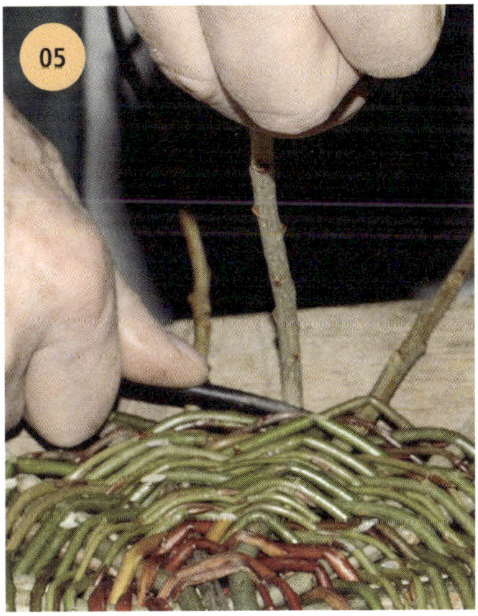

[6] Wie auf Seite 72 beschrieben, gegenüberliegende Staken gruppenweise nach oben biegen. Die Staken so nach und nach zusammenfassen.

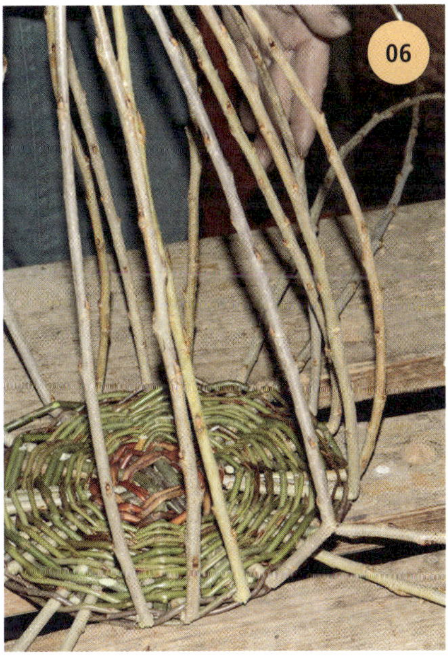

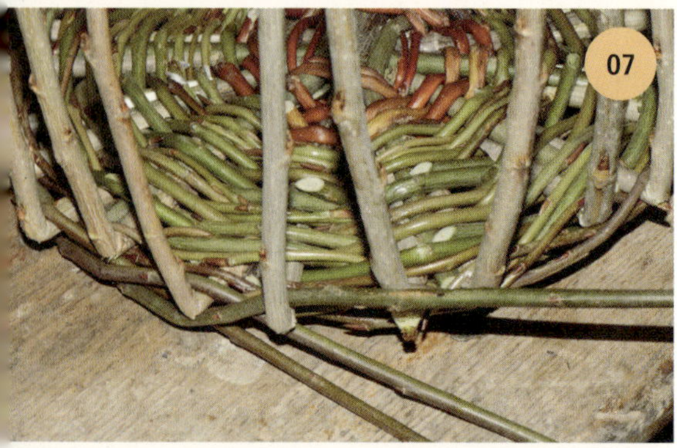

[7] Die Kimme, die vor dem Umbiegen gearbeitet wurde, bildet den stabilen Rand der Bodenfläche.

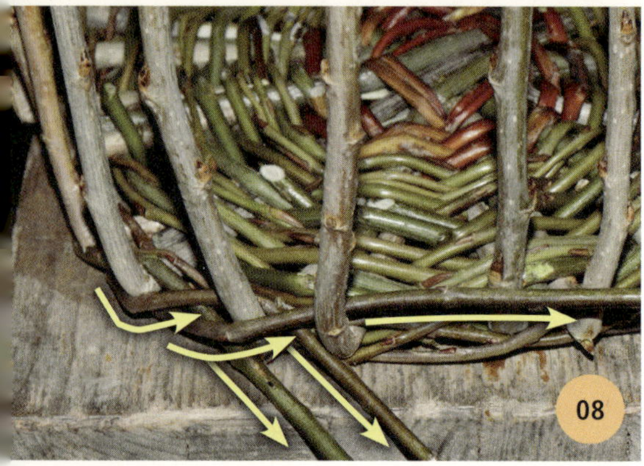

[8] Mit den 3 Ruten wird die Kimme jetzt entgegen dem Uhrzeigersinn als Teil der Wand fortgesetzt, das heißt vor 2 Staken, hinter 1 Stake im Wechsel.

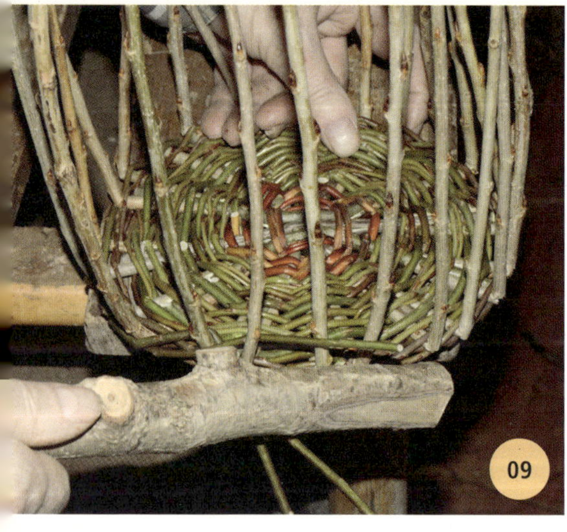

[9] Nach einigen Schlägen werden die umgebogenen Staken noch einmal vorsichtig in den Boden hineingeklopft.

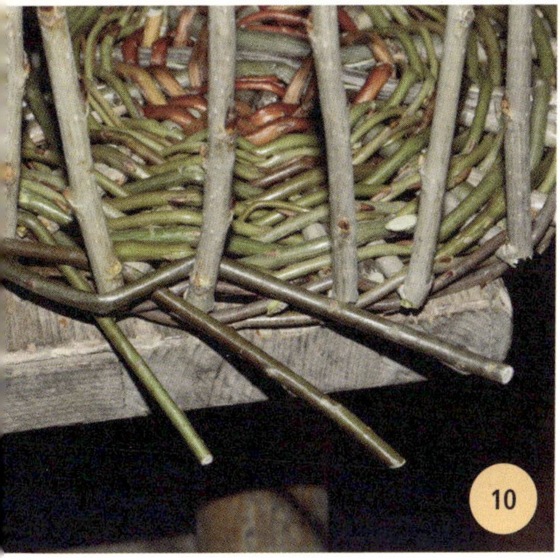

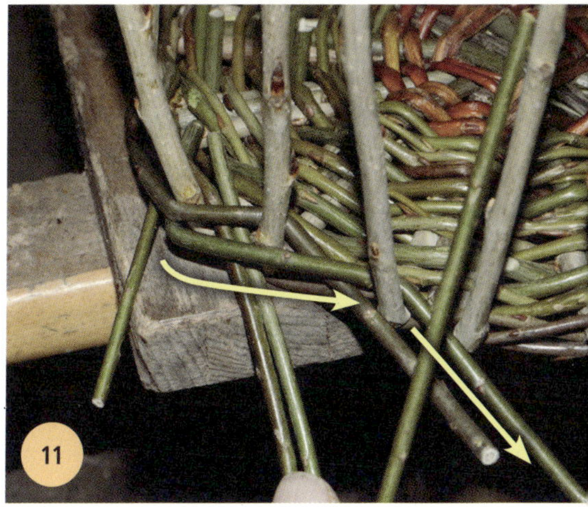

[10] Hier sind die dicken Enden der 3 Ruten beim Kimmen erreicht.

[11] Zum Weiterkimmen 3 neue Ruten »dick an dick« ansetzen: Wie auf Seite 55 beschrieben, jeweils zwischen Stake und dickem Ende der alten Rute die neue Rute einlegen. Mit der neuen Rute den ersten Schlag vor 2 Staken, hinter 1 Stake, gehen.

[12] Die 3 neuen Ruten nach und nach ansetzen und weiterkimmen, vor 2 Staken, hinter 1 Stake.

[13] Dort, wo der Boden in die Wand des Korbes übergeht, entsteht auf diese Weise ein dicker, haltbarer Rand, auf dem der Korb später zu stehen kommt.

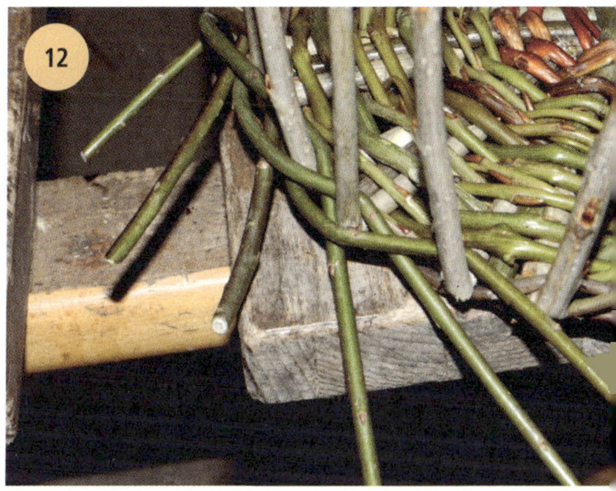

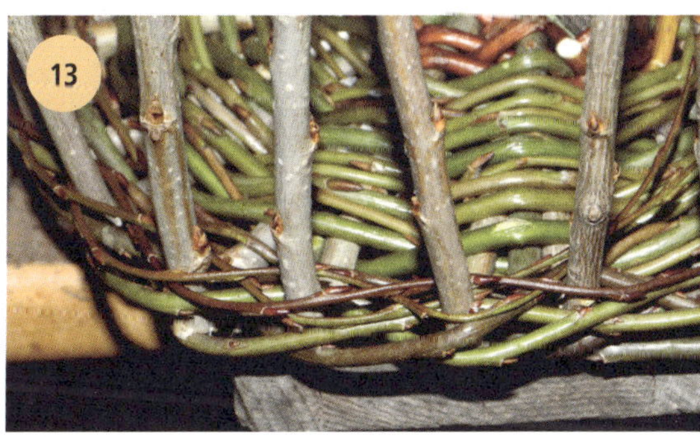

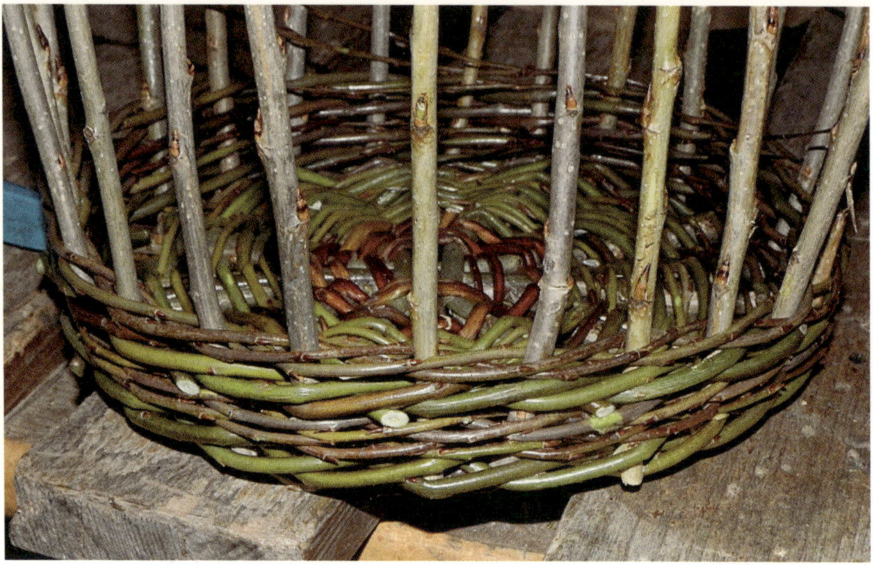

Die Korbwand flechten

Ist der Übergang zwischen Boden und Wand geschafft, ist es am besten, zuerst einmal mehrere Runden zu kimmen. So werden die Staken gleichmäßig ausgerichtet.

Damit die Korbwand schnell wächst, empfiehlt es sich aber, irgendwann »Schicht zu machen«. Schichten ist die beste Möglichkeit, ohne viel Aufwand schnell voranzukommen. Am Anfang schichten wir in einer vereinfachten Form: Dafür brauchen wir zunächst so viele Ruten, wie wir Staken haben, hier also 24 Stück. Alle Ruten sollten dieselbe Länge und Dicke haben. Im Idealfall sind sie etwa viermal so lang, wie der Durchmesser des Korbes, dann können sie fast einmal um den Korb herum geflochten werden.

Beim Schichten wird wie beim Zäunen jede Rute einzeln eingelegt, allerdings werden die dicken Enden der Ruten jeweils um eine Stake versetzt über der vorigen Rute eingelegt. Anfangs ist nicht vorstellbar, dass auf diese Weise ein gleichmäßiges Flechtwerk entstehen kann. Am Ende einer Schicht ist es aber wie durch Zauberei entstanden. Probieren Sie es einfach aus!

So wird's gemacht:

[1] Die Ruten nacheinander mit den dicken Enden voran einlegen und zäunen. Die Enden sollten dabei gut hinter der dazugehörigen Stake aufliegen. Jeweils nach rechts zäunen (im Wechsel vor 1 Stake, hinter 1 Stake) und weiterarbeiten, bis das dünne Ende der Rute fast erreicht ist. Ist der Schritt abgeschlossen, die nächste Rute mit dem dicken Ende voran hinter der nächsten Stake (nicht dort, wo die vorherige Rute endet!) einlegen. Würden wir die Staken von links nach rechts nummerieren, wird die 1. Rute hinter Stake Nr. 1 eingelegt. Die 2. Rute hinter Stake Nr. 2, die 3. Rute hinter Stake Nr. 3 und so weiter, bis alle Ruten eingearbeitet wurden. Hier noch einmal genauer:

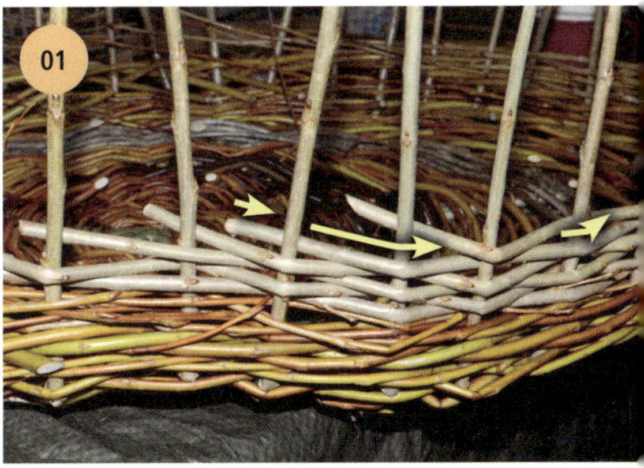

[2] Die 2. Rute um eine Stake versetzt (nach rechts in Flechtrichtung) ansetzen. (Profis arbeiten in die andere Richtung, beim Üben ist die beschriebene Vorgehensweise aber einfacher.) Weiterzäunen bis kurz vor das dünne Ende der Rute.

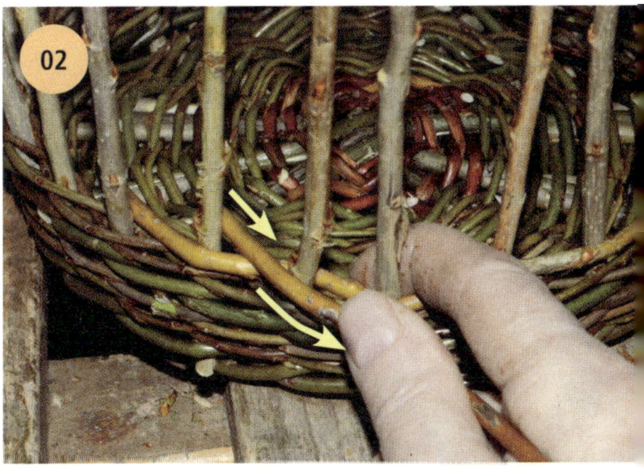

[3] Die 3. Rute wieder um eine Stake versetzt einlegen und zäunen. Mit allen 24 Ruten so weiterarbeiten. Pro Arbeitsgang immer nur mit 1 Rute arbeiten.

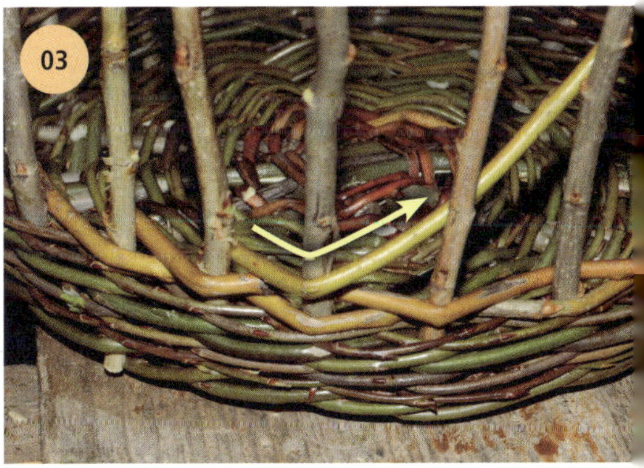

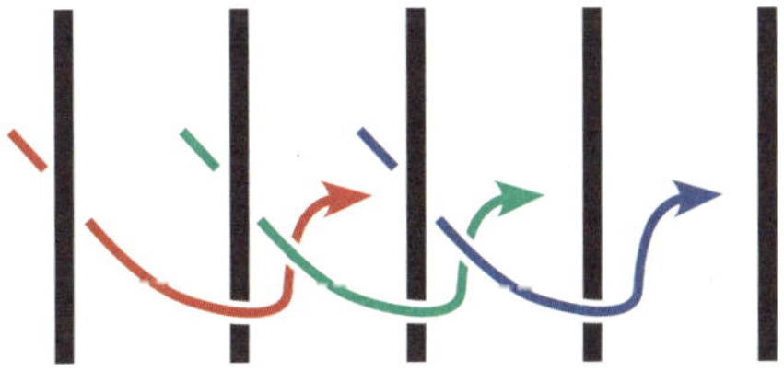

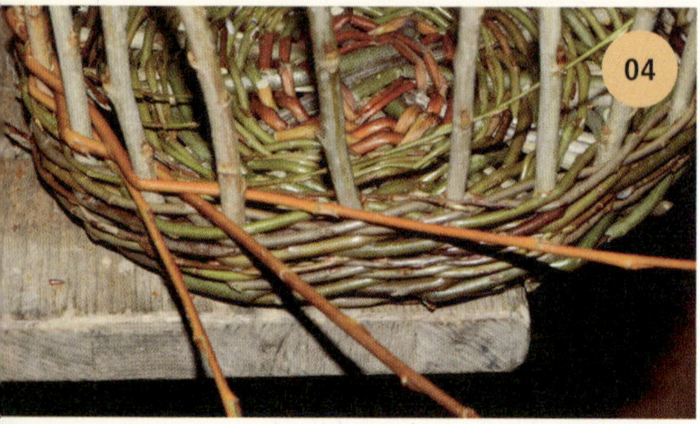

[4] Jede Rute wird bis zum Ende geflochten. Zum besseren Verständnis werden die Spitzen hier auf dem Foto nach außen geführt, eigentlich flechten wir so, dass die Rutenenden innen zu liegen kommen. Die Enden der Ruten treten jeweils um 1 Stake versetzt aus dem Flechtwerk heraus.

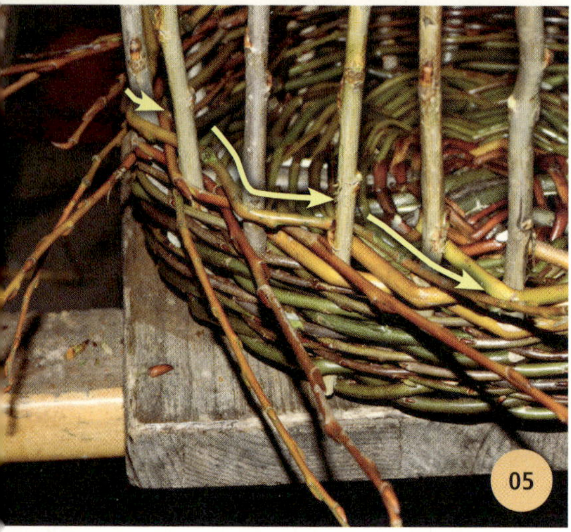

[5] Die Ruten sind so lang gewählt, dass sie einmal um den gesamten Korb herum geflochten werden. Sie treffen daher wieder auf die dicken Enden.

[6] Zwischendurch die Ruten über den dicken Enden festklopfen. An den Stellen, wo die dünnen Enden übereinanderliegen, ist das jedoch nicht empfehlenswert.

[7] Durch das Schichten erscheint die Höhe der Wand anfangs sehr uneinheitlich. Wenn alle Ruten eingeflochten sind, bekommt die Wand aber mit der Zeit eine gleichmäßige Höhe.

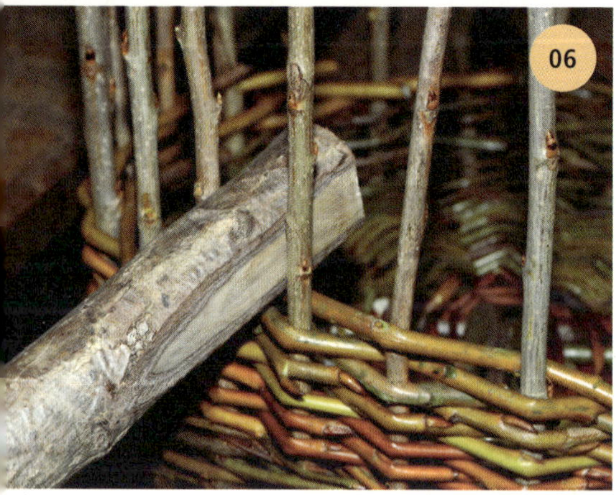

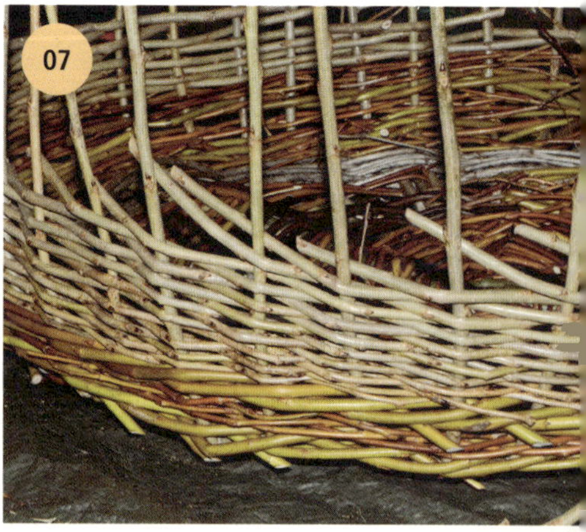

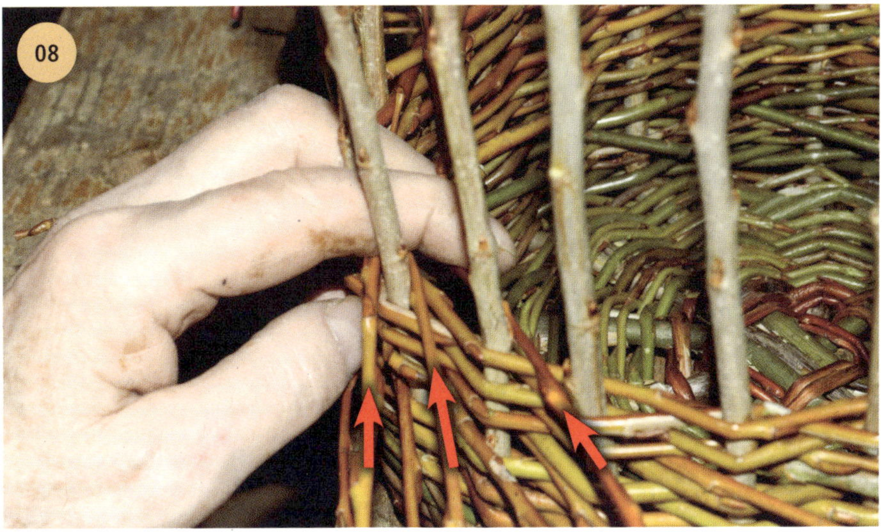

[8] Damit der Korb stabil bleibt, empfiehlt es sich nach einer Schicht (wenn alle 24 Ruten verarbeitet sind), wieder einige Runden zu kimmen. Dazu 3 Ruten mit den dünnen Enden voran in die Zwischenräume von drei nebeneinanderliegenden Staken einlegen.

[9] Schlag für Schlag einige Runden mit den 3 Ruten kimmen (vor 2 Staken, hinter 1 Stake) – mindestens zweimal, besser dreimal um den gesamten Umfang des Korbes herum arbeiten. So wird der Korb stabiler.

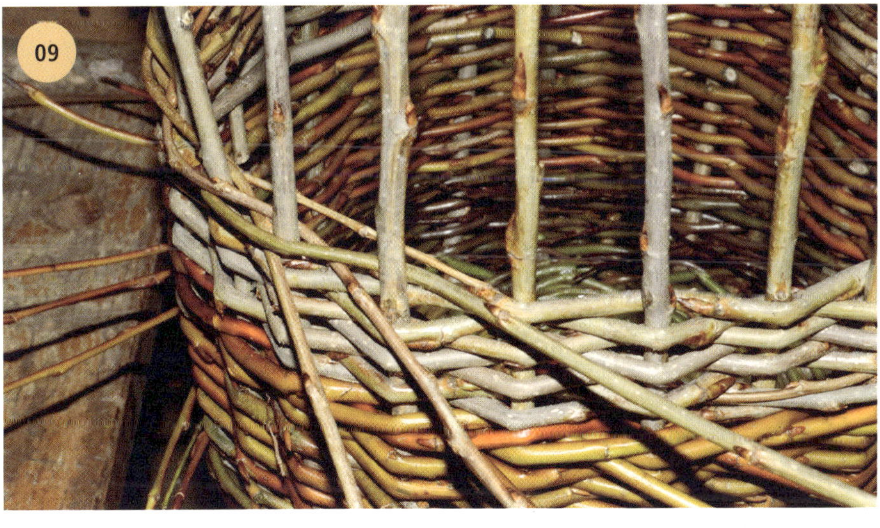

Zäunen als Zwischenschritt

[10] Der Vollständigkeit halber (um das Zäunen zu üben und weil es einfach zu arbeiten ist) zäunen wir nun einige Runden. Wir beginnen den neuen Abschnitt wieder mit einem dünnen Ende der Rute, das dort in den Zwischenraum vor der Stake einlegt wird, wo die Kimme mit dem dicken Ende abschließt. Eigentlich ist das Zäunen ungünstig für Körbe, weil das Geflecht etwas unregelmäßig und instabil wird. Wir zäunen deshalb nur drei bis vier Runden.

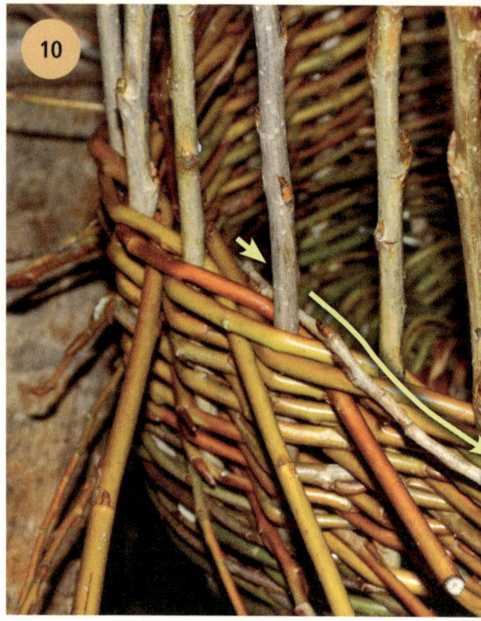

[11] Beim Zäunen wird in einem Arbeitsgang immer nur mit 1 Rute gearbeitet. Beim Ansetzen der nächsten Rute »dick an dick« muss das dicke Ende innen zu liegen kommen. So wird es durch die Spannung des Flechtwerkes gehalten und kann gekürzt werden.

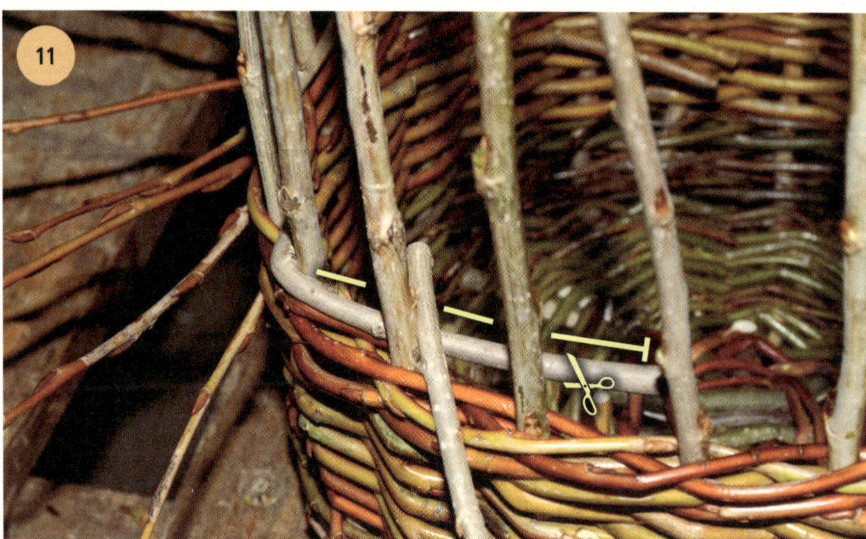

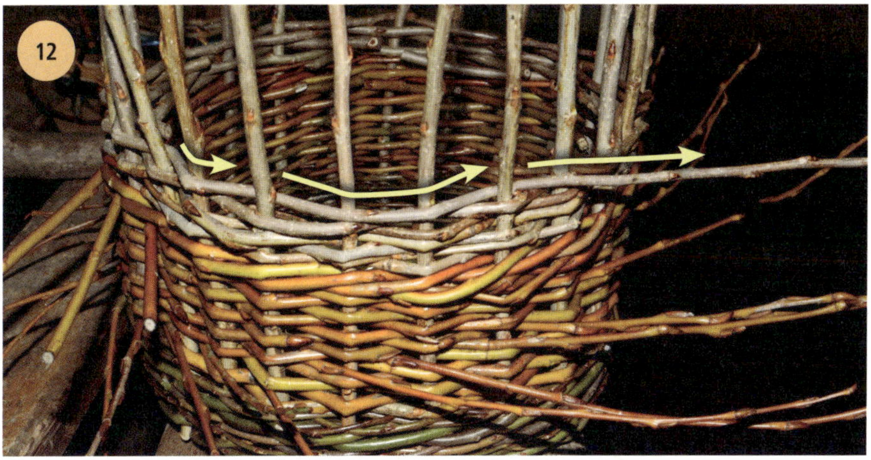

Beim Zäunen runder Werkstücke wie diesem Korb gibt es eine Besonderheit: Da wir mit einer geraden Anzahl an Staken arbeiten, würden übereinanderliegende Ruten immer gleichlaufend innen und außen zu liegen kommen. (Zäunen eignet sich also besonders gut für lineare Werkstücke, wie z. B. Zäune, wo durch das Umbiegen an einem Ende die gegenläufige Lage der Ruten automatisch entsteht.) Deshalb arbeiten wir mit einem kleinen Trick.

[12] Nach Abschluss einer Runde überspringen wir eine Stake. Wir arbeiten am Schluss einen Schlag vor 2 Staken, hinter 1 Stake. Nun kann eine Runde lang gegenläufig eingelegt werden. Diesen Trick können wir bei allen Flechtwerken anwenden: Sobald eine Situation entsteht, bei der wir den Weg der vorigen Runde wiederholen müssten, wird einfach 1 Stake übersprungen.

[13] Bei der nächsten Runde verfahren wir genauso, überspringen am Schluss wieder eine Stake und arbeiten einen Schlag vor 2, hinter 1. Durch das versetzte Überschlagen der Staken entsteht am Ende ein spiralförmig um den Korb wanderndes Band.

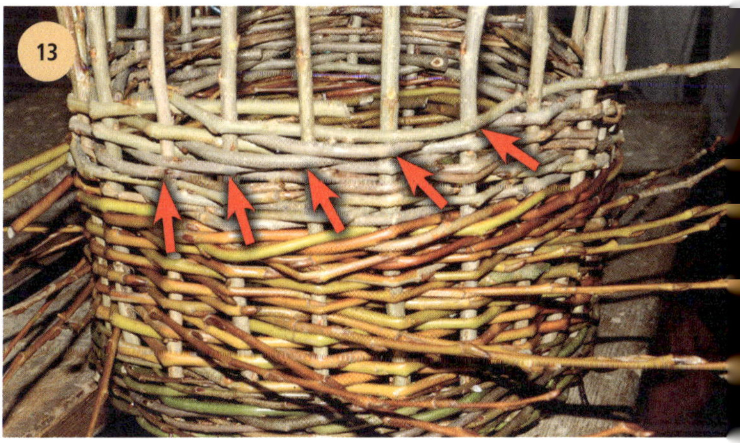

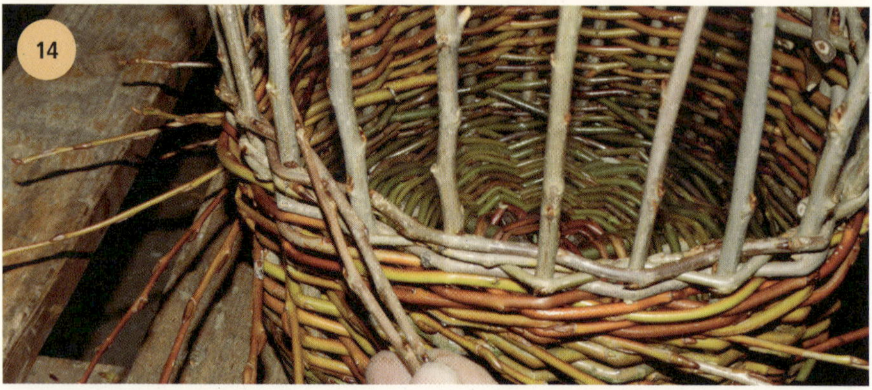

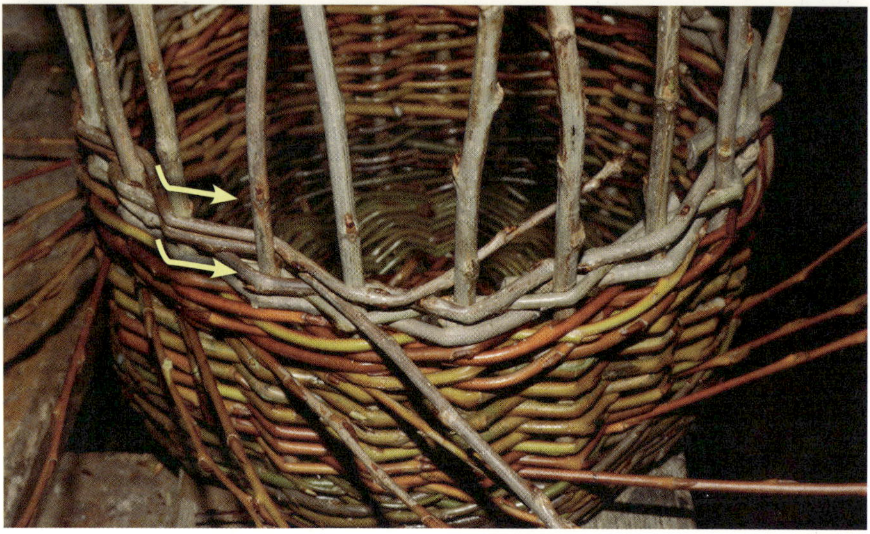

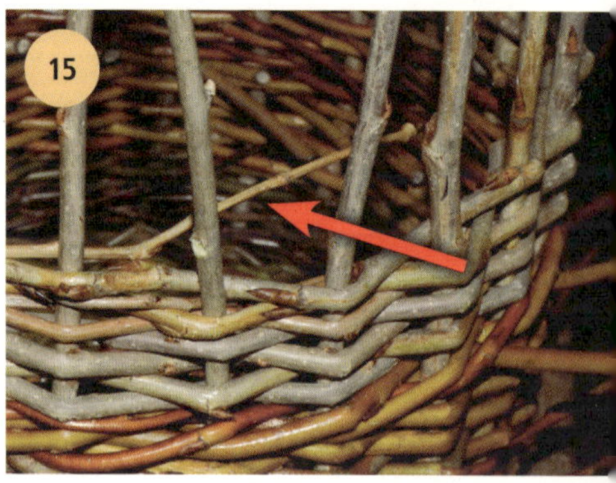

[14] Beim Ansetzen der nächsten Rute – nun »dünn an dünn« (wir enden jetzt mit der Spitze) – die Spitzen der beiden Ruten einige Schläge weit gemeinsam flechten.

[15] Die Spitzen der alten Ruten legen wir nach innen. Dort können sie später über einer Stake liegend abgeschnitten werden.

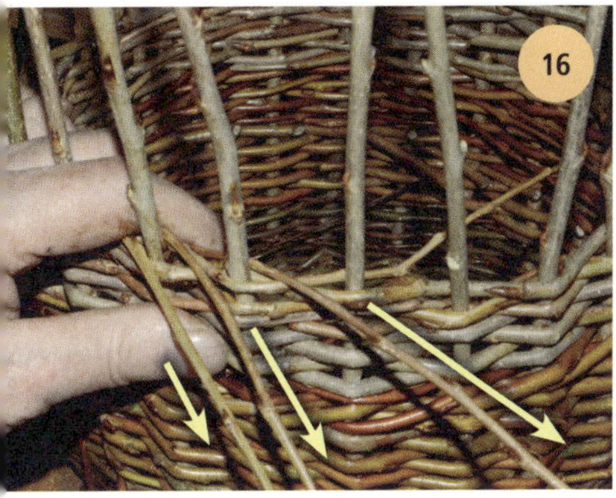

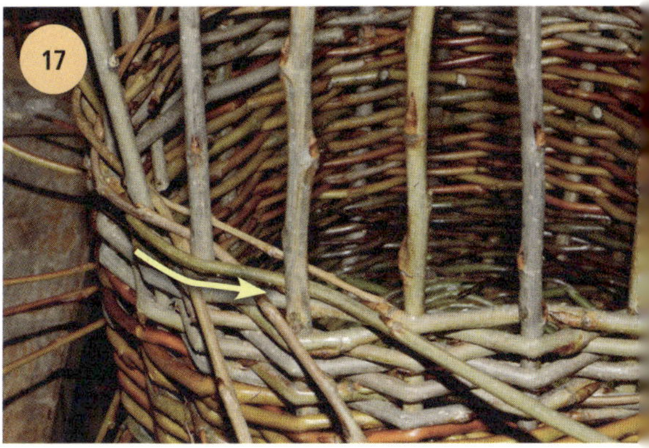

[16] Nach einigen Runden Zäunen sollte der Korb durch mindestens zwei Runden Kimmen wieder stabilisiert werden. Das Kimmen verbessert die Geometrie des Werkstücks. So werden die Abstände der Staken, die durch das lockere Zäunen etwas ungleichmäßig werden, wieder angepasst. Dazu wieder 3 Ruten mit dem dünnen Ende voran einsetzen.

[17] Mit den eingelegten Ruten Schlag für Schlag einige Runden kimmen (vor 2, hinter 1).

[18] Auch hier nicht vergessen, die Ruten über den dicken Enden festzuklopfen. Die dünnen Stellen beim Klopfen wieder aussparen.

[19] Eine schöne Variante ergibt sich, wenn wie hier nach dem Zäunen mit andersfarbigen Ruten weitergekimmt wird.

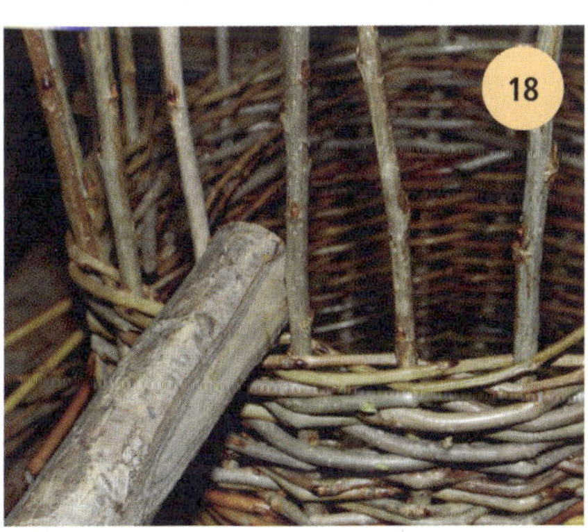

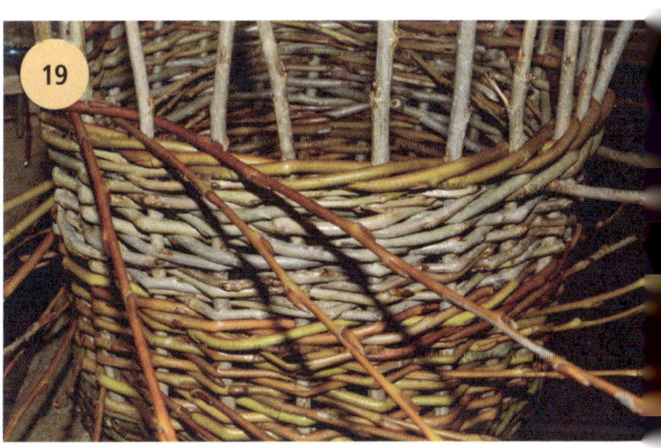

Den Abschluss flechten

Wenn wir einen Henkel an den Korb arbeiten wollen, werden rechts von zwei gegenüberliegenden Staken Platzhalter eingesteckt. (Mehr dazu ab Seite 98.) Vorerst zeigen wir hier aber das Prinzip eines einfachen Abschlusses ohne Henkel.

Die Staken werden nacheinander umgebogen und verflochten. (Die Stake wird jetzt gewissermaßen zur Rute.) Vor dem Umbiegen können die Staken jeweils mit der Rundzange leicht gequetscht werden, damit sie nicht brechen (wie auf Seite 72 beschrieben).

So wird's gemacht:

[1] Eine Stake umbiegen und dann hinter 2 Staken, vor 2 Staken, hinter 2 Staken führen. Die zur Rute gewordene Stake bleibt außen liegen, die nächste Stake wird jetzt zur Rute. So können wir mit den einzelnen Staken fortfahren, bis 6 aufrechte Staken übrig bleiben.

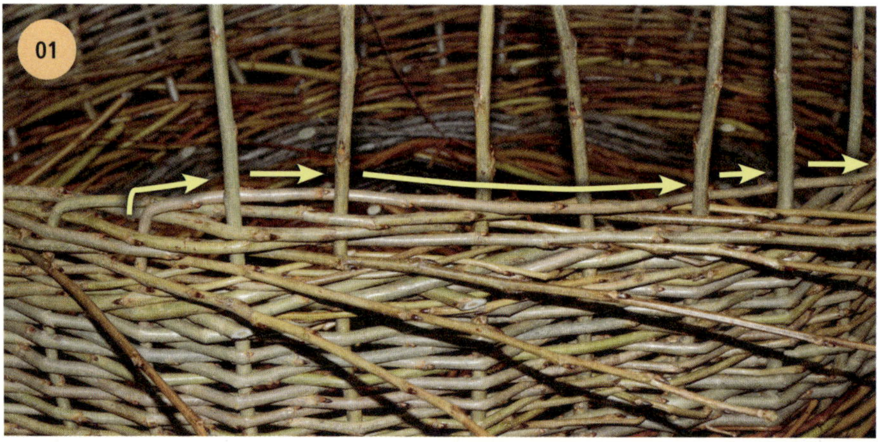

[2] Um den Verlauf besser zu erkennen, wurden hier 3 verschiedenfarbige Wäscheleinenstücke bei den ersten 3 umgebogenen Staken mitgeführt. (Dies dient nur dem besseren Verständnis der Arbeitsschritte, bitte nicht nacharbeiten, die Wäscheleine lässt sich nur schwer wieder entfernen.)

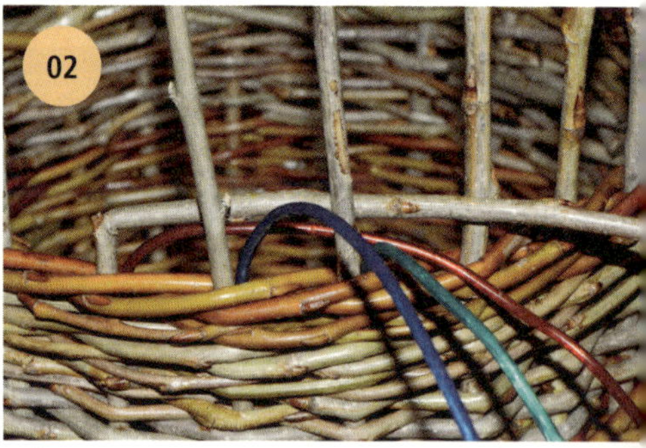

[3] Die verschiedenen Farben machen hier noch einmal deutlich, wie gearbeitet wird: hinter 2, vor 2, hinter 2. Durch diese Art des Verflechtens erhält der Korb einen schönen Randabschluss.

[4] Hier sind die letzten 6 aufrechten Staken zu sehen sowie die mitgeführten Wäscheleinenstücke bei den ersten 3 Staken, die umgebogen wurden.

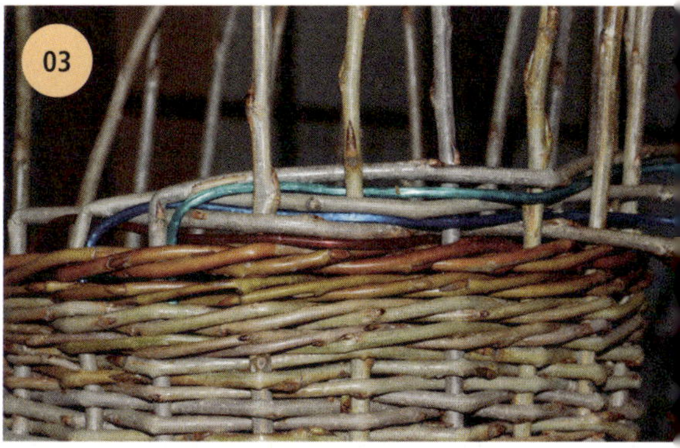

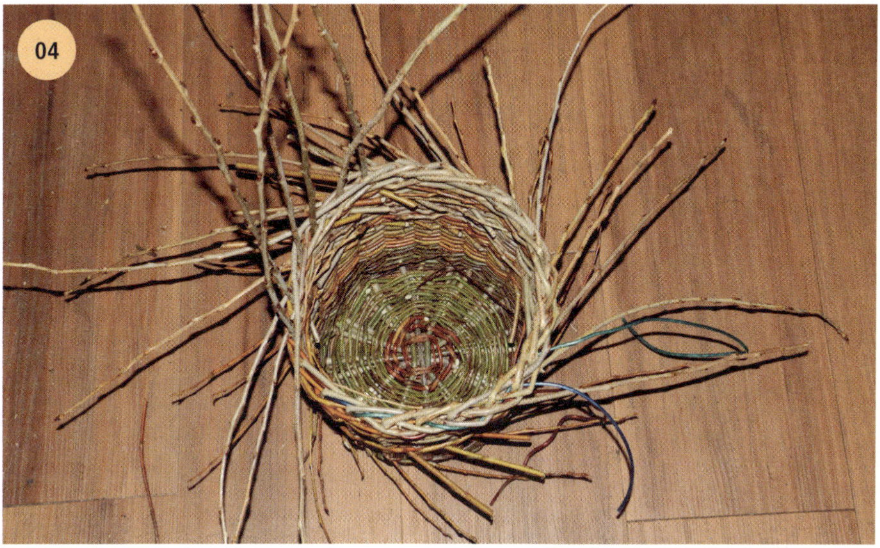

[5] Etwas kompliziert ist das »Vernähen« der letzen 6 Staken. Ab hier müssen wir deshalb eine andere Vorgehensweise wählen. Wir arbeiten im Folgenden weiter hinter 2, vor 2, hinter 2, jedoch teilweise unter den ersten umgebogenen Staken, mit denen wir den Abschluss begonnen haben, hindurch.

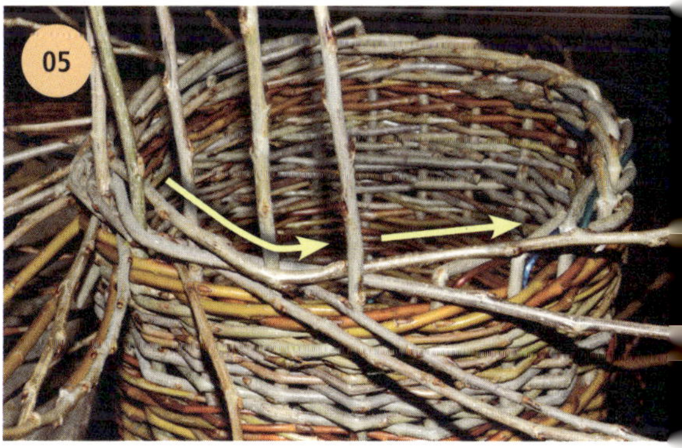

[6] Mithilfe der Wäscheleinenstücke lassen sich die Arbeitsschritte leichter nachvollziehen. Die sechstletzte Stake wie gewohnt hinter 2, vor 2 einflechten, dann an der letzten aufrechten Stake hinten vorbeiführen und unter der 1. Stake, die den Abschluss eingeleitet hat (mit rotem Wäscheleinenstück markiert), von hinten nach vorne durchstecken. Diese ersetzt quasi die fehlende aufrechte Stake, der Schritt geht wie üblich »hinter« 2.

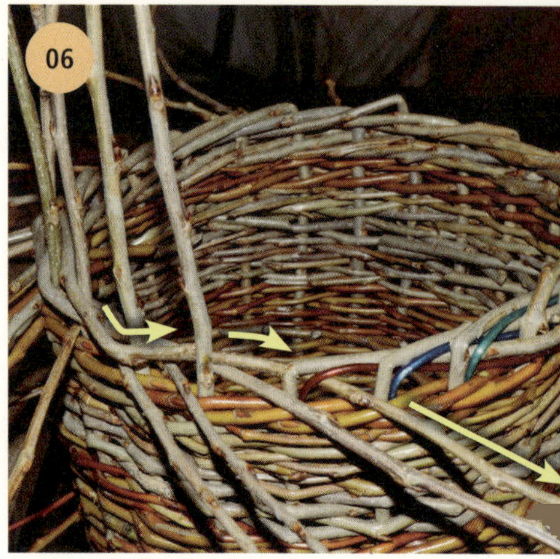

[7] Bei der fünftletzten Stake flechten wir hinter 2, vor 2, es ist keine aufrechte Stake, hinter die sie gelegt werden könnte, übrig.

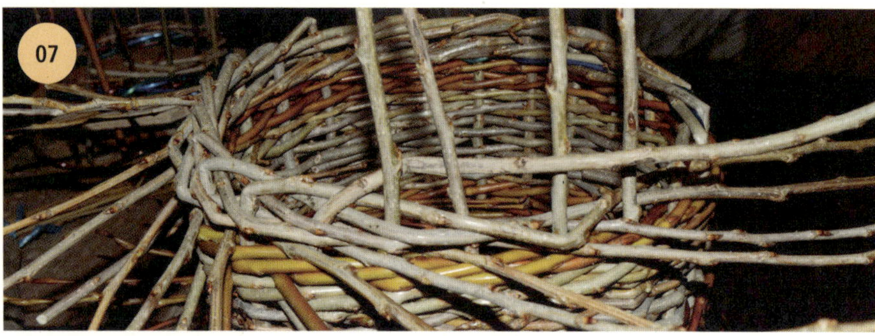

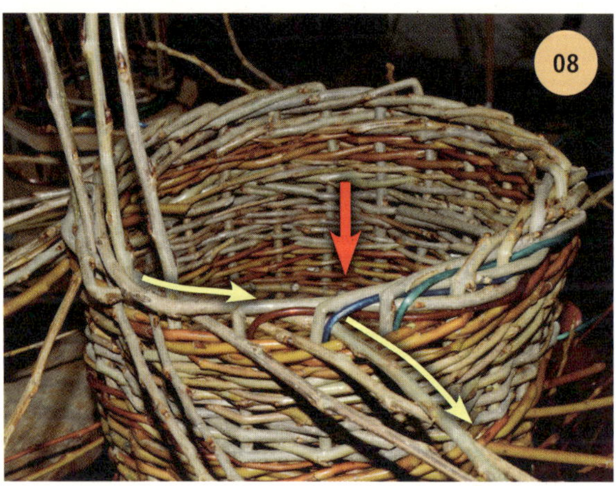

[8] Diese Stake unter der 2. umgebogenen Stake (blaue Wäscheleine) von hinten nach vorne durchstecken. Sie geht so ebenfalls »hinter« 2, aber unter der umgebogenen Stake hindurch.

[9] Die viertletzten Stake hat nur noch drei Nachbarn. Sie kann hinter 2 Staken vorbeigeführt werden und kommt vor der letzten Stake wieder heraus. Sie müsste theoretisch noch vor 1 weitere Stake und hinter 2 weitere Staken gehen. Diesen Weg geht sie im Folgenden unter den umgebogenen Staken hindurch.

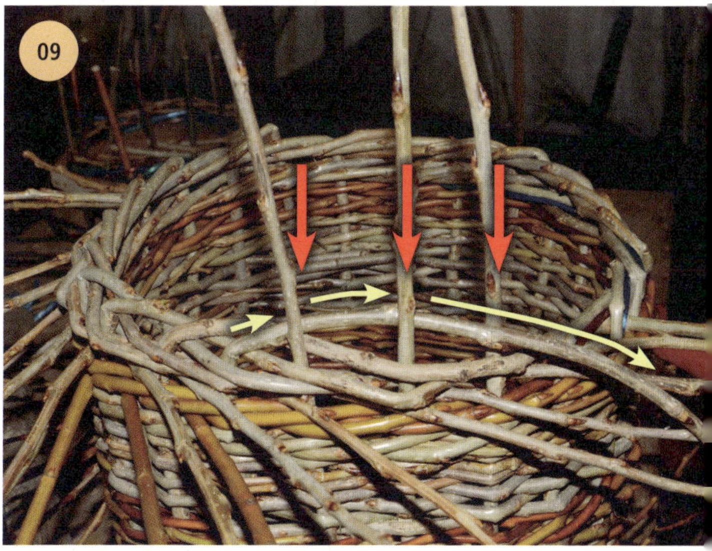

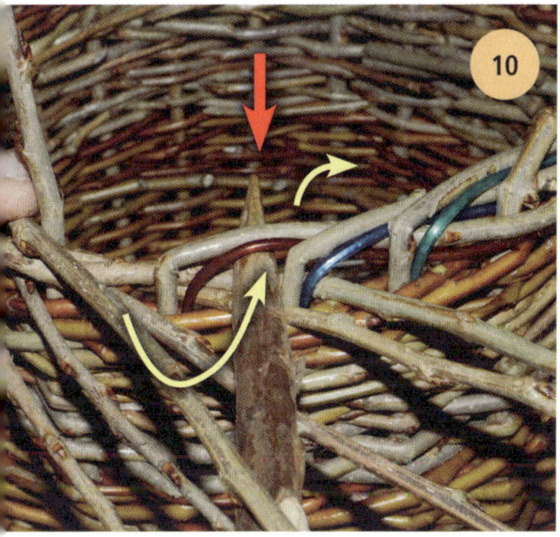

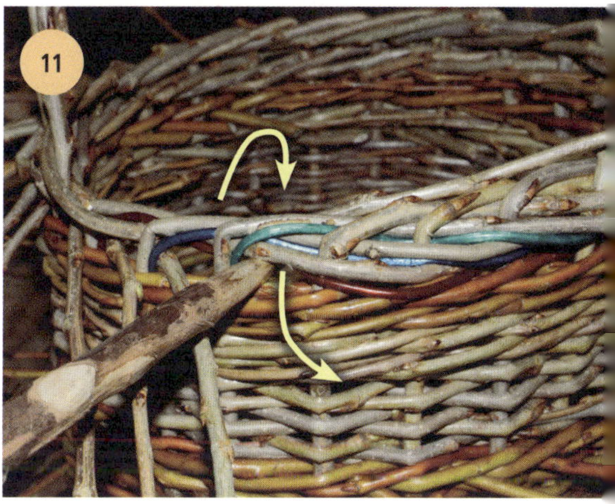

[10] Diese Stake unter der 1. umgebogenen Stake (rote Wäscheleine) hindurch von vorne nach hinten durchstecken, die Ahle hilft, die Öffnung zu erweitern.

[11] Anschließend diese Stake unter der 3. umgebogenen Stake (grüne Wäscheleine) wieder von hinten nach vorne durchstecken. Auch dabei ist es sinnvoll, mit der Ahle zu arbeiten.

[12] Bei der drittletzten Stake sind nur noch zwei aufrechte Staken zum Verflechten übrig. Sie kann nur noch hinter diesen beiden Staken vorbeigeführt werden. Der restliche Weg (vor 2, hinter 2) geht auch hier unter den umgebogenen Staken weiter.

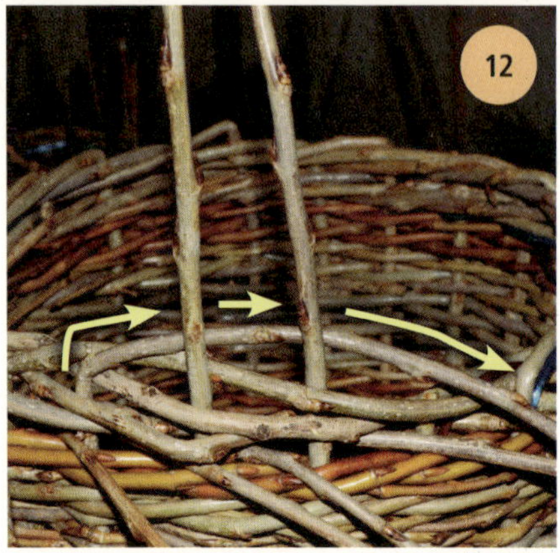

[13] Diese Stake zuerst von vorne unter der 2. umgebogenen Stake (blaue Wäscheleine) nach hinten durchstecken.

[14] Anschließend von hinten unter der 4. umgebogenen Stake hindurch wieder nach vorne stecken. Mit der Ahle dabei den Spalt etwas erweitern.

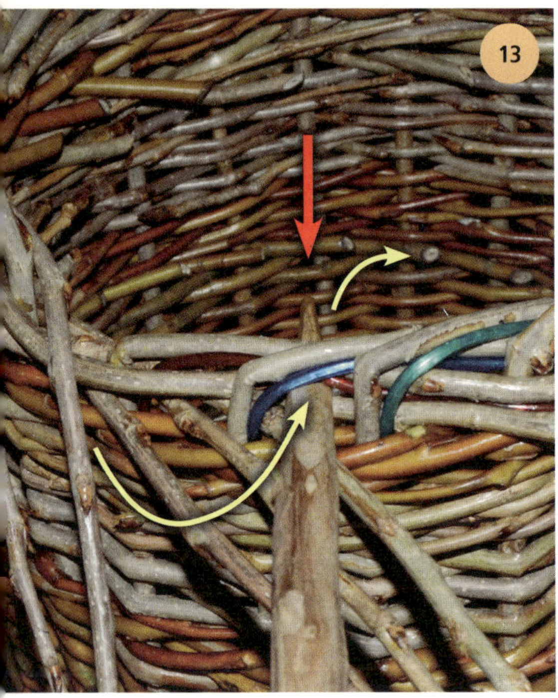

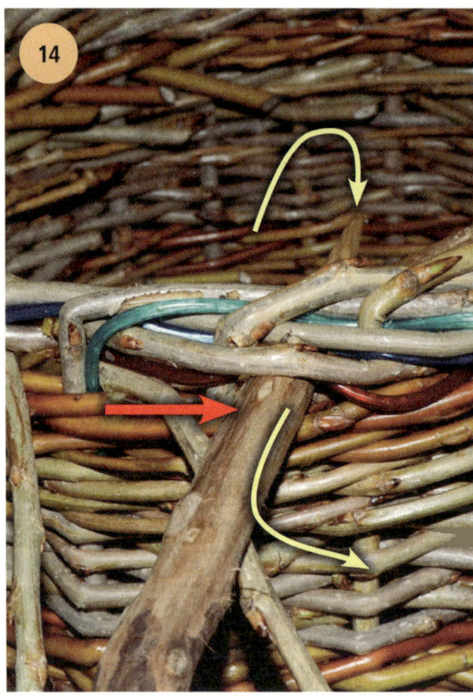

[15] Die vorletzte jetzt noch verbliebene aufrechte Stake muss nun zuerst unter der 1. umgebogenen Stake hindurchgesteckt werden: Diese Stake hinter der letzten aufrechten Stake vorbeiführen, unter der 1. umgebogenen Stake von hinten nach vorne durchstecken. Deshalb hier die Öffnung mit der Ahle erweitern.

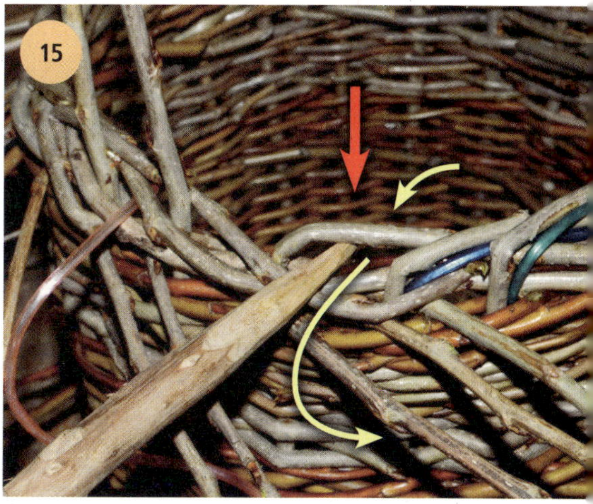

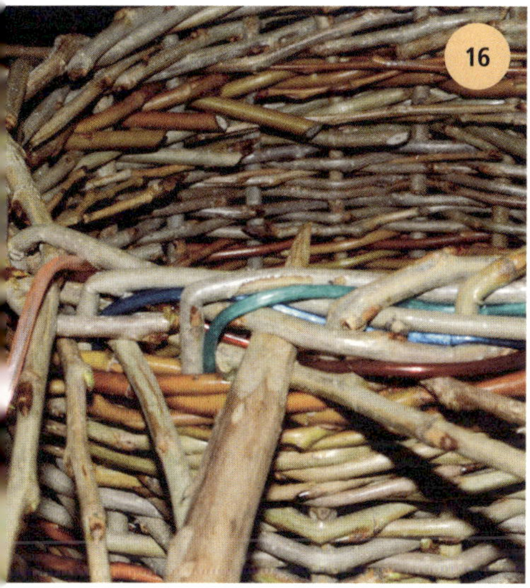

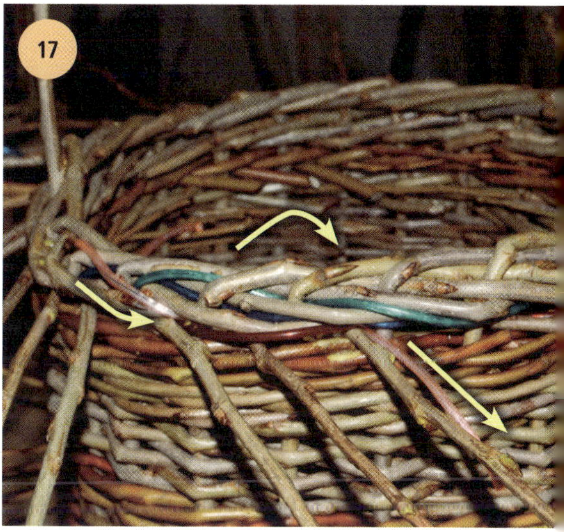

[16] Anschließend die Öffnung unter der 3. umgebogenen Stake (grüne Wäscheleine) mit der Ahle vergrößern. Die Stake von vorne nach hinten durch die neu geschaffene Öffnung unter der 3. umgebogenen Stake durchstecken.

[17] Diese Stake nun noch unter der 5. umgebogenen Stake hindurch von hinten nach vorne führen. Sie kommt ganz zuunterst wieder nach außen. Zur besseren Übersicht wird mit der vorletzten Stake hier eine rosa Wäscheleine mitgeführt.

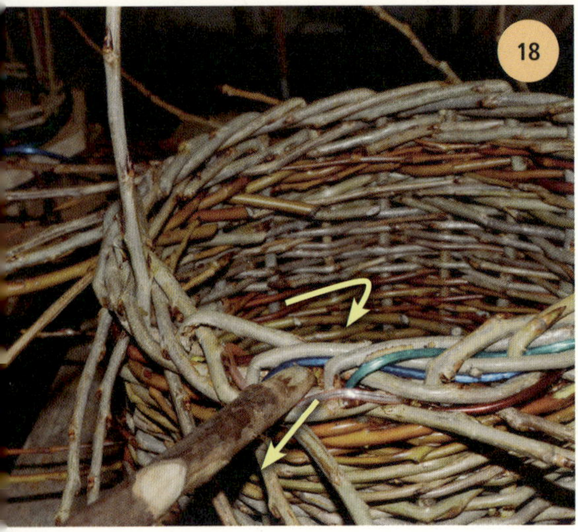

[18] Nun ist noch die allerletzte aufrechte Stake übrig. Für diese Stake unter der übernächsten umgebogenen Stake (blaue Wäscheleine) mit der Ahle die Öffnung erweitern. Auch sie geht unter den umgebogenen Staken den Weg »hinter« 2, »vor« 2, »hinter« 2.

[19] Diese letzte Stake zuerst unter der 2. umgebogenen Stake von hinten nach vorne durchstecken. Anschließend unter der 4. umgebogenen Stake von vorne nach hinten durchstecken. Die Ahle schafft den Platz dafür.

[20] Die Stake wird an dieser Stelle über der vorletzten Stake (mit der rosa Wäscheleine markiert) geführt.

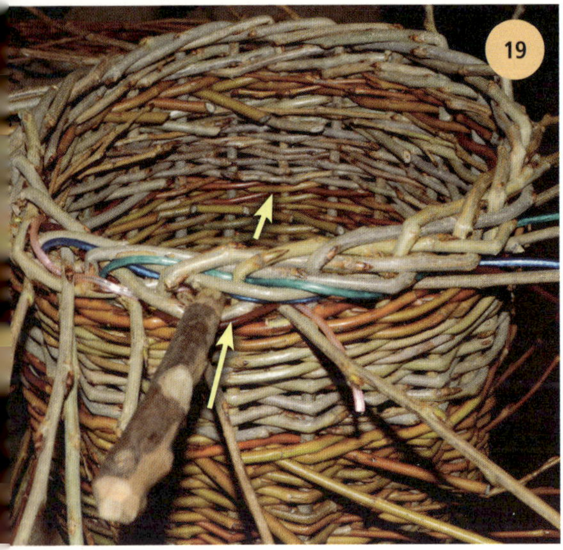

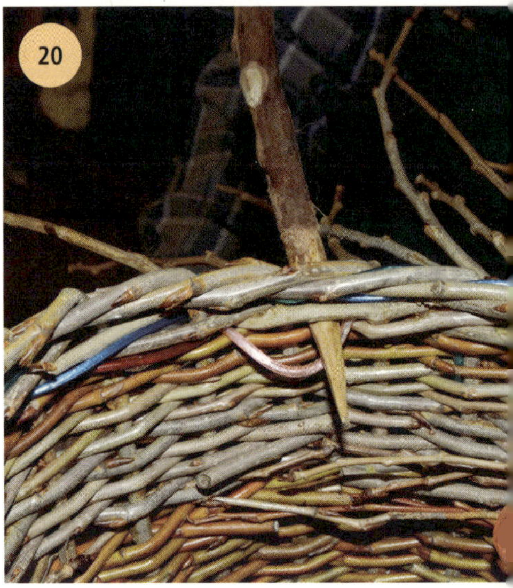

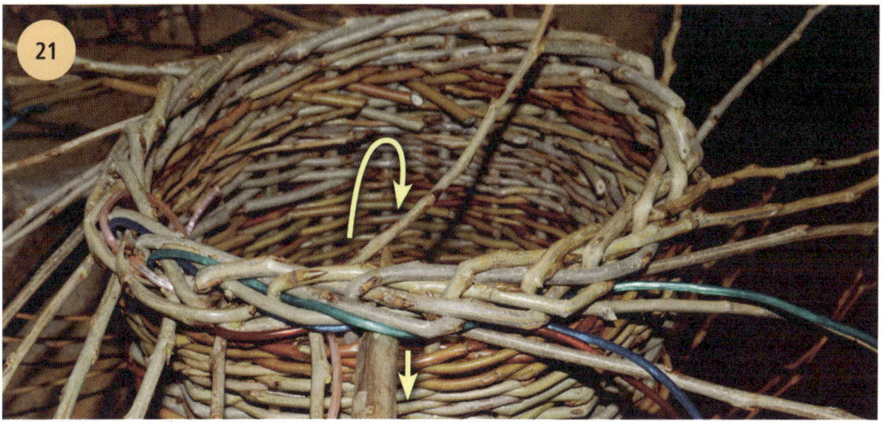

[21] Zuletzt stecken wir die letzte Stake zwei Staken weiter nach rechts ganz unter dem geflochtenen Rand von hinten nach vorne hindurch.

[22] Nun ist der einfache Rand fertig und kann versäubert werden. Mit der Rosenschere werden dazu alle abstehenden Staken abgeschnitten. Sie sollten dabei noch auf den senkrechten Staken aufliegen, damit sie beim späteren Trocknen nicht herausrutschen können.

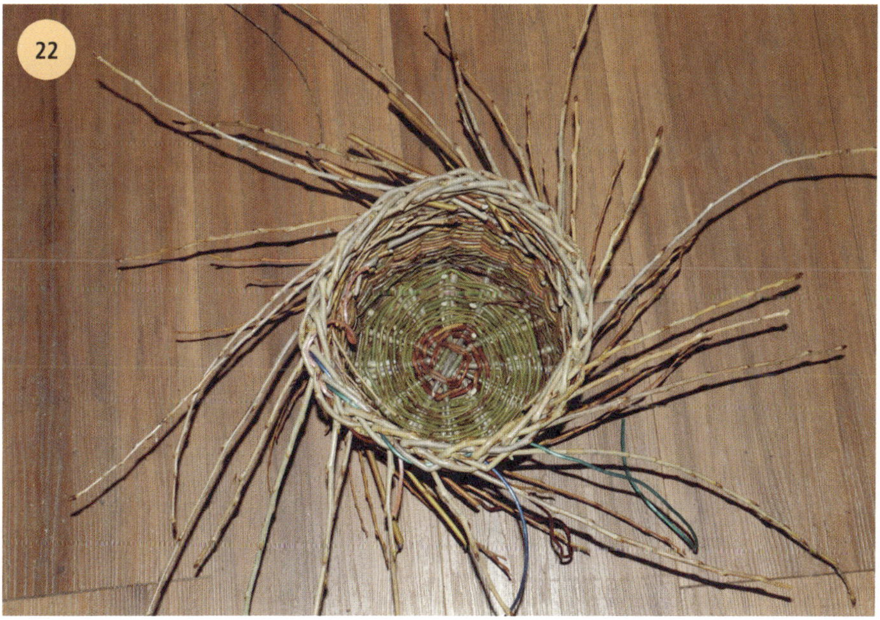

Abschluss flechten an der Übungsplatte

Am Anfang macht das Flechten eines schönen Randes etwas Mühe. Vor allem die Vorgehensweise bei den letzten 6 Staken, die es zu verflechten gilt, kann vielleicht verwirrend sein. Daher stellen wir hier die Arbeitsschritte noch einmal mithilfe der Übungsplatte vor. Zur Demonstration des Vorgehens wurde der Rand mit einem Abstand zum Flechtwerk darunter (die Korbwand) angelegt.

Die 1. Rute, die umgeknickt wird, ist dunkler und deshalb gut zu erkennen. So wird deutlich, dass die letzten 6 Ruten mit denselben Schritten eingearbeitet werden, wie die vorigen, aber immer unter der 1. Rute, die umgeknickt wurde. Sie liegen aber über dem Flechtwerk, das wir vor dem Beginn des Randes gearbeitet haben.

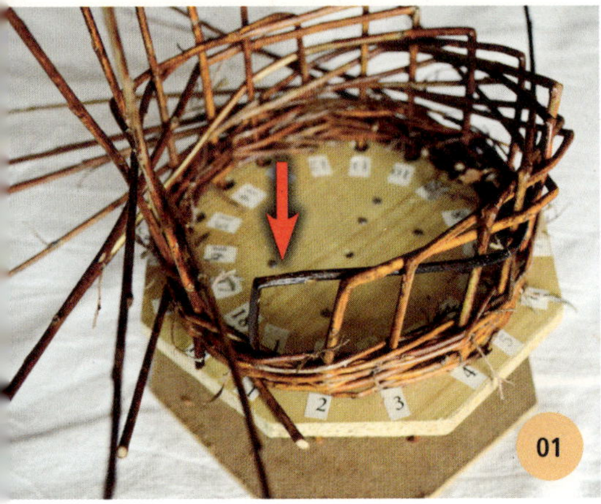

So wird's gemacht:

Die letzten 6 Staken wie zuvor hinter 2, vor 2, hinter 2 legen. Da aber nicht genügend aufrechte Staken vorhanden sind, die letzten Staken nach Bedarf unter den ersten umgebogenen Staken, mit denen der Abschluss geflochten wird, von hinten nach vorne bzw. von vorne nach hinten durchstecken. Nach und nach so die sechstletzte Stake (Foto 2), die fünftletzte Stake (Foto 3), die viertletzte Stake (Foto 4 und 5), die drittletzte Stake (Foto 6 und 7) usw. verflechten.

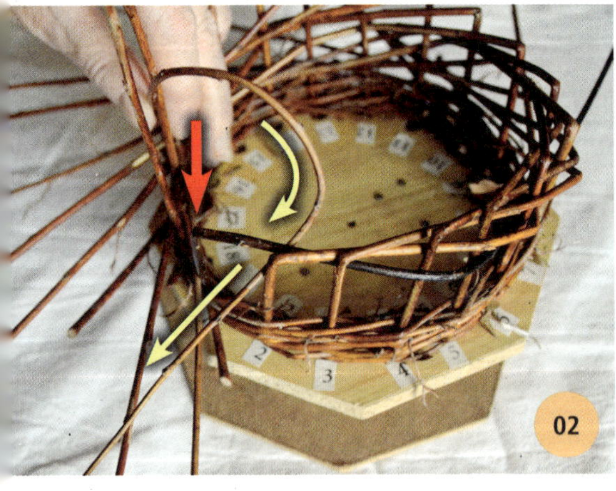

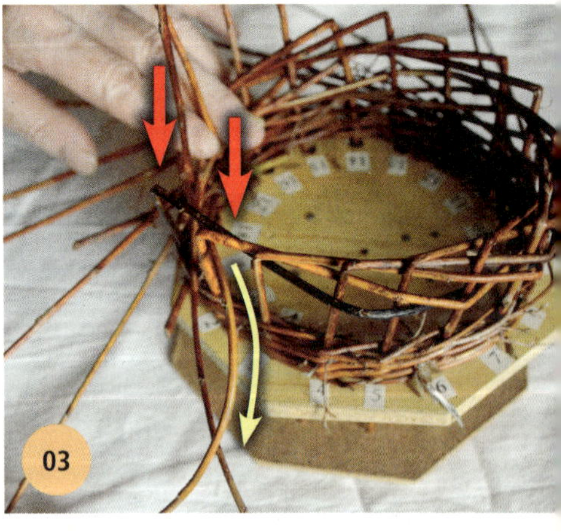

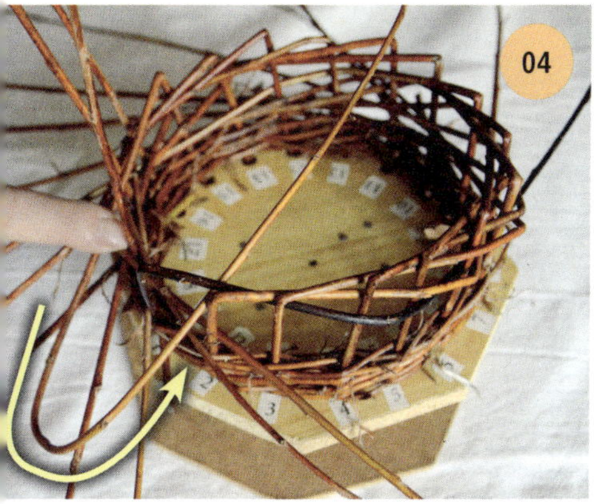

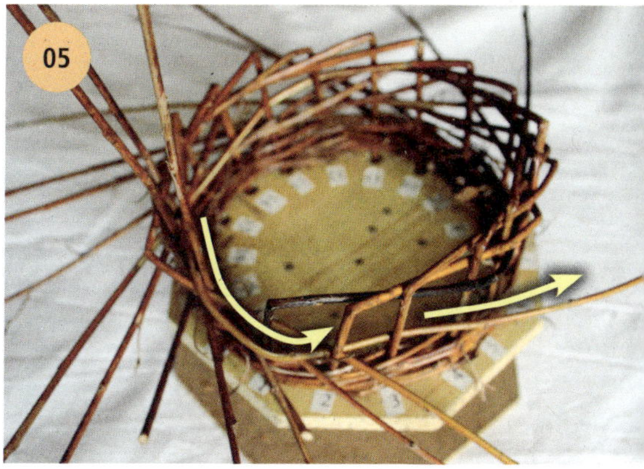

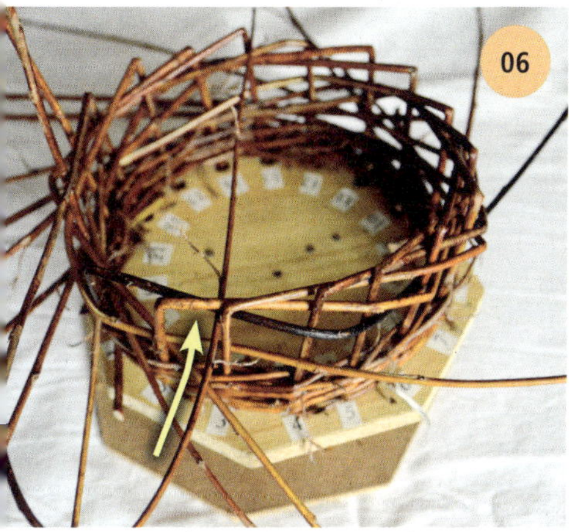

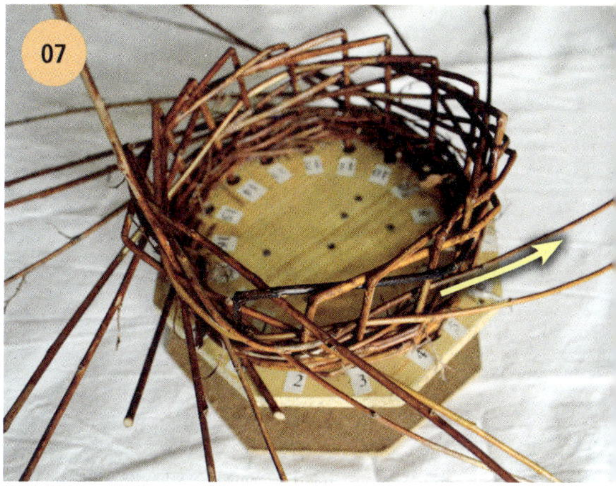

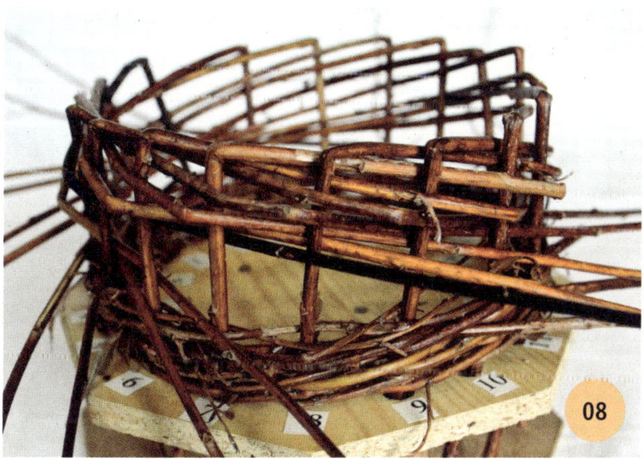

Am hochgelegten Rand wird deutlich, wie bis zuletzt gearbeitet wird (Foto 8).

Einen Henkel arbeiten

Soll unser Korb einen Henkel bekommen, stecken wir, wenn zwei Drittel der gewünschten Wandhöhe erreicht sind, an zwei gegenüberliegenden Stellen Platzhalter in den Korb. Damit die Platzhalter nicht bei den letzen 6 zu verflechtenden Staken im Weg sind, fangen wir mit dem Rand um 90 Grad versetzt zu einem der Platzhalter an. Beim Umlegen der Staken wird der Platzhalter dann gemeinsam mit der Stake, neben der er steckt, umflochten. Beim Umlegen wird nur die Stake umgelegt und der Platzhalter bleibt stehen. Ist der Rand dann geflochten, bekommt der Korb einen stabilen Henkel.

So wird's gemacht:

[1] Als Platzhalter werden 2 Stöcke verwendet, die etwas dicker sein sollten als der Kern des zukünftigen Henkels (etwa 25 mm). Diese Platzhalter jeweils links von einer Stake an zwei gegenüberliegenden Stellen einstecken. Nun zunächst wie ab Seite 88 beschrieben den Rand des Korbs flechten, wir beginnen dabei um 90 Grad versetzt zu einem der Platzhalter. Hat die Korbwand einen schönen Abschluss, den Henkel flechten.

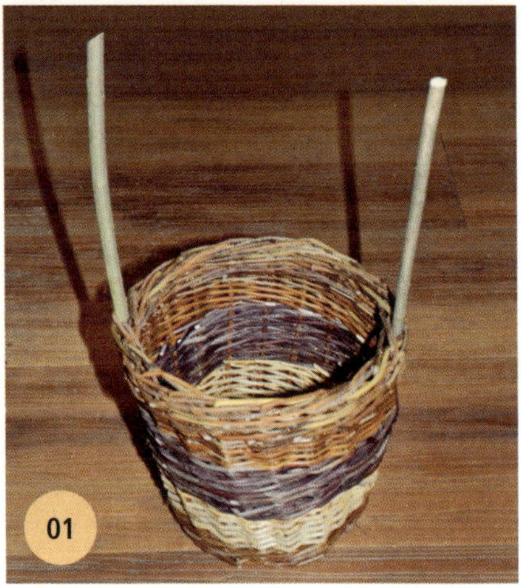
01

Für den Kern, die »Seele« des Henkels, einen gleichmäßig dicken und starken Stock auswählen (Durchmesser ungefähr 2 cm, Länge etwa 60 cm). Den Stock in Form eines Bügels vorbiegen und seine Elastizität prüfen.

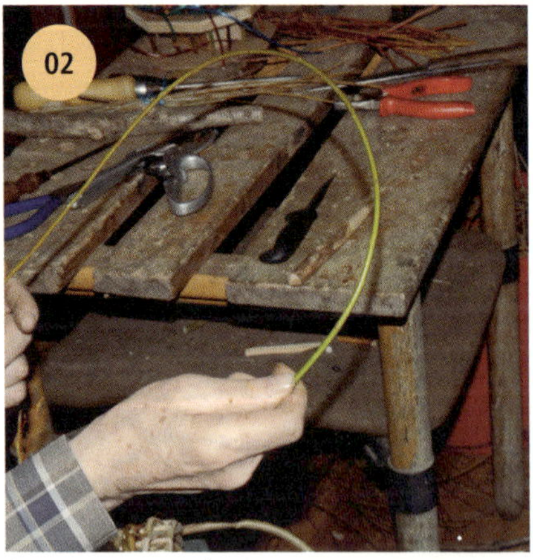
02

[2] Die Seele wird den Korb nicht tragen, sondern dient als Skelett für die Ruten, die die Last aufnehmen. Hierfür 8 gleichmäßig schöne, dünne und elastische Ruten wählen und ebenfalls vorbiegen.

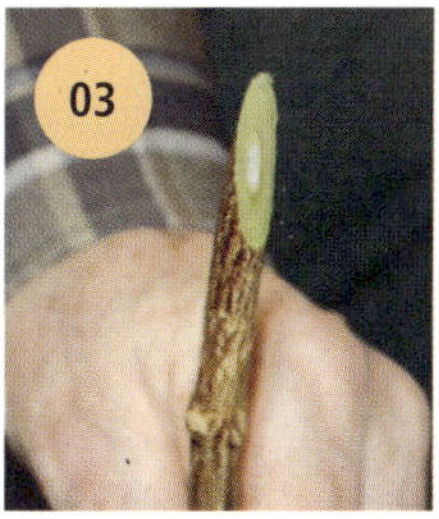

[3] Den Stock und die 8 Ruten an beiden Enden anspitzen.

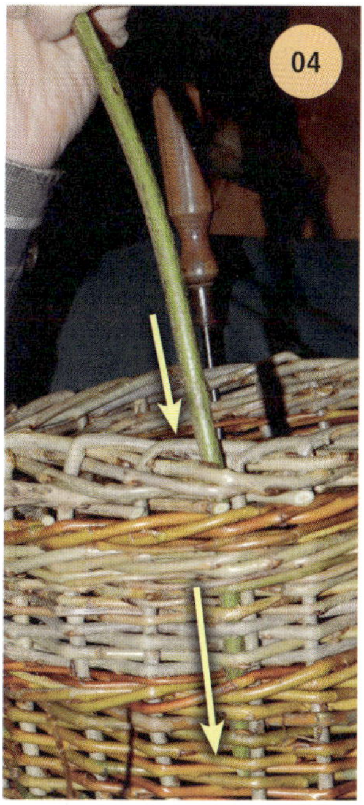

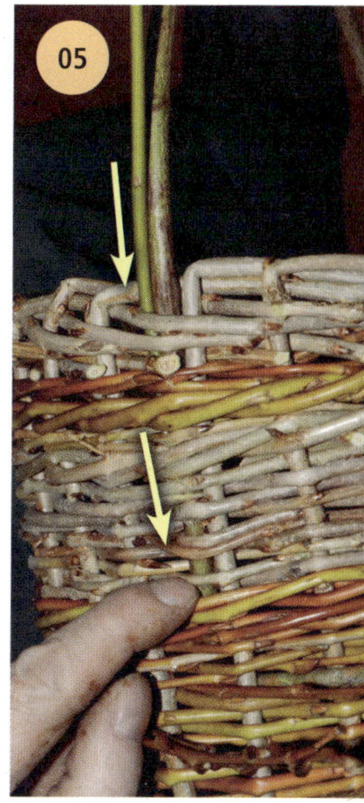

[4] Den vorgebogenen Stock (als Kern des Henkels) an die Stellen der Platzhalter an den gegenüberliegenden Seiten einstecken. Dazu mit der Ahle jeweils die Öffnung vorsichtig erweitern und den Stock so weit wie möglich, mindestens aber 15 cm tief, links an der Stake entlang einschieben.

[5] Die 1. Rute mit dem dicken Ende links von der »Seele« einstecken und so weit wie möglich, mindestens 5 cm tief, nach unten schieben.

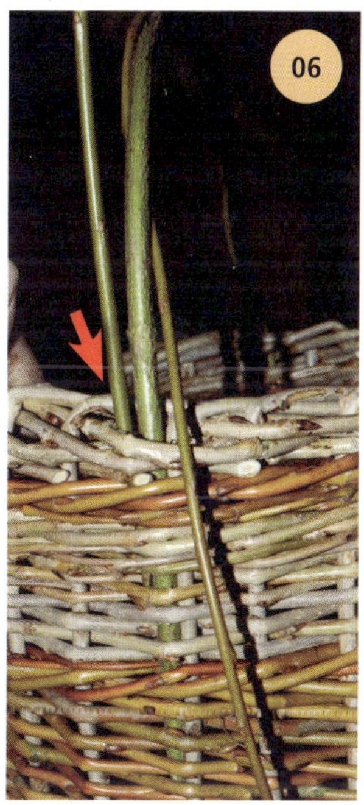

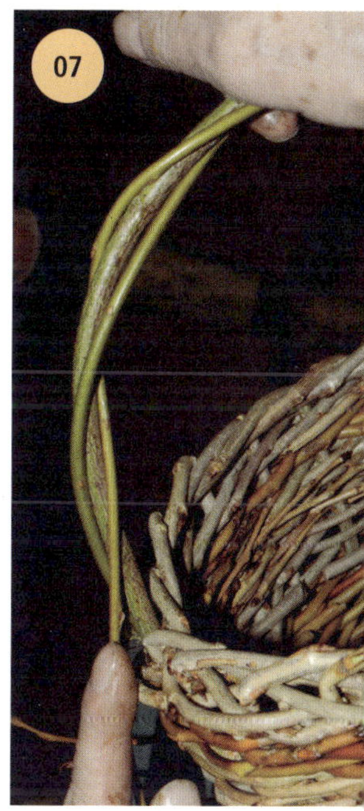

[6] Diese Rute mindestens dreimal längs um den Bügel (die »Seele«) herumwickeln, sodass sie auf der gegenüberliegenden Seite rechts vom dort eingesteckten Stock liegt. Dort die 2. Rute mit dem dicken Ende links vom Bügel (von außen betrachtet) wie beschrieben einstecken.

[7] Die 2. Rute wie die 1. Rute dreimal längs um den Bügel in die andere Richtung wickeln. Ihr Ende soll auf der gegenüberliegenden Seite rechts vom dort eingesteckten Stock liegen.

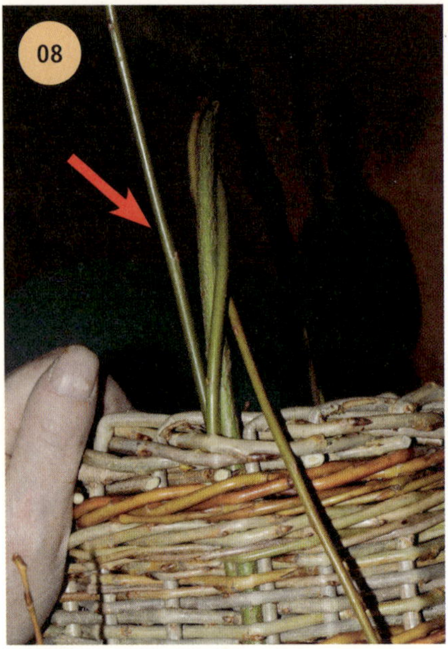

[8] Links neben die 1. Rute auch die 3. Rute mit dem dicken Ende voran einstecken.

[9] Die 3. Rute wieder mindestens dreimal längs um den Bügel auf die gegenüberliegende Seite wickeln, sodass jetzt 2 Ruten rechts vom dort eingesteckten Bügel liegen.

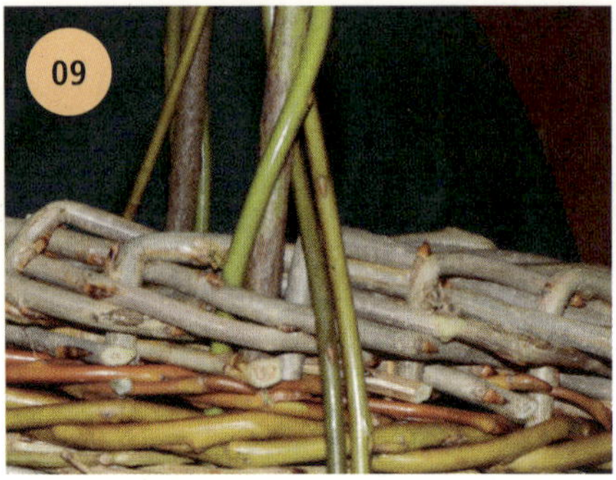

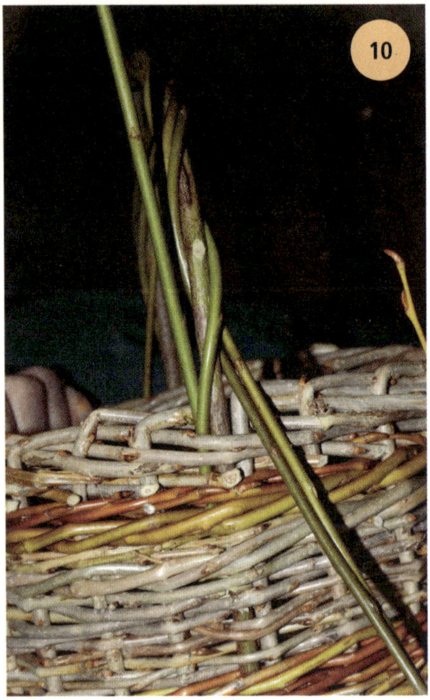

[10] bis [15] Nun entsprechend auch die restlichen Ruten einarbeiten (jeweils links vom Bügel einstecken und herumwickeln), bis der Bügel ganz bedeckt ist. Wir haben dann am Ende an jeder Seite 4 dünne Rutenenden, die rechts vom Bügel liegen. Diese Ruten sind wie ein Band, das den Henkel mit dem Korb verbindet.

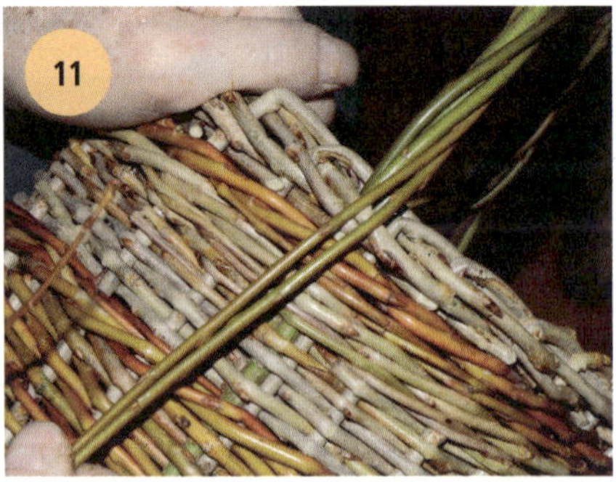

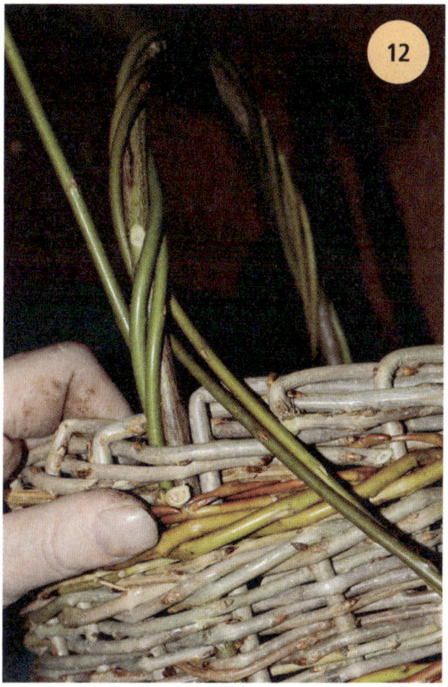
12

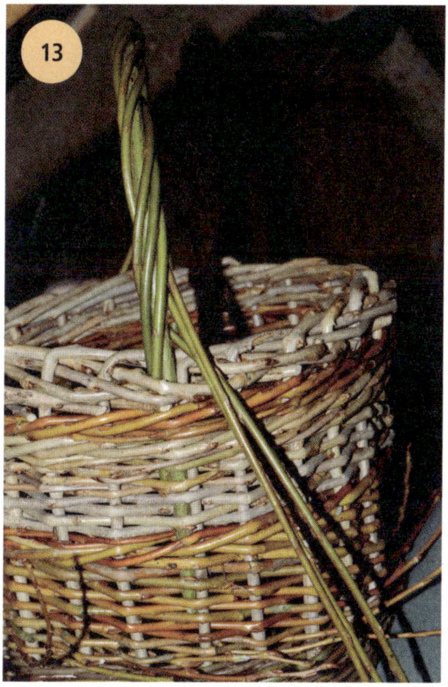
13

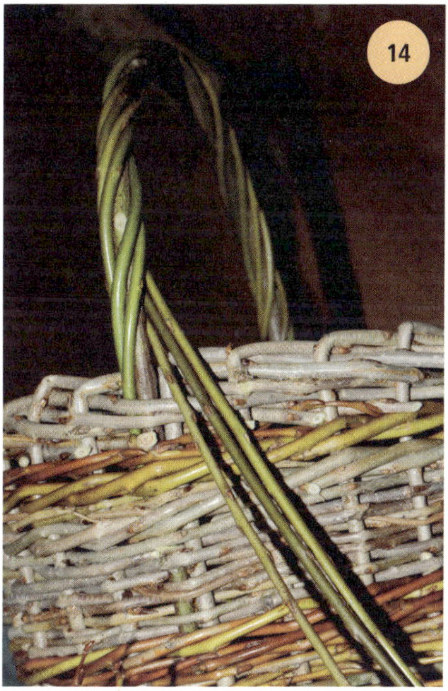
14

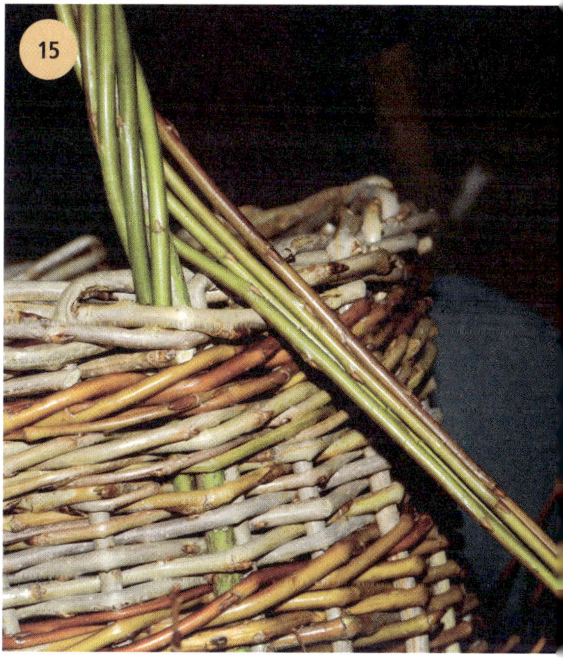
15

[16] Die Rutenenden, die neben dem Bügel liegen, werden nun fest mit dem Korb verbunden: Wir fangen mit der Rute an, die am weitesten rechts (beziehungsweise außen) liegt. Diese Rute links vom Henkel, unterhalb des Abschlusses, von außen nach innen komplett durchstecken. Gut festziehen. Die Öffnung kann vorher mit einer Ahle erweitert werden.

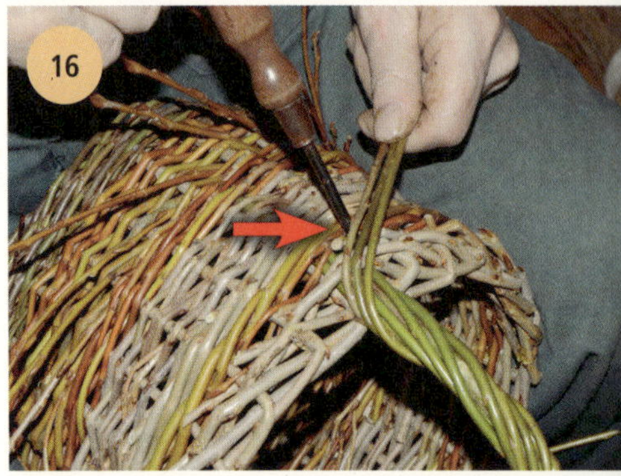

[17] Die 2. rechts liegende Rute ebenfalls links vom Henkel unterhalb des Abschlusses von außen nach innen durchstecken.

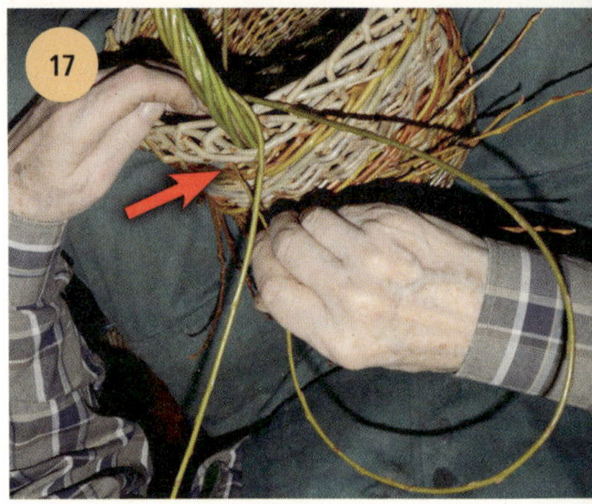

[18] Die Rute komplett durch die Öffnung nach innen ziehen und gut festziehen.

[19] Mit der 3. rechts liegenden Rute ebenso verfahren (links vom Henkel, unterhalb des Abschlusses komplett durchziehen).

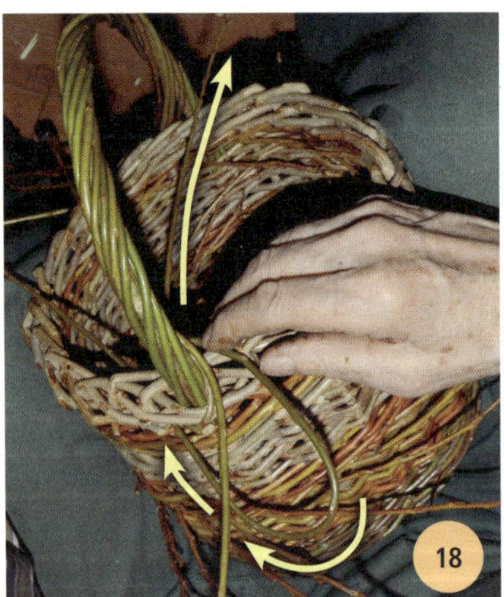

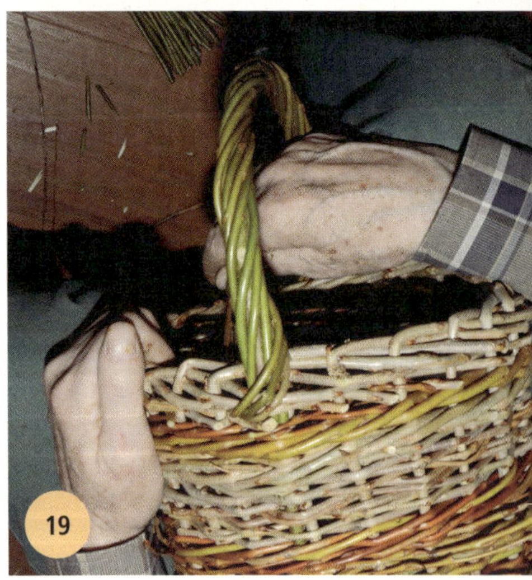

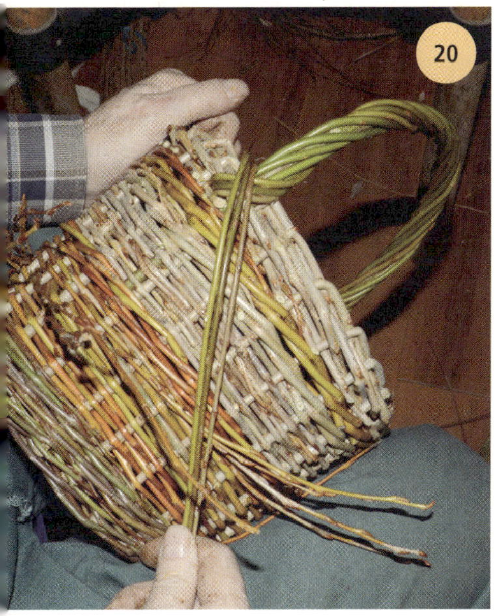

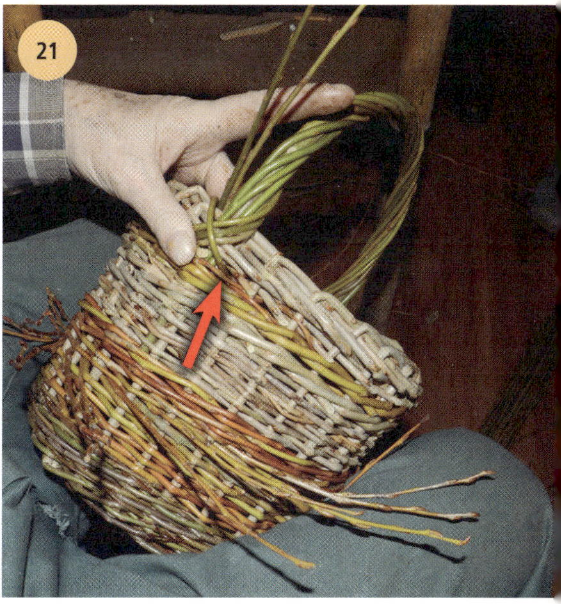

[20] Liegen alle Ruten innen im Korb, die Ruten einer Seite zusammenfassen und gemeinsam von hinten links nach vorne rechts führen und dabei einmal um den Henkel herum legen.

[21] Mit der äußersten dieser Ruten beginnend, nun einzeln die Rute rechts vom Henkel, unterhalb des Abschlusses, von außen nach innen durchstecken und festziehen.

[22] Mit den anderen Ruten ebenso verfahren und diese rechts unterhalb des Henkels, von außen nach innen, durchziehen. Dabei jeweils die Rute rechts von der vorhergehenden einstecken.

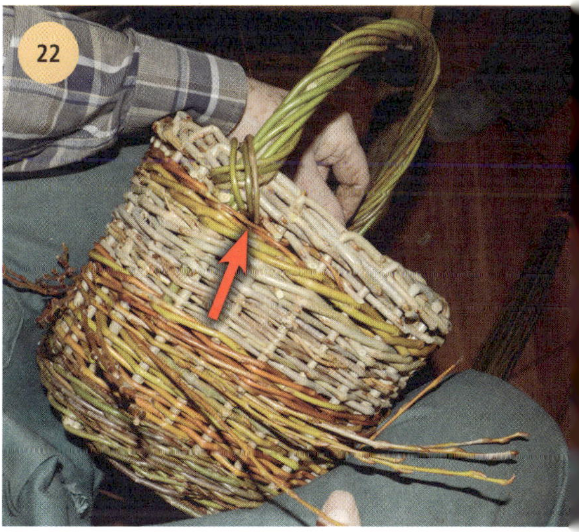

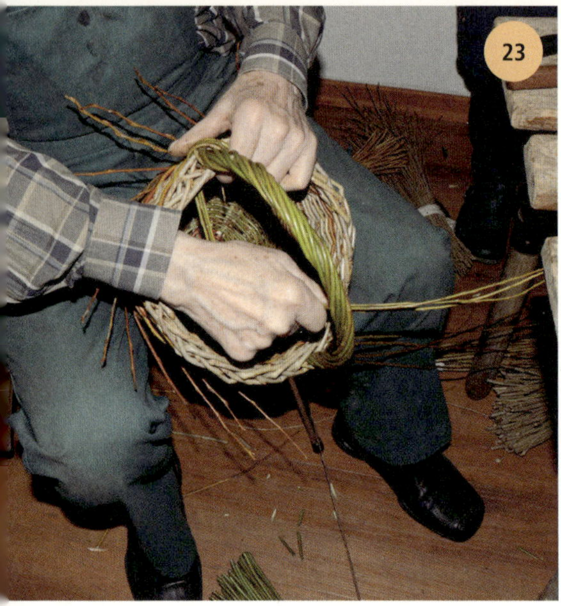

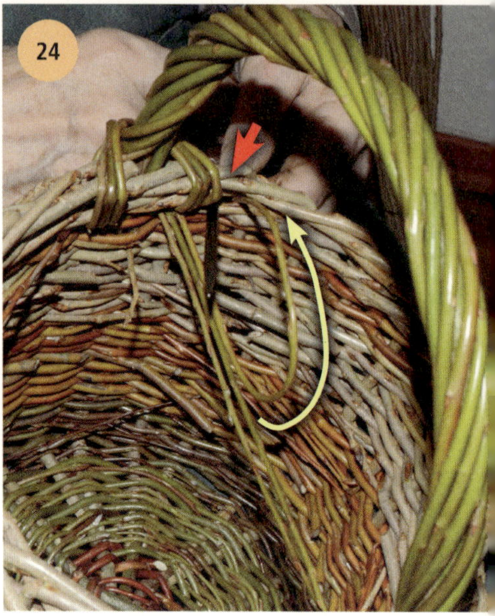

[23] Die Ruten am Ende innen gut festziehen. Nun zeigen wieder alle Ruten in die Innenseite des Korbs und müssen noch vernäht werden.

[24] Die Ruten unterhalb des Randes einzeln von innen nach außen und wieder von außen nach innen führen. Mit der Ahle wird das Flechtwerk etwas erweitert. Dies machen wir einige Male, mindestens aber zweimal von innen nach außen und wieder zurück.

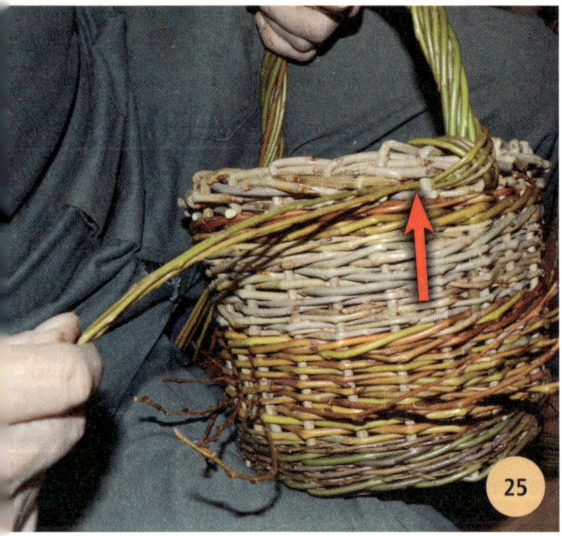

[25] Die Ruten auch beim Vernähen gut festziehen. Hier liegen alle Ruten außen. Sie werden einzeln wieder nach innen geführt. Wenn die Ruten beim Vernähen innen liegen, ebenfalls gut festziehen.

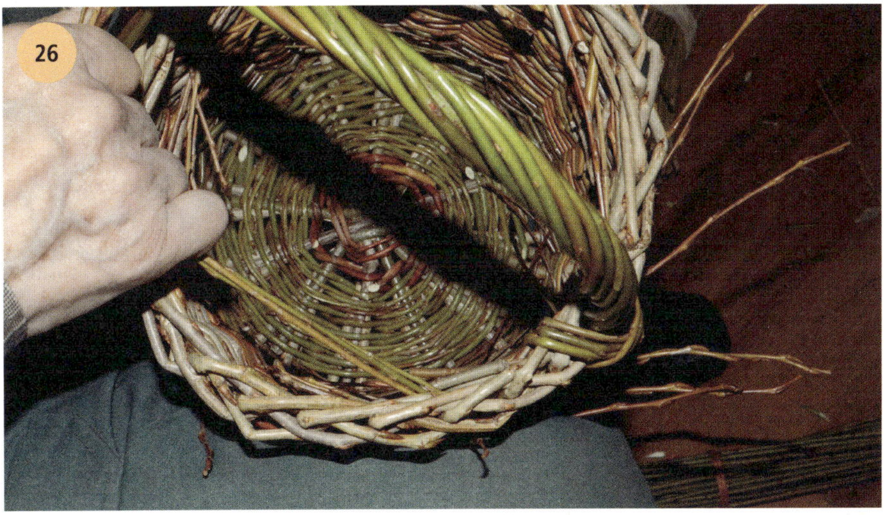

[26] Am Ende noch einmal gut festziehen und die Ruten unter dem Abschluss einzeln von vorne nach hinten »vernähen«. Dabei immer wieder gut festziehen.
Jetzt ist der Henkel auf einer Seite fest mit dem Korb verbunden. Auf der anderen Seite verfahren wir genauso.

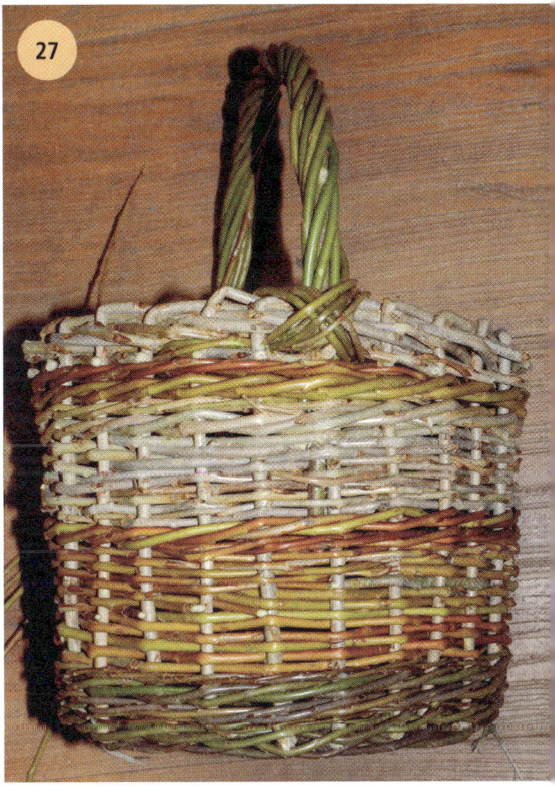

[27] Alle überstehenden Rutenspitzen so abschneiden, dass sie über einer Stake liegen und nicht herausrutschen.

Jetzt ist unser erster Korb fertig.

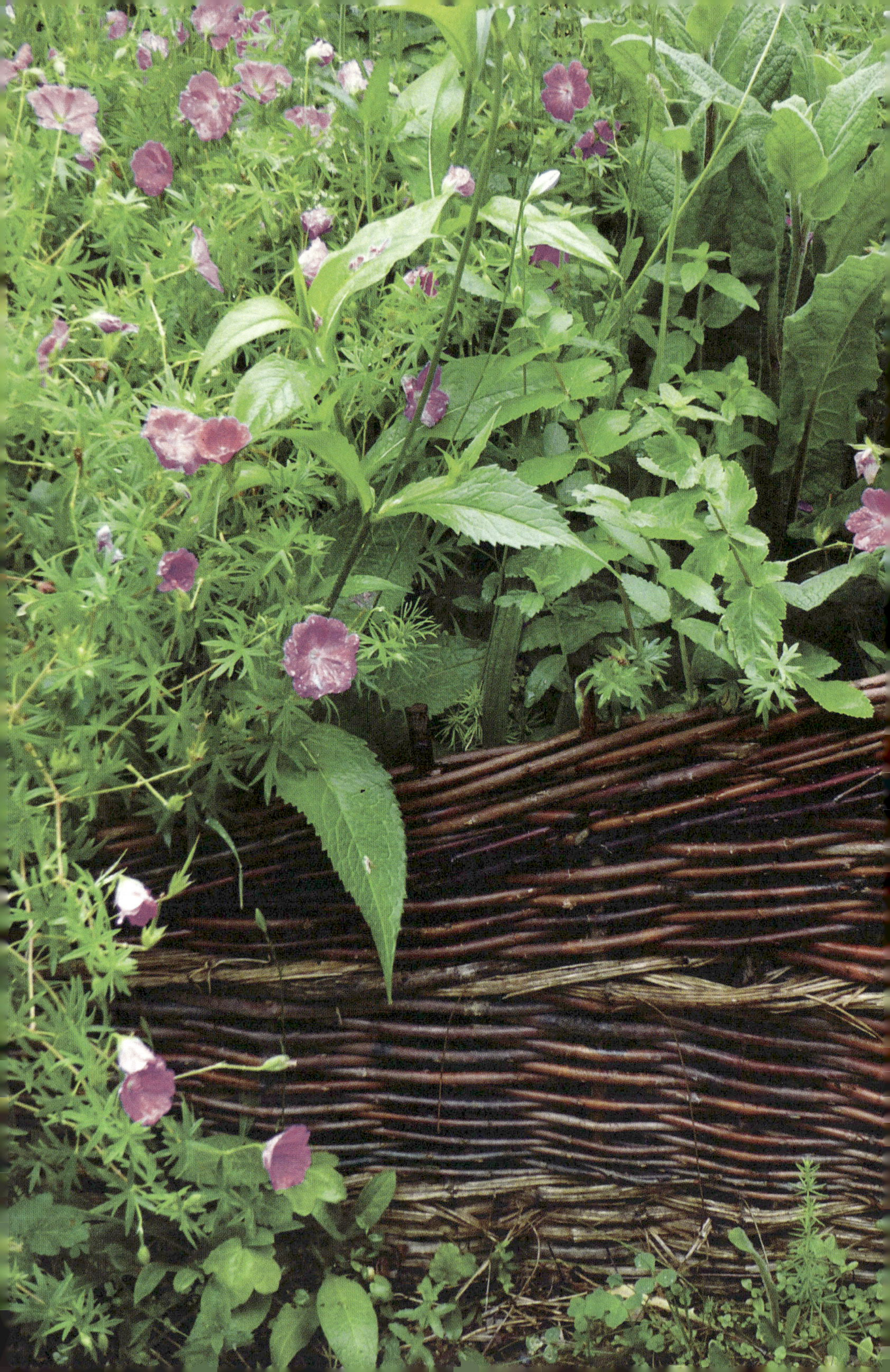

Flechtwerke für den Garten

Beim Flechten des ersten Korbes haben wir schon alle Grundtechniken erlernt, die wir brauchen, um Flechtwerke für den Garten zu erstellen. Im Garten sind die Werkstücke größer als ein Korb, wir werden deshalb mit Materialien arbeiten, die einen größeren Durchmesser haben. Auch werden wir eher mit haltbareren und deshalb meist auch elastischeren Materialien arbeiten. Während ein Korb auf dem Schoß oder auf einem Tisch entsteht und hauptsächlich die Hände arbeiten, braucht es beim Bau von Rankhilfen und Beeteinfassungen den ganzen Körper. Und wir brauchen mehr Platz, denn die Materialien sind nicht nur dicker und elastischer, sondern auch länger. Wir müssen also den passenden Raum schaffen und einige Stunden oder sogar Tage Arbeit investieren. Dafür können wir mit unseren Kunstwerken aber auch die Gestaltung unseres Gartens deutlich verändern. Ein Flechtwerk ist immer ein Hingucker. Ein Sitzplatz, der mit einem Weidenparavent eingefasst ist, wirkt schöner und anziehender und auch die Beete werden optisch in Szene gesetzt, wenn sie mit einer schönen Einfassung versehen sind. Auch Zäune sind dann nicht nur nützlich oder gar ein notwendiges Übel, sondern ein schönes Gestaltungselement. Selbst der Komposter kann mithilfe des Flechtwerks zum kleinen Schmuckstück werden.

Schön, aber vergänglich – Materialauswahl

Auch wenn wir durch die Wahl von geeigneten Materialien und eine an den Zweck angepasste Flechttechnik die Haltbarkeit unserer Werkstücke verlängern können: Abgestorbene Äste vergrauen durch den Einfluss von Sonnenlicht und werden mit der Zeit brüchig. Eine Behandlung mit »Holzschutzmitteln« oder Lasuren könnte diesen Prozess nicht aufhalten, nur um wenige Jahre verlängern. Außerdem machen wir aus einem natürlichen Werkstoff Sondermüll, wenn wir

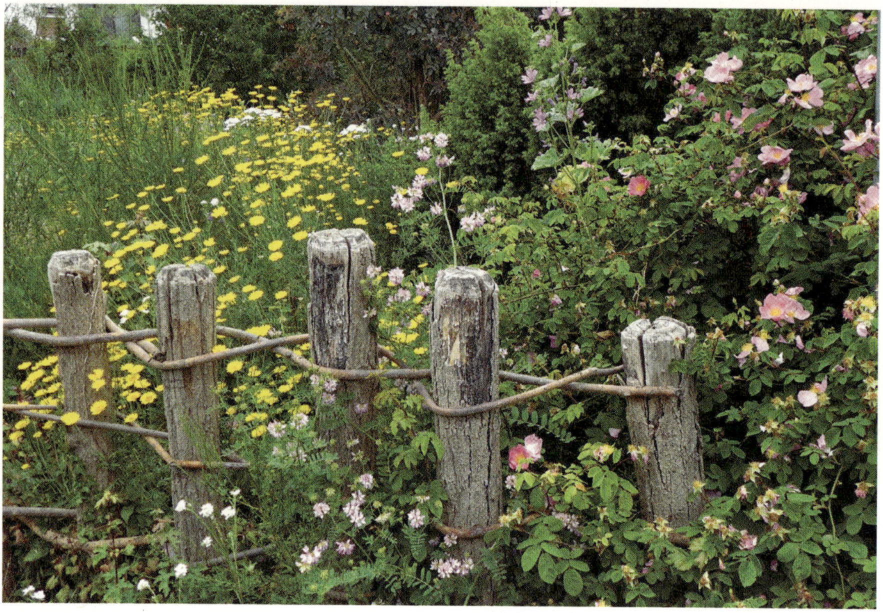

Diese Robinienpfosten sind über 10 Jahre alt und werden sicher noch eine Weile halten.

ihn mit Produkten der chemischen Industrie behandeln. Es ist also empfehlenswert, darauf zu verzichten.

Je fester das Holz und je dicker das Material, desto länger wird es den Witterungseinflüssen widerstehen können. Es gilt also schon bei der Auswahl der Materialien zu bedenken, welche Kräfte einwirken und wie viele Jahre das Werkstück in unserem Garten eine Funktion erfüllen soll.

So sollten vor allem die Staken und Pfosten mit Bedacht gewählt werden. Hier empfehlen sich dauerhafte Holzarten wie Robinie, Eiche, Scheinzypresse, Thuja, Hartriegel und Eibe.

Staken oder Pfosten aus weniger haltbarem Material, die wir in die Erde stecken, werden zuerst an der Erdoberfläche morsch und brechen ab. Da es sich jedoch bei unseren Werkstücken um ein in sich stabiles Geflecht handelt, muss das die Funktionsfähigkeit nicht beeinträchtigen. Dies gilt vor allem für runde Flechtarbeiten. Es handelt sich dann sozusagen um eine große henkellose Korbwand, die stabil auf dem Boden steht. Weiden vergehen schnell, sie eignen sich deshalb nur als Ruten für Werkstücke wie Rankhilfen und Beeteinfassungen, die nur wenige Jahre gebraucht werden.

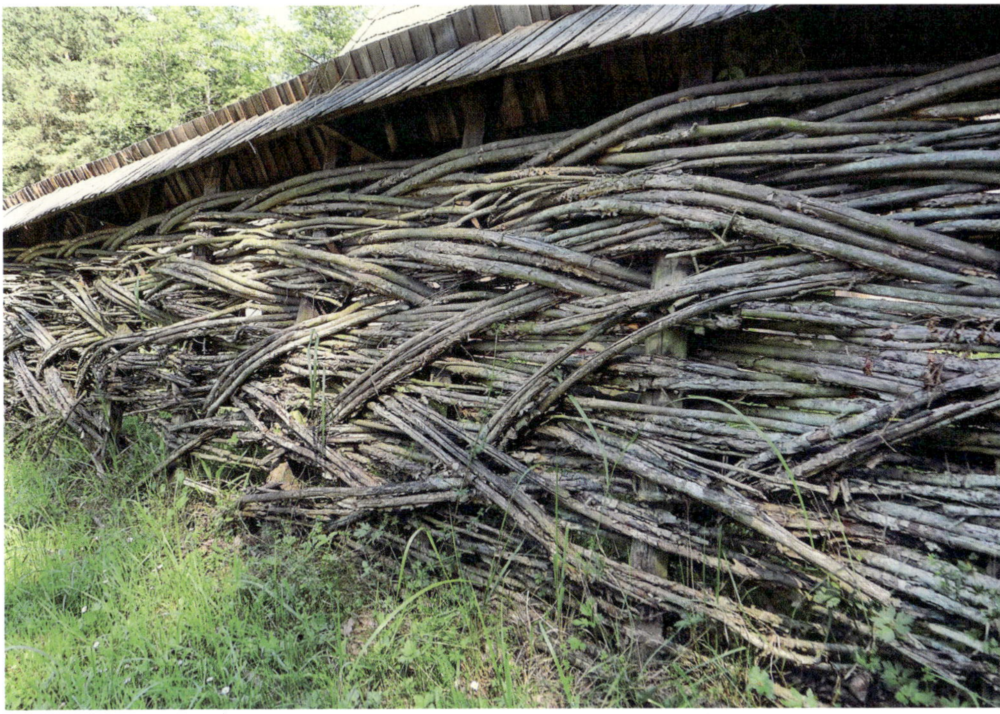

Der kunstvoll geflochtene Zaun mit Flechtzöpfen wird durch das Holzdach geschützt.

Auf die Gestaltung der Partien, die in besonderem Maße dem Sonnenlicht ausgesetzt sind, wie zum Beispiel die obersten Bereiche von Zäunen, sollten wir ein besonderes Augenmerk haben. Sie können beispielsweise aus festerem Material wie Hartriegel oder Eibe hergestellt werden. Wir können aber auch immer zwei Ruten gemeinsam flechten, sie also doppelt legen. Oder wir nehmen uns die Arbeitsweise in Rumänien zum Vorbild: Dort werden Zäune traditionell mit Heu, Stroh oder mit kleinen Holzdächern abgedeckt.

Die Vergänglichkeit der Flechtwerke im Garten muss aber nicht als Nachteil gesehen werden. Es kann immer wieder etwas Neues (vielleicht auch Besseres?) entstehen, an dem wir uns erfreuen können. Das vergangene Material fügt sich ohne Probleme in den Stoffkreislauf unseres Gartens ein, kompostiert entweder vor Ort oder auf unserem Kompostplatz. Leben ist Veränderung. Natürliche und vergängliche Materialien fördern deshalb nicht nur ästhetisch, sondern auch stofflich die Lebendigkeit in unserem Garten.

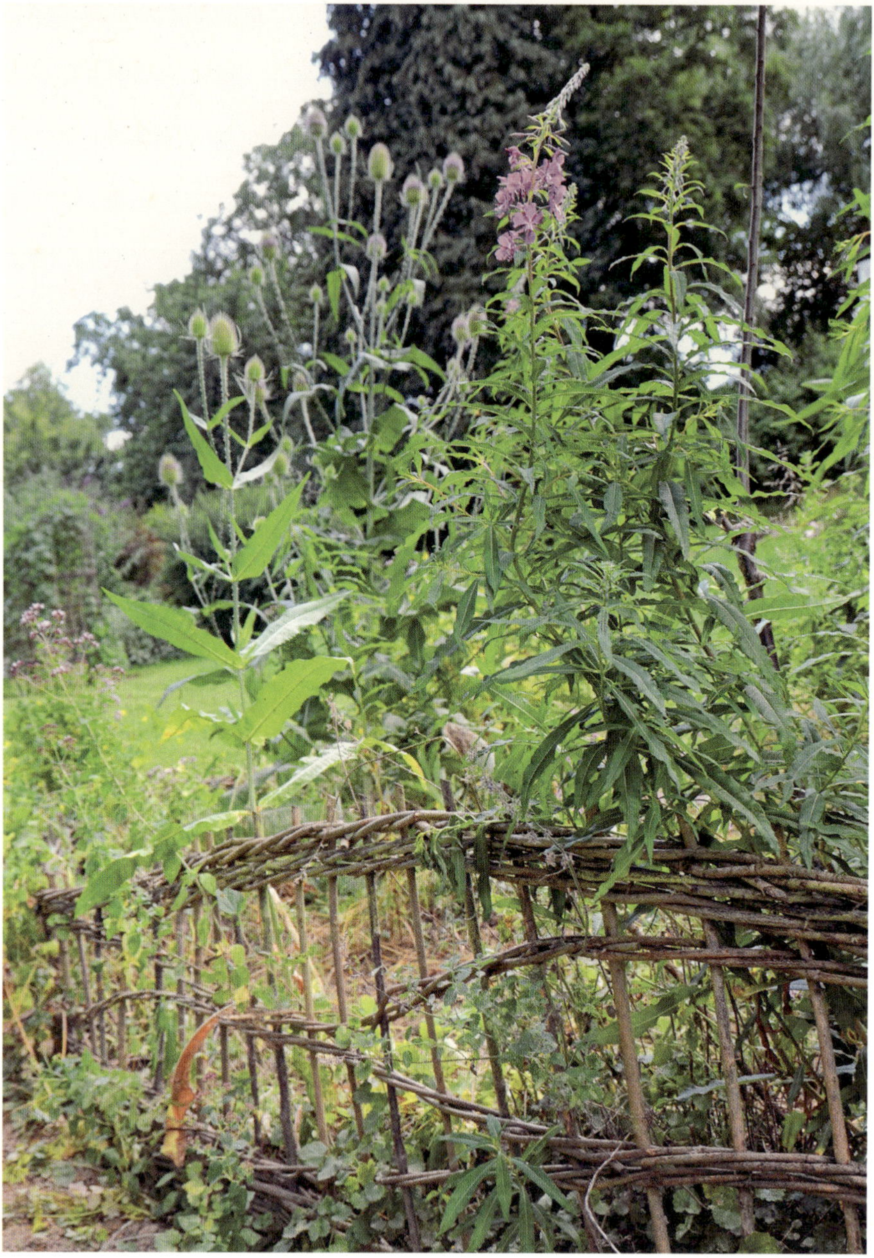

Natürliche Umrandung im lebendigen Garten: Eschen- und Weidenzweigen halten die Wildpflanzen im Zaum.

Empfehlenswerte Materialien

Funktion	Holzart	Bemerkung
Pfosten für Zäune (sich nicht begrünend)	Robinie und Eiche, ohne Rinde und Splint, ggf. gespalten, Eibe, Scheinzypresse	Spaltholz ist besonders haltbar, beim Spalten werden die Gefäße im Holz auseinandergerissen, aber nicht geöffnet.
Pfosten, Staken und Ruten für Zäune (sich begrünend)	Weide, Hartriegel, Liguster, Esche	Pfosten (frisch geschnitten) am Ende des Winters tief (mind. 50 cm) eingraben, Austrieb im Frühjahr vereinzeln, in der ersten Vegetationsperiode bei Trockenheit gießen.
Staken für Zäune und Rankhilfen	Eibe, Scheinzypresse, Hartriegel, Hasel, Feldahorn, Pflaumenwildlinge, Esche	im Außenbereich nur mit Rinde
Ruten für Zäune und Rankhilfen	Weide, Hartriegel, Hasel, Esche, Clematis, Pflaumenwildlinge	im Außenbereich nur mit Rinde
Staken für Körbe	Liguster, Schneeball, Hartriegel, Weiden, Hasel	Staken sind meist dicker als die Ruten und besonders gerade.
Ruten für Körbe	wie bei den Staken, aber auch Clematis, Schneeball, Jelängerjelieber, Esche (große Körbe)	Ruten sollten gleichmäßig dick, lang und elastisch sein.

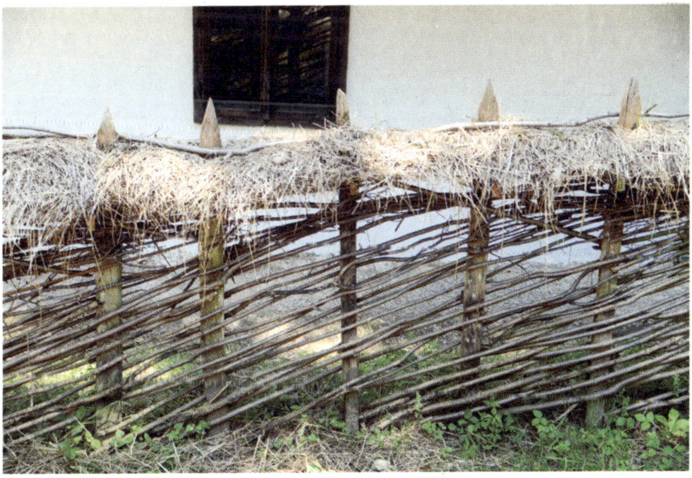

Hier wurde der diagonal geflochtene Zaun (»französische Schicht«) mit Heu abgedeckt.

Rankhilfen und Obelisken

Runde Rankhilfen sind für Pflanzen wie Hopfen und Feuerbohnen ideal und lassen sich einfach selbst herstellen. Wir zeigen hier eine Rankhilfe mit einem Durchmesser von ungefähr 1 m. Die Staken bestehen aus haltbarem Material, bei unserem Beispiel ist es Hartriegel. Wir benötigen 25 Äste, je 2 – 3 m lang und mit einem Durchmesser von mehr als 2 cm. Zum Flechten brauchen wir ungefähr 100 Weidenruten, 3 – 4 m lang, mit einem Durchmesser von mindestens 1 cm.

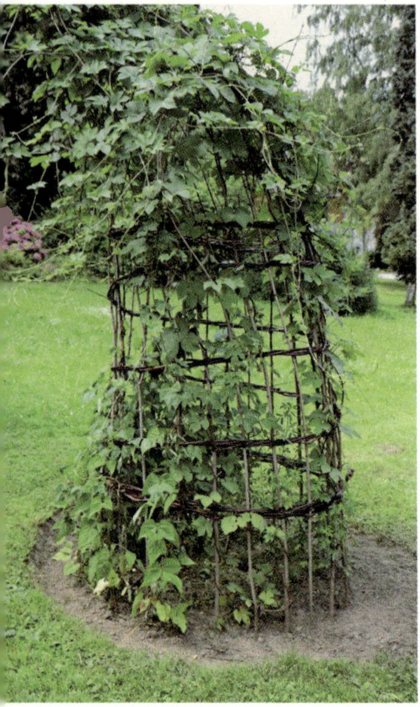

Die Anfangsschritte werden im Folgenden mit zwei verschiedenfarbigen Weidenarten, Dotterweide und Reifweide, gezeigt. So ist der Verlauf der Ruten während der ersten Runde gut erkennbar. Je nach Vorrat und Geschmack können dazu natürlich auch andere Weidenarten verwendet werden. Vor dem Bau der Rankhilfe haben wir einige Hopfenpflanzen in die Mitte des Beetes gepflanzt. Die kurzen Stäbe, die auf den Fotos zu sehen sind, dienen als erste Stützen.

Rankhilfen werden so gearbeitet, dass wir mit den Händen die Mitte der umfassten Fläche noch gut erreichen können. Deshalb haben die Staken einen Abstand von 15 – 20 cm, das Flechtwerk beginnt erst in einer Höhe von ungefähr 20 – 25 cm.

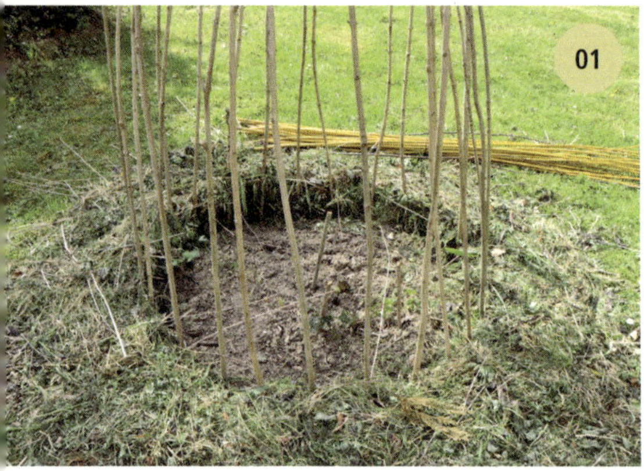

So wird's gemacht:

[1] 25 Äste als Staken an Ort und Stelle im Abstand von ungefähr 20 cm so tief wie möglich, mindestens aber 20 cm tief, in die Erde stecken. Der Außenrand ist in unserem Arbeitsbeispiel mit frischem Grasschnitt gemulcht, so kann man sich auf die Erde knien, ohne allzu schmutzige Knie zu bekommen. Außerdem unterdrückt die Mulchdecke unerwünschten Bewuchs. Ist der Boden zu hart, können wir durch Einschlagen einer Stahlstange geeignete Löcher vorbohren.

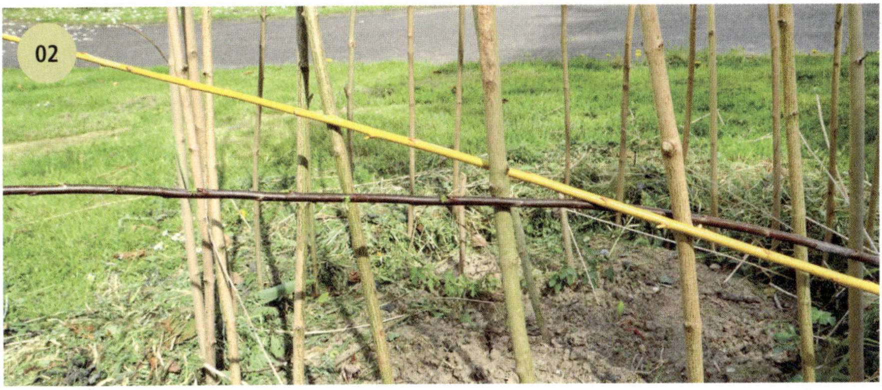

[2] Für den Anfang 2 starke Ruten so in zwei nebeneinanderliegende Zwischenräume zwischen den Staken einlegen, dass die dünnen Enden nach links und die dicken Enden nach rechts schauen.

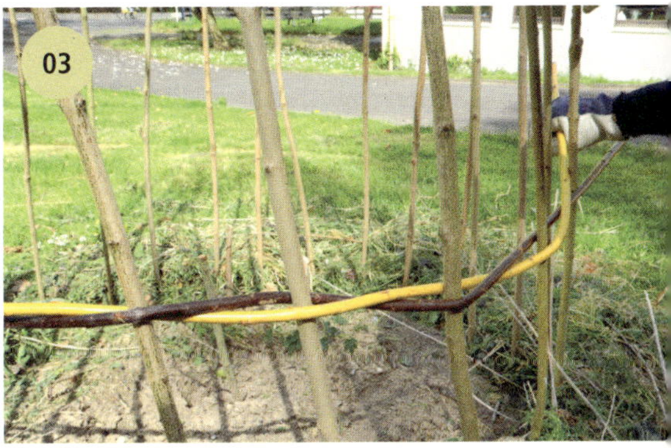

[3] Ab der Mitte der Ruten mit dem ersten Schlag in Fitztechnik in einer Höhe von 20 – 30 cm beginnen: Die 1. Rute (hier gelb) also vor die 2. Stake und hinter die 3. Stake nach rechts legen, zwischen der 3. und 4. Stake kommt sie wieder nach vorne. Die 2. Rute (hier braun) dann vor die 3. und hinter die 4. Stake legen, zwischen der 4. und 5. Stake kommt sie wieder nach vorne.

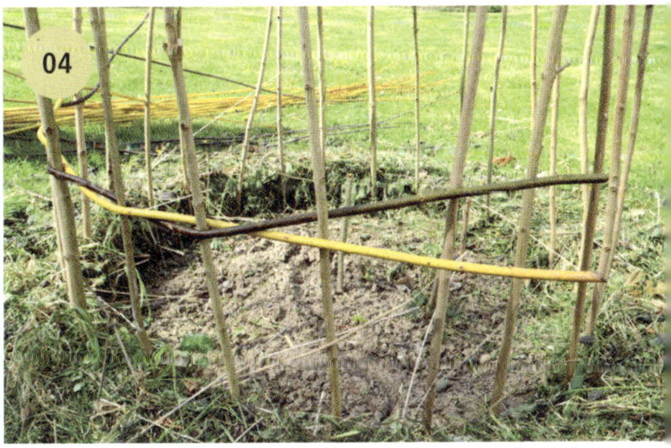

[4] So weiterfitzen, vor 1 Stake, hinter 1 Stake, im Wechsel (siehe Seite 50). Die jeweils links liegende Rute geht einen Schritt weiter, vor 1 Stake, hinter 1 Stake, sodass sich die Ruten überkreuzen.

[5] Beim Fitzen darauf achten, dass die Staken einen gleichmäßigen Abstand haben, deshalb immer mal wieder in die richtige Position drücken.

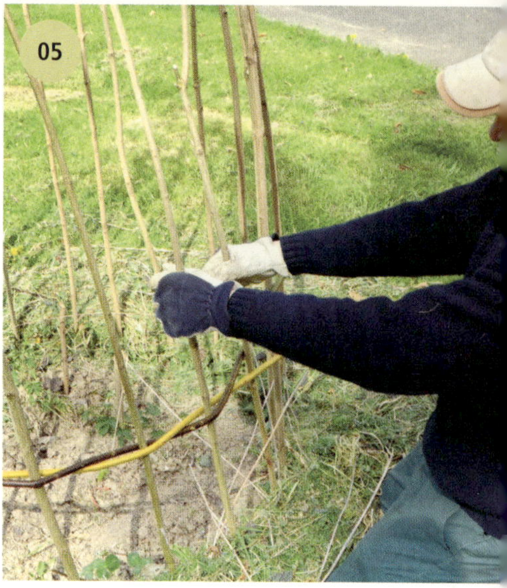

[6] Ungefähr 50 cm vor dem dicken Ende der Ruten ist es Zeit, die neuen Ruten »dick an dick« anzusetzen. Dazu die neue Rute von unten durch die Öffnung hinter die letzte umflochtene Stake schieben.

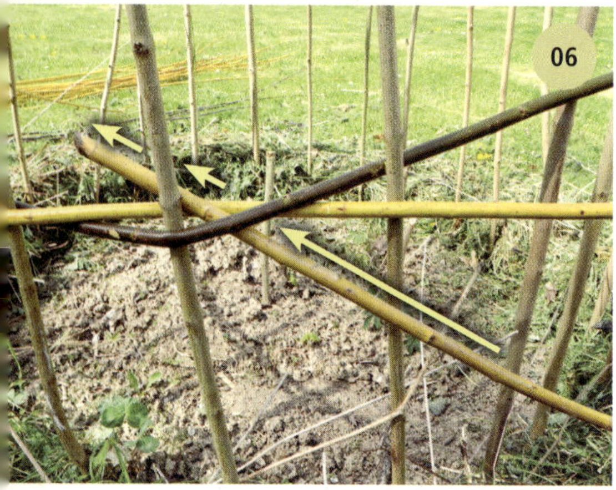

[7] Mit der neuen Rute den nächsten Schlag arbeiten, vor 1 Stake, hinter 1 Stake.

[8] Mit der 2. neu angesetzten Rute ebenso verfahren, »dick an dick« ansetzen und dabei hinter die letzte umflochtene Stake schieben.

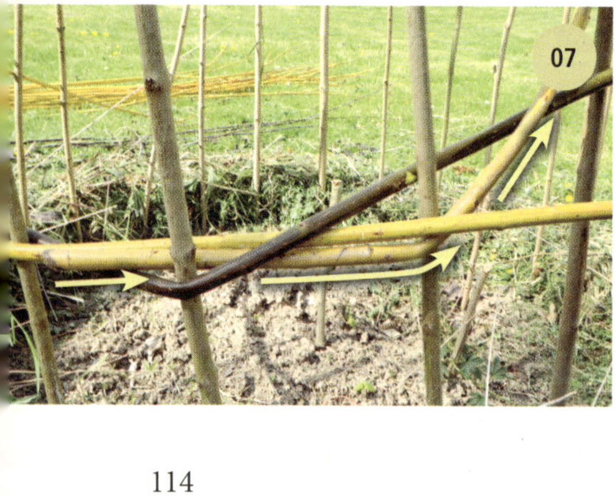

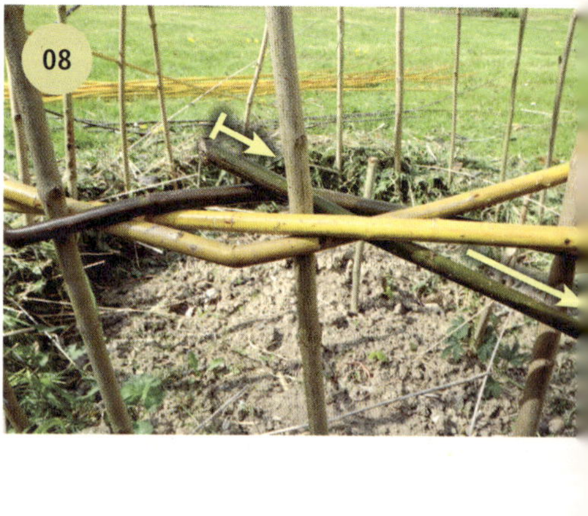

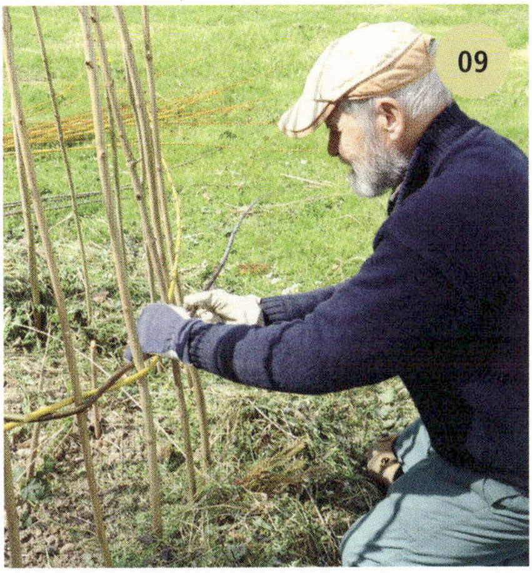

[9] Mit den beiden neu angesetzten Ruten weiter immer im Wechsel fitzen, vor 1, hinter 1.

[10] Solange die Rute noch eine ausreichende Dicke hat, ungefähr 70 cm vor dem dünnen Ende, eine neue Rute ansetzen und »dünn an dünn« anschließen: Diese neue Rute in das Dreieck, das die Stake und die beiden Ruten des letzten vollständigen Flechtschritts bilden, rechts von der Stake schieben.

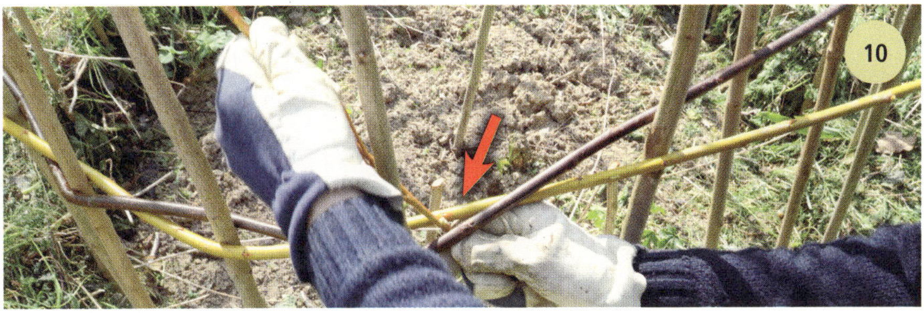

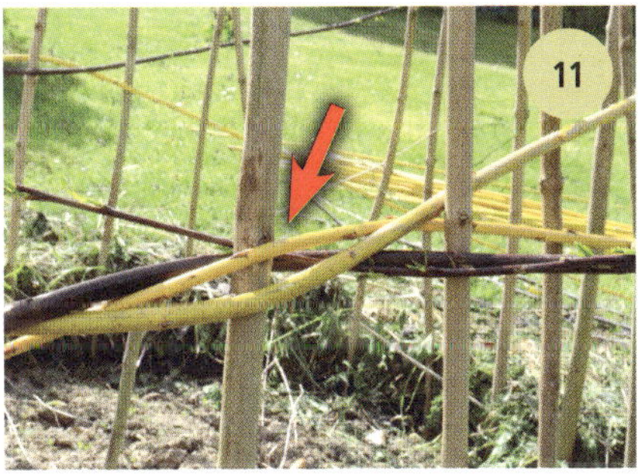

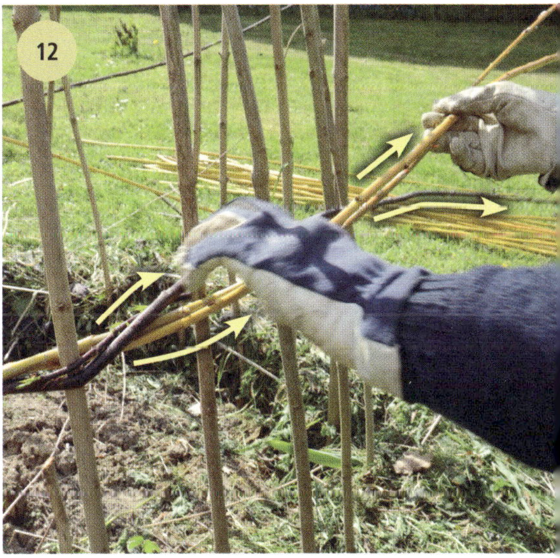

[11] Einen Schlag gemeinsam mit der alten Rute fitzen und nun auch die zweite neue Rute »dünn an dünn« ansetzen.

[12] Mit beiden Rutenpaaren jetzt weiterfitzen im Wechsel vor 1, hinter 1.

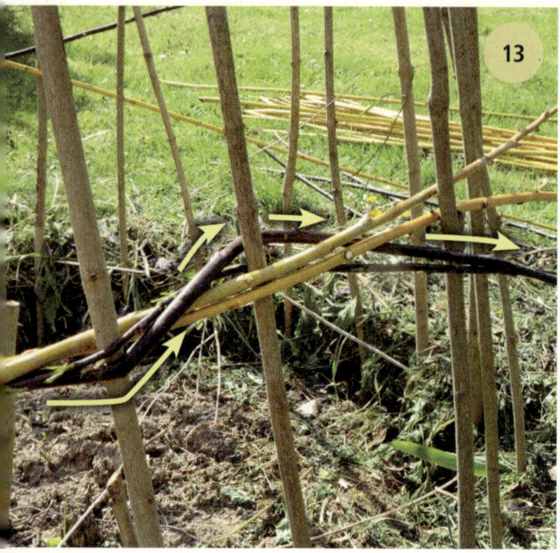

[13] Hier noch einmal zu sehen: Mit den beiden neu angesetzten Rutenpaaren weiter immer im Wechsel fitzen, vor 1, hinter 1.

[14] Die dünnen Partien der beiden Ruten jeweils so lange gemeinsam einlegen, bis die vorige Rute fast aufgebraucht ist.

[15] Beim Einarbeiten der Ruten ist es wichtig, dass sie nicht brechen: Wir biegen die Ruten vorsichtig nach oben, bevor wir sie einlegen.

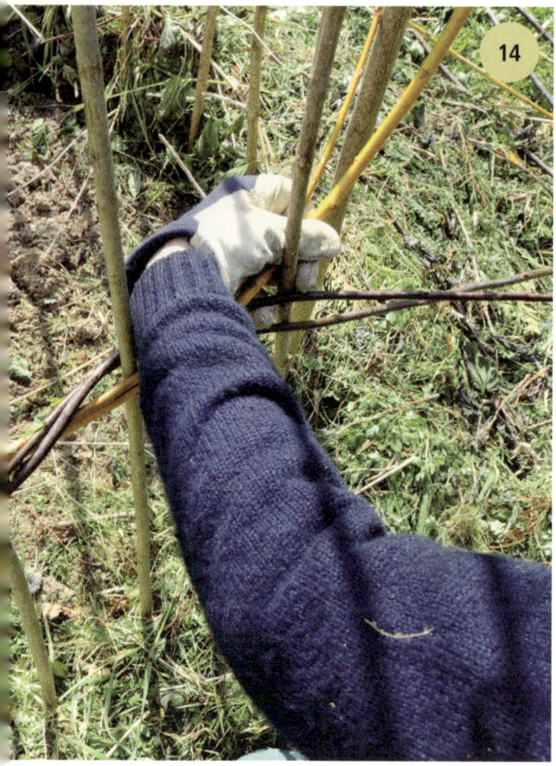

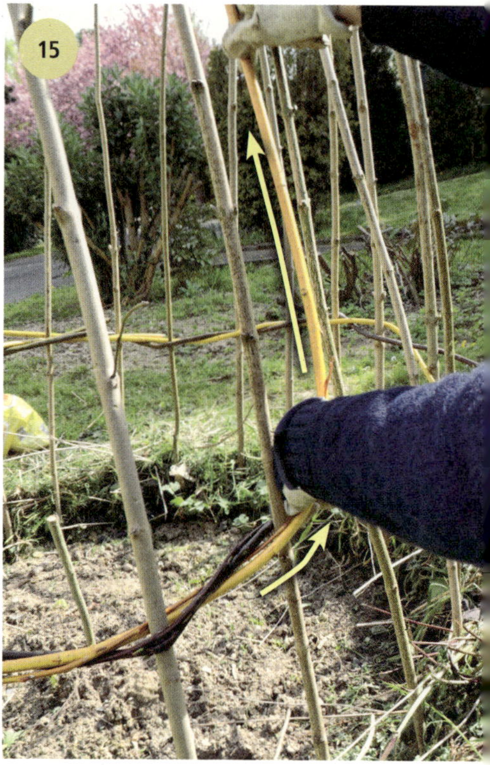

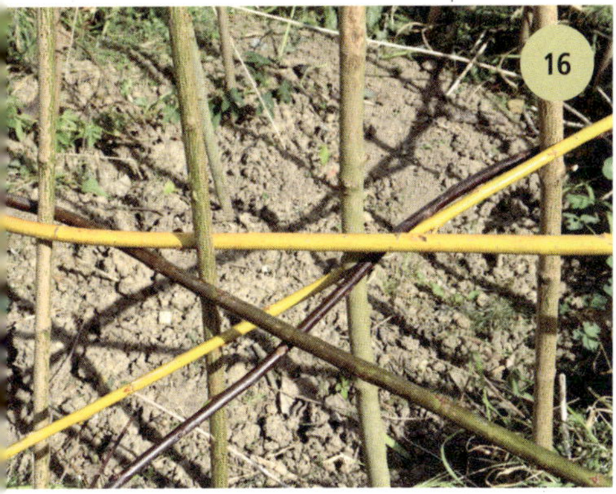

[16] Die erste Runde ist fertig, wir sind wieder am Ausgangspunkt, bei der Mitte der Ruten, angekommen.

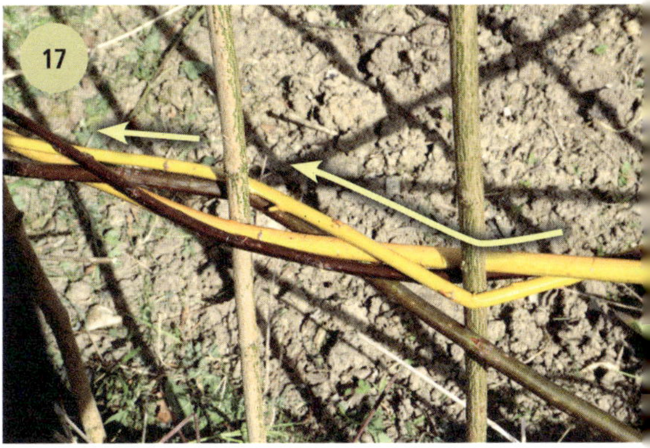

[17] Die vom Anfang überstehenden dünnen Enden nun über den Ruten der ersten Runde nach links fitzen und damit fixieren. Wir flechten mit diesen Enden entgegengesetzt zur normalen Arbeitsrichtung.

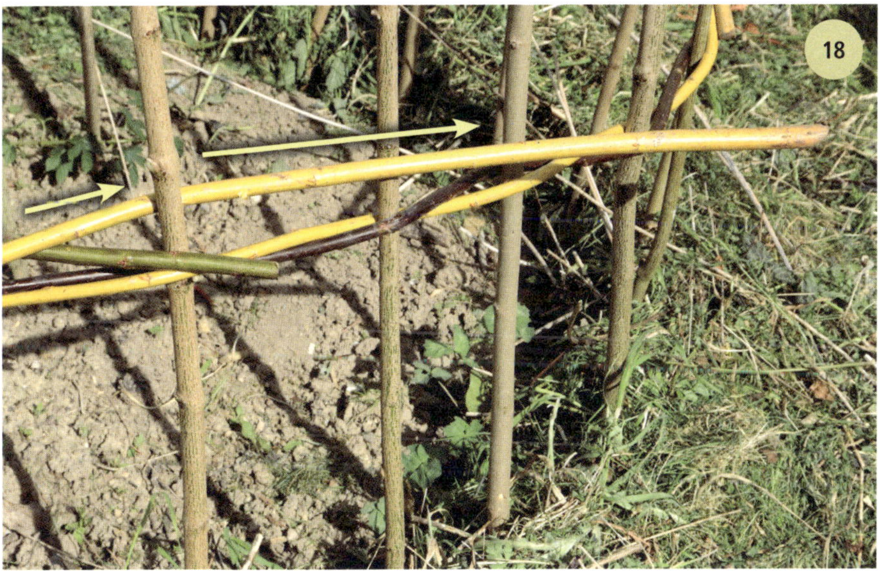

[18] Nun arbeiten wir wieder mit den bei den Ruten, mit denen wir den Anfang der ersten Runde erreicht hatten, und fitzen bis zu deren dicken Enden in normaler Arbeitsrichtung nach rechts weiter (vor 1, hinter 1).

[19] Die Staken zwischendurch immer wieder ausrichten, damit sich die Abstände nicht verschieben und die Kreisform erhalten bleibt.

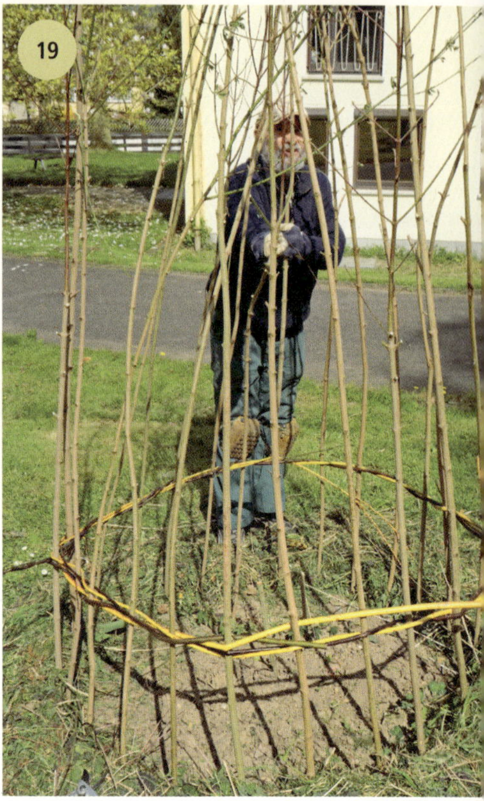

[20] Für die neue Runde werden 2 neue Ruten »dick an dick« angesetzt.

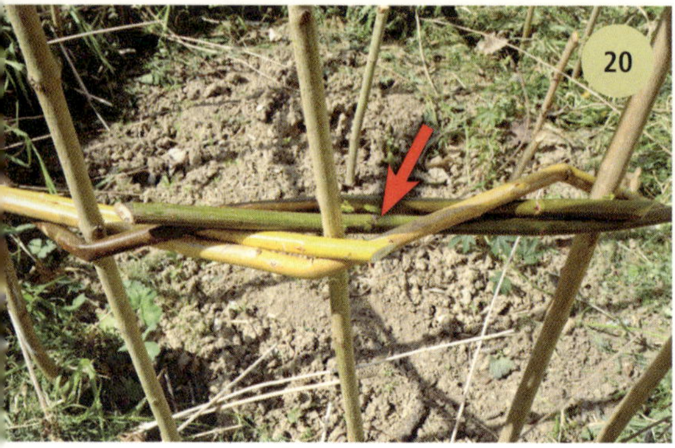

[21] Mit den neuen Ruten weiterfitzen, bis die zweite Runde fast fertig ist.

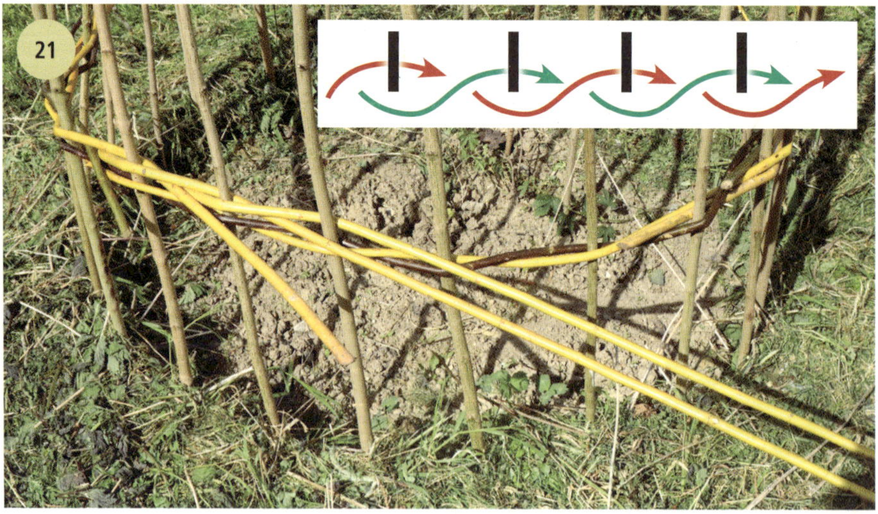

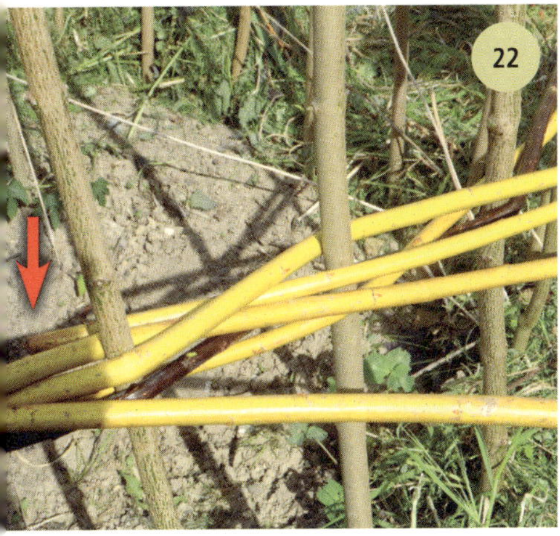

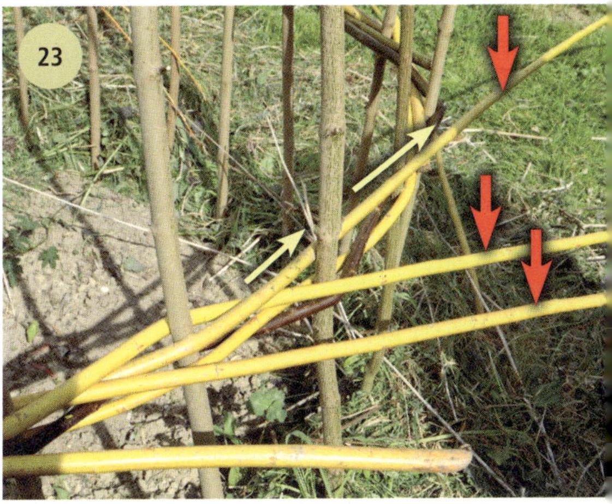

[22] Nun wechseln wir die Flechttechnik vom Fitzen zum Kimmen. Für den Übergang auf die Kimme müssen wir deshalb zwischen zwei Ruten eine 3. Rute einfügen: Kurz nach einem Ansatz »dick an dick« stecken wir eine weitere Rute mit dem dicken Ende zwischen der Stake und der linken (»hinteren«) Rute ein.

[23] Mit der neuen Rute einen Schlag fitzen, vor 1, hinter 1, sodass sie vorne wieder zu liegen kommt. Jetzt haben wir 3 Ruten, die aus drei benachbarten Zwischenräumen herausschauen.

[24] Überstehende dicke Enden vom Übergang »dick an dick«, die kurz vor dem Beginn der Kimme liegen, werden abgeschnitten.

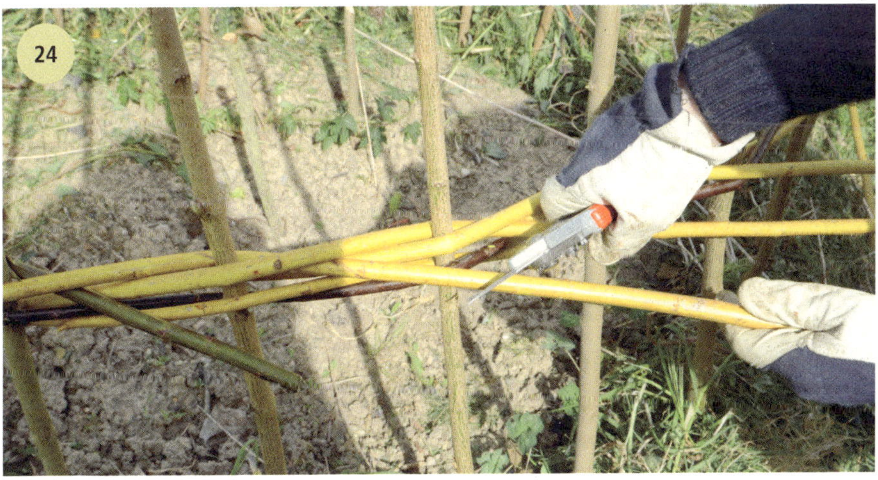

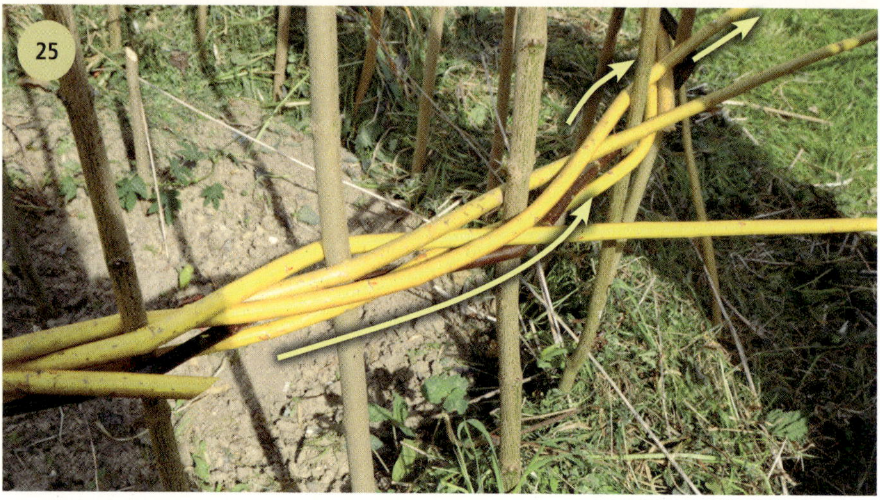

[25] Mit der linken (»hinteren«) Rute den ersten Schritt als Kimme gehen, vor 2 Staken, hinter 1 Stake, dann mit den beiden anderen Ruten die Kimme weiterarbeiten, immer im Wechsel vor 2, hinter 1 (siehe Seite 52).

[26] Weiterhin wichtig: Ruten beim Einarbeiten immer erst vorsichtig nach oben biegen, damit sie nicht brechen.

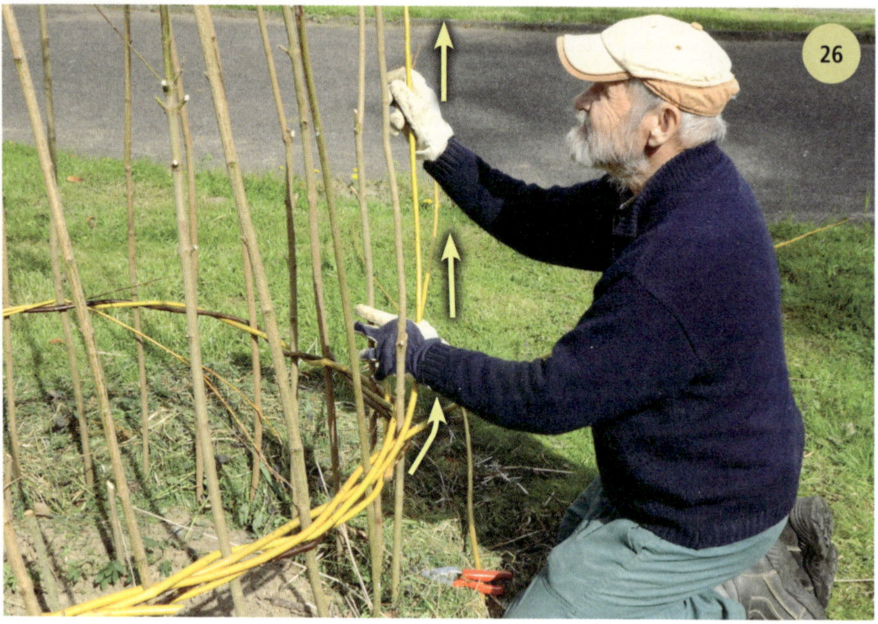

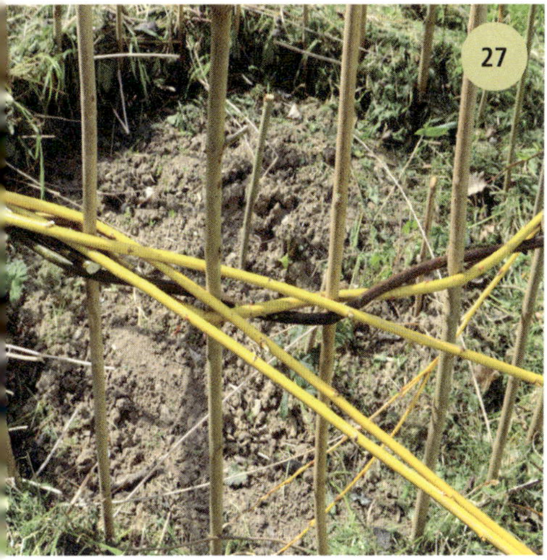

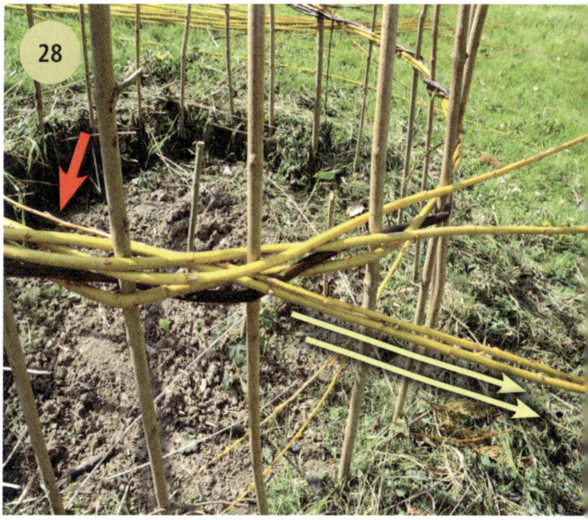

[27] Wir kimmen weiter, bis wir uns den dünnen Enden der Ruten nähern.

[28] Beim Ansatz »dünn an dünn« bei allen 3 Rutenpaaren jeweils das dünne Ende der alten und das dünne Ende der neuen Rute gemeinsam flechten.

[29] Auch hier ist das gemeinsame Hochbiegen der Ruten wichtig, damit sie nicht brechen.

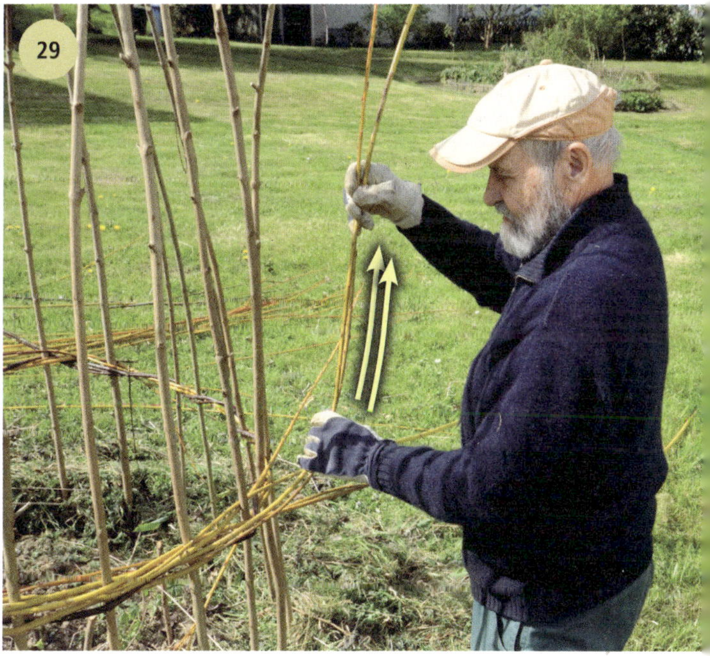

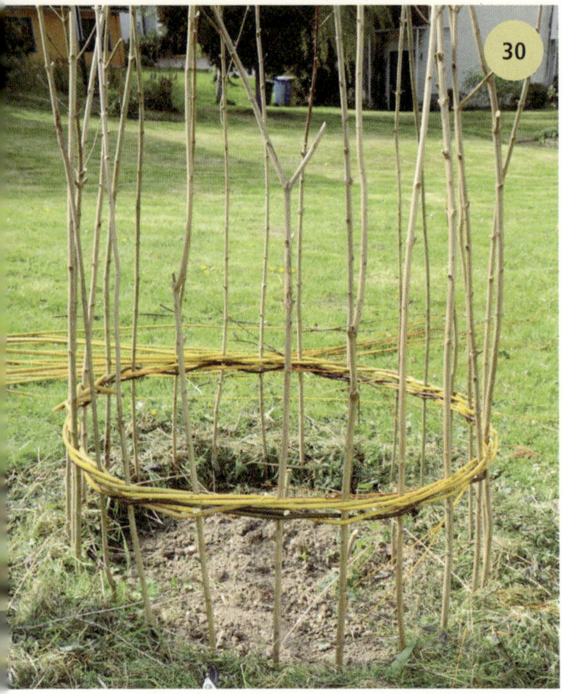

[30] Nun ist die zweite Runde fertig. Eine Kimme liegt auf einer Fitze. Das ist ein stabiles Fundament für die weitere Arbeit.

[31] Wir lassen die Kimme jetzt spiralförmig um die Staken herum ansteigen und setzen nach Bedarf neue Ruten an.

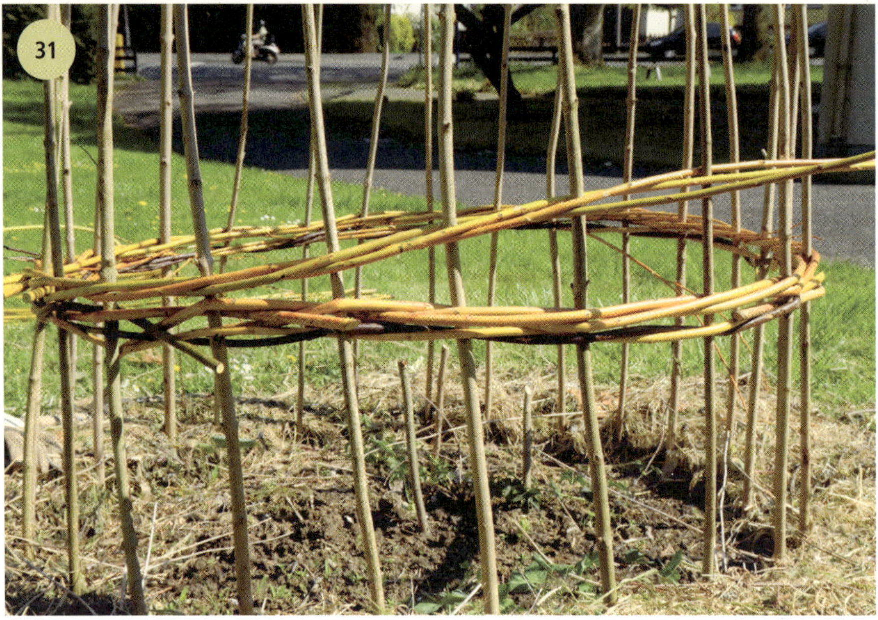

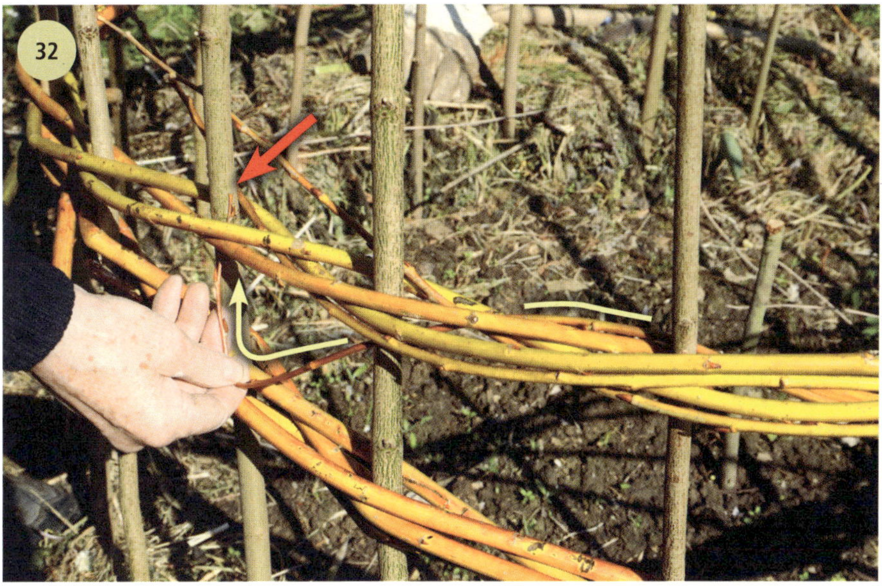

[32] Beim Ansetzen »dünn an dünn« ist es besser, die losen Spitzen zu »vernähen«, statt sie abzuschneiden. Wir fädeln sie nach links über einer Flechtrute ein.

[33] Die dünnen Rutenenden, wie bereits beschrieben, gemeinsam kimmen.

[34] Beim Ansatz »dick an dick« das Ende der neuen Flechtrute, wie bereits beschrieben, einfach nur einstecken.

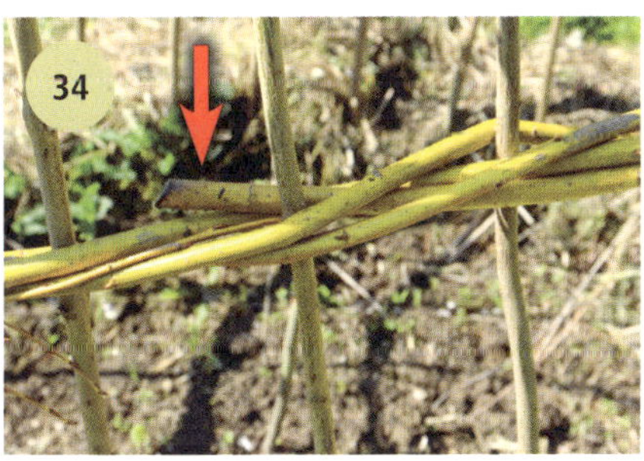

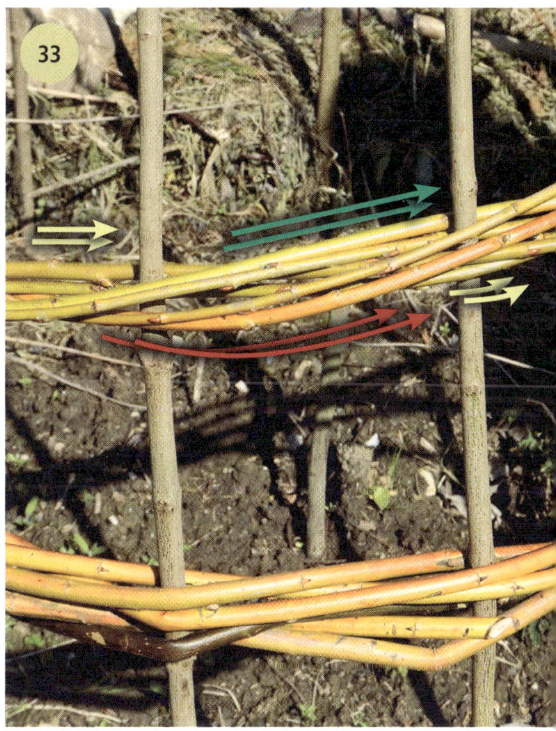

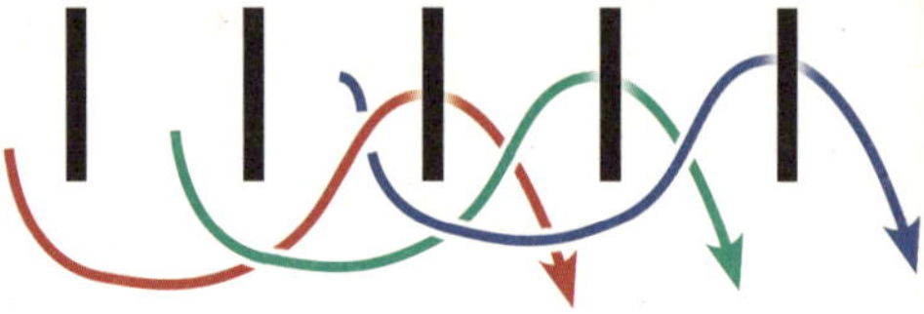

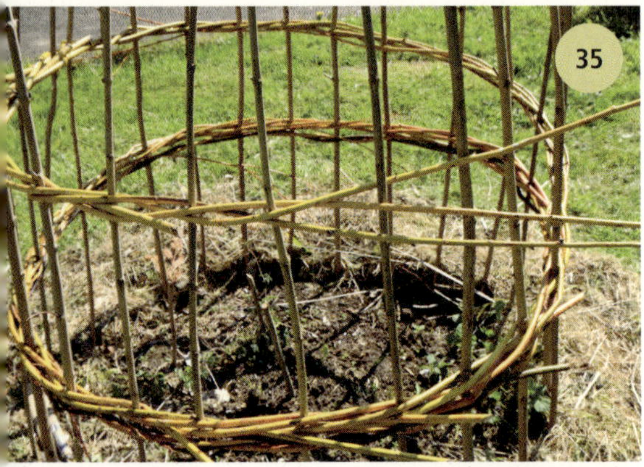

[35] Jetzt haben wir uns spiralförmig schon eine Runde weiterbewegt und kimmen wie beschrieben vor 2 Staken, hinter 1 Stake mit 3 Ruten im Wechsel weiter.

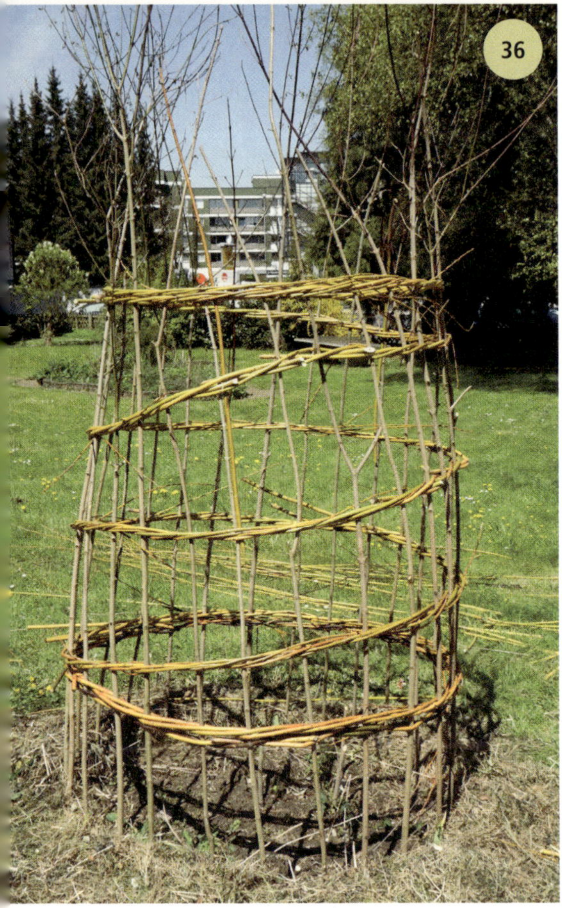

[36] Am oberen Rand der Spirale flechten wir zwei Runden horizontal, um einen stabilen Abschluss zu erhalten (als Kimme).

[37] Mit dünnen Rutenenden, die wir in die darunterliegende Reihe einfädeln, abschließen. Dafür die Rute zuerst nach oben und dann durch die Öffnungen zwischen den verflochtenen Ruten führen. Nachdem alle Ruten eingefädelt sind, können die überstehenden Enden abgeschnitten werden.

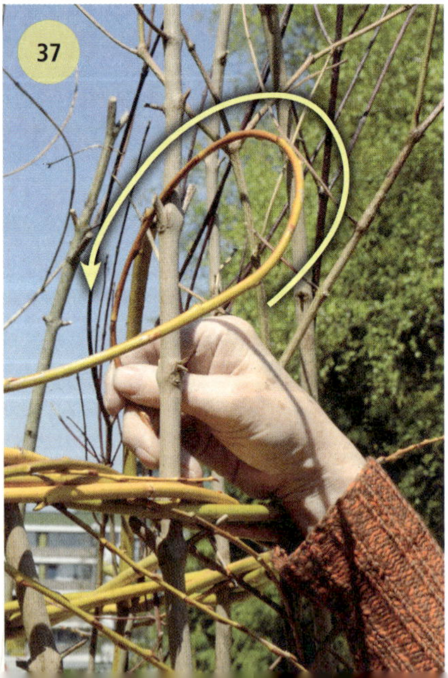

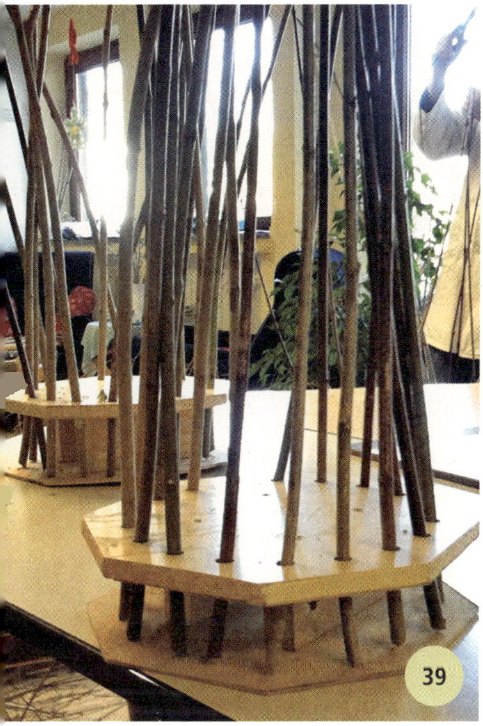

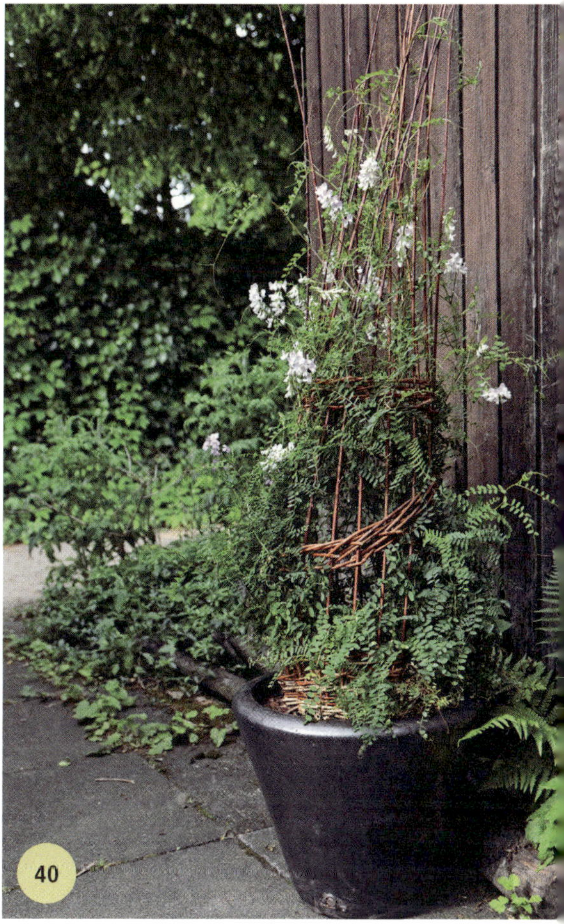

[39] Kleinere Rank-Obelisken können wir auf unserer Übungsplatte (von Seite 46) arbeiten. Dafür stecken wir lange Staken hinein und arbeiten wie ab Seite 112 beschrieben.

[40] Solch ein Obelisk kann einfach als Dekoobjekt unser Haus verschönern oder in einem großen Blumentopf einer zarten Rankpflanze wie der Waldwicke *(Vicia sylvatica)* Halt bieten.

Beeteinfassung selbst gemacht

Im Frühjahr ist es noch leicht, im Staudenbeet den Überblick zu behalten, aber je weiter das Jahr schreitet, desto üppiger wachsen die Pflanzen. Meist neigen sie sich dann ab Juli über den angrenzenden Weg oder auf den Rasen. Wer den Weg nicht mit den bunten Blumen teilen mag, schneidet sie meist zurück. Mit unseren Kenntnissen im Flechten können wir jetzt aber einen besseren Weg wählen, die Fülle zu fassen: eine geflochtene Beeteinfassung. In geschwungener Form und mit eingebauten »Fenstern« kann die nützliche Einfassung gleichzeitig ein Schmuckstück in unserem Garten sein.

Einfassungen sollten so hoch sein, dass sie die Fülle der Stauden halten können, aber noch niedrig genug, dass wir ohne Probleme bei der Pflege des Beetes hinübersteigen können. 30 – 40 cm hohe Einfassungen werden für die meisten keine unüberwindlichen Hindernisse darstellen.

Für Beeteinfassungen ist der Hartriegel gut geeignet, und zwar sowohl als Staken als auch als Ruten. Weil wir später bei der Gartenpflege über die Einfassung steigen oder uns über die Einfassung beugen werden, können die Staken hier enger gesteckt werden als bei einer geschlossenen Rankhilfe. Der Abstand sollte etwa 10 cm betragen. Wir zeigen Ihnen ab der nächsten Seite eine Variante, die ein rechteckiges Beet einfasst.

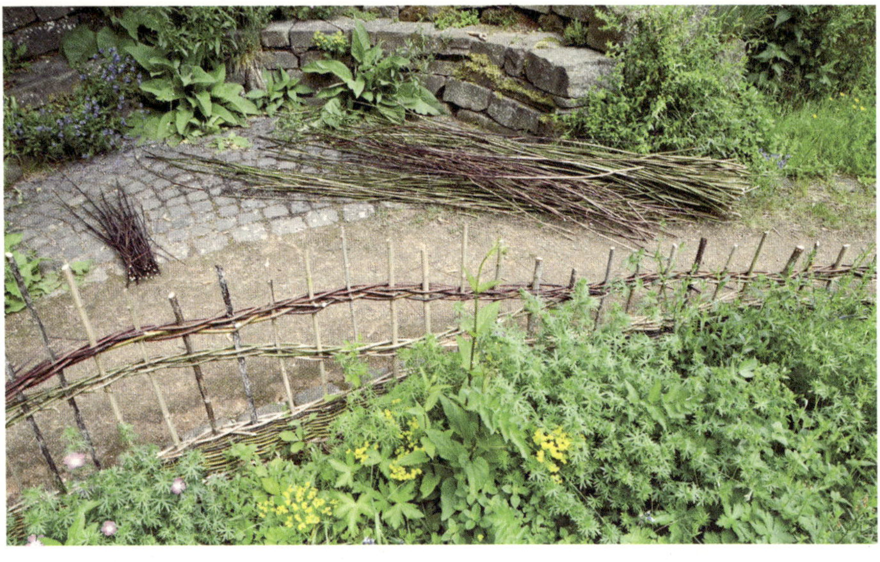

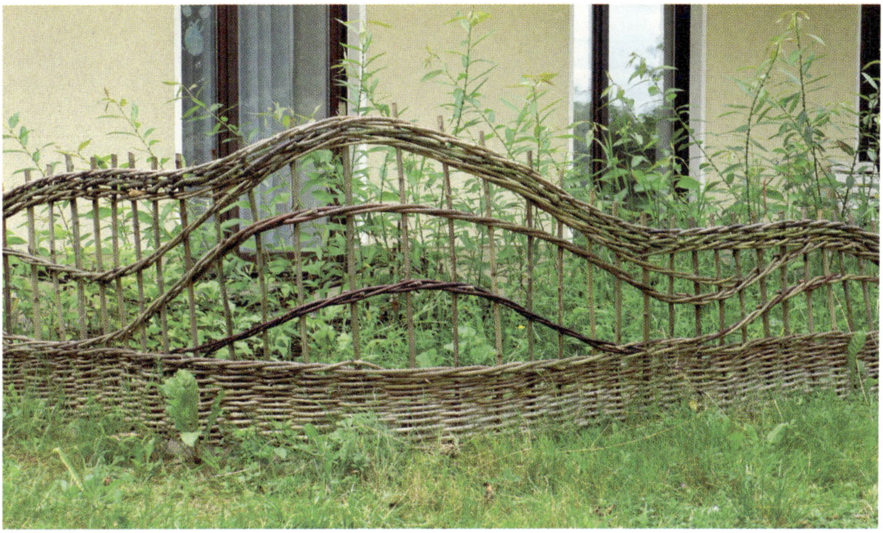

Höhere Beeteinfassungen bekommen einen leichten und schwingenden Charakter, wenn sie nicht als geschlossene Wand gearbeitet werden, sondern Öffnungen als »Fenster« zum Beet oder in die Landschaft bekommen. Für die Felder, die dabei entstehen, arbeiten wir deren oberen Abschluss als Kimme.

So wird's gemacht:

[1] Die Staken in einer Länge von etwa 20 – 50 cm zuschneiden und etwa 5 cm tief rund um das Beet in die Erde stecken. Es ist aber nicht wichtig, dass alle Staken tief in der Erde stecken. Die Staken für das Flechtwerk werden dort, wo sie Bodenkontakt haben, bald abbrechen. Es ist deshalb sinnvoll, dass die Einfassung entweder an haltbaren dickeren Posten befestigt wird oder eine Form hat, die auch stehen bleibt, wenn die Staken nicht mehr im Boden verankert sind. Am günstigsten ist eine geschlossene Form, beispielsweise ein Oval oder ein Rechteck. Die Staken sollten einen Abstand von 8 – 12 cm haben.

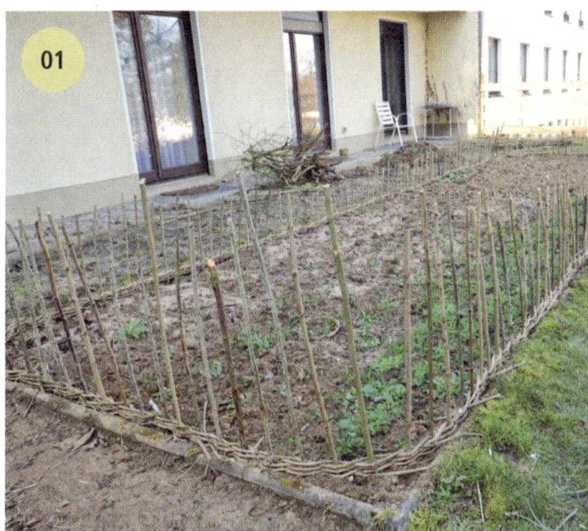

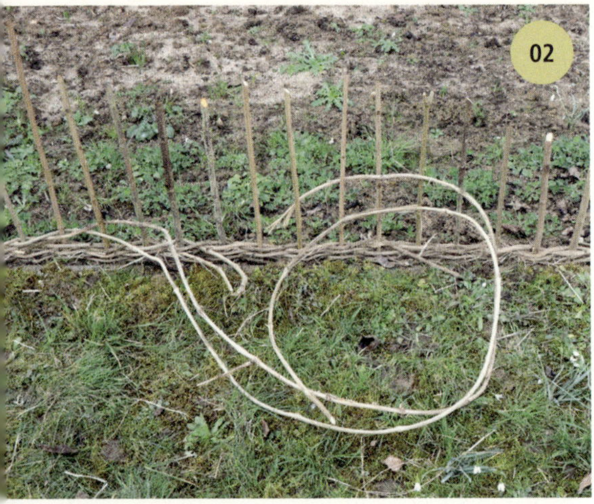

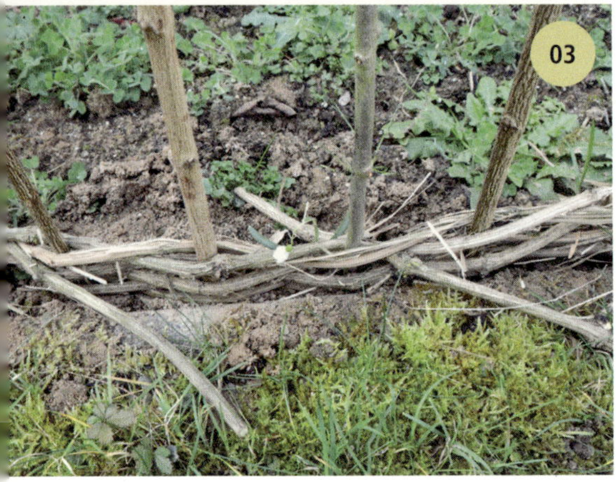

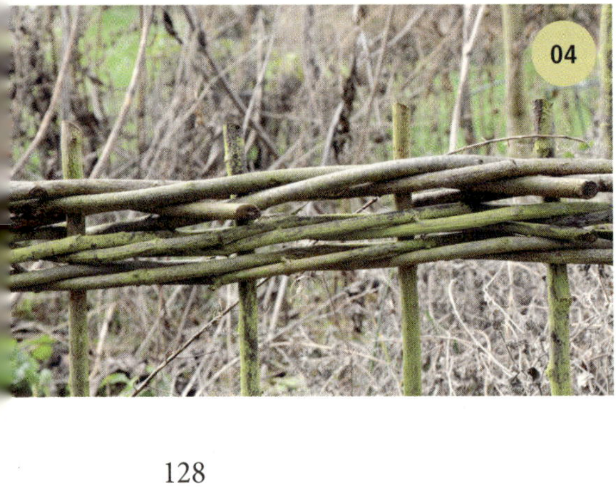

[2] Wir beginnen mit einer Fitze, das heißt jeweils 2 Ruten im Wechsel vor 1 Stake, hinter 1 Stake legen, um ein stabiles Flechtwerk zu bilden (siehe Seite 50). Die Arbeitsrichtung ist von links nach rechts.

[3] Besonders stabile Ruten liefert die Waldrebe (*Clematis vitalba* oder auch andere starkwüchsige Clematisarten), die Ranken sind sehr zäh und nahezu reißfest. Später können wir auch mit anderen Ruten arbeiten, zum Beispiel mit Liguster. Liguster ist auch ein relativ haltbares Material. Wenn wir Weiden verarbeiten, hält die Einfassung etwa 2 – 3 Jahre.

[4] Den oberen Abschluss über zwei Runden als Kimme arbeiten, so wird die Einfassung besonders stabil. Dazu 3 Ruten wie auf Seite 52 beschrieben einlegen und vor 2 Staken, hinter 1 Stake im Wechsel flechten. Wie wir vom Fitzen zum Kimmen übergehen, ist bei der Rankhilfe auf Seite 119 beschrieben. In der dortigen Abbildung 22 ist zu sehen, wie kurz nach dem Ansatz »dick an dick« eine 3. Rute mit dem dicken Ende neben die linke (»hintere«) Rute der Fitze eingeschoben wird.

Die Beeteinfassung sollte mit mindestens zwei Kimmen abschließen. Wenn die oberste vom Sonnenlicht brüchig geworden ist, können wir sie ablösen. Die darunterliegende Kimme hält unsere Arbeit dann immer noch zusammen.

Da die oberen Ruten dem Sonnenlicht besonders ausgesetzt sind, ist es nicht günstig, die Kimme am Schluss mit den dünnen Enden nur zu »vernähen«. Diese dünnen Enden zerbröseln besonders schnell und das Flechtwerk würde sich an dieser Stelle auflösen. Es ist besser, die Arbeit mit den dicken Enden der Ruten zu beenden.

Dieses wichtige Detail wird hier im Folgenden noch einmal dargestellt. Damit die Vorgehensweise besser nachzuvollziehen ist, haben wir die violetten Ruten der Reifweide und die gelben Ruten der Dotterweide verwendet.

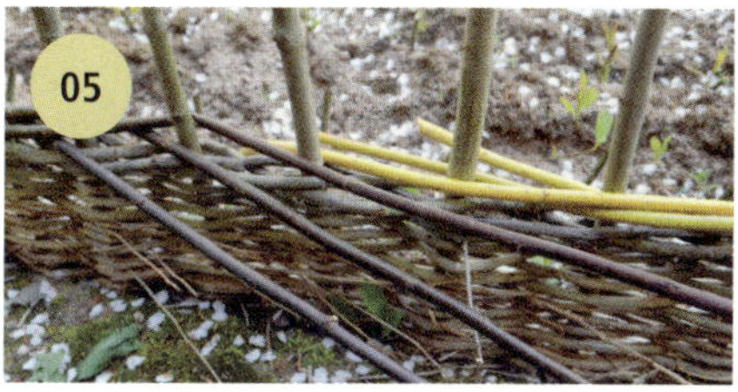

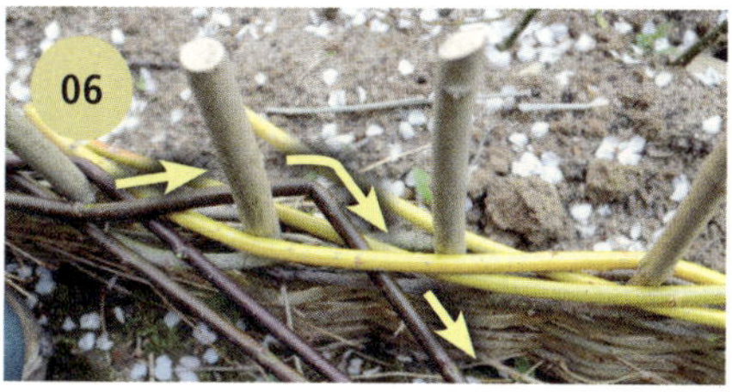

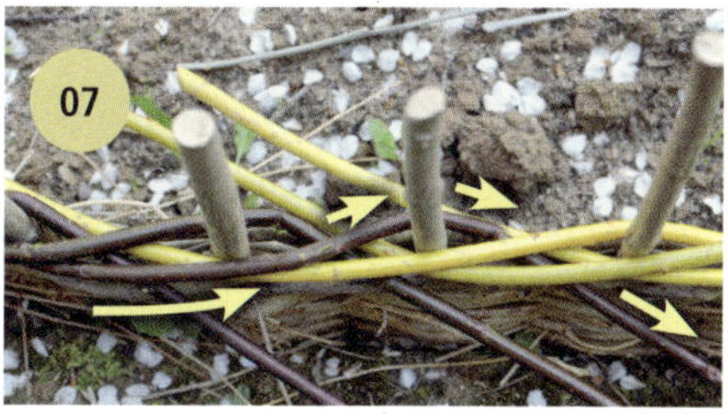

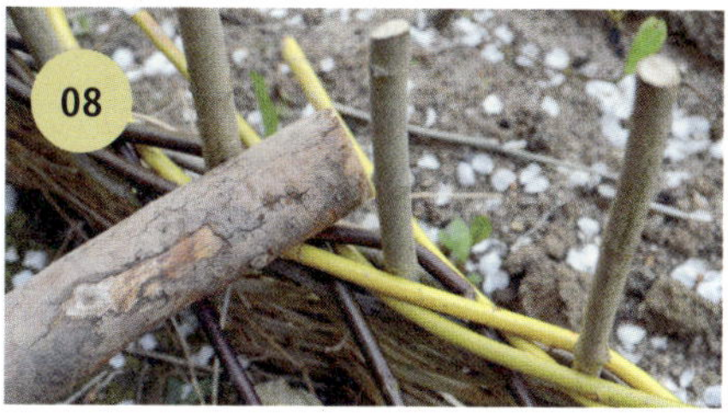

[5] Wir passen die Länge der Ruten, die wir verarbeiten, durch Kürzen so an, dass die dicken Enden des Anfangs einer Reihe (hier gelb) auf die dicken Enden am Ende der Reihe (hier violett) treffen.

[6] Jetzt die hintere Rute vor 2, hinter 1 legen und zuletzt unter der Rute des Anfangs durchstecken. So liegt sie jetzt fest. Danach geht es mit der nun am weitesten links liegende Rute weiter: Die Rute geht vor 2, hinter 1, kommt aber nicht oben zu liegen, sondern wird unter der Rute der vorigen Runde durchgesteckt.

[7] Zum letzten Mal geht die am weitesten links liegende Rute vor 2, hinter 1 und wird unter zwei Ruten der vorigen Reihe durchgesteckt. Jetzt liegen alle Rutenenden unter einer anderen Rute, keine Rute bleibt oben locker liegen und kann sich lösen.

[8] Die so befestigten Rutenenden noch einmal gut festklopfen.

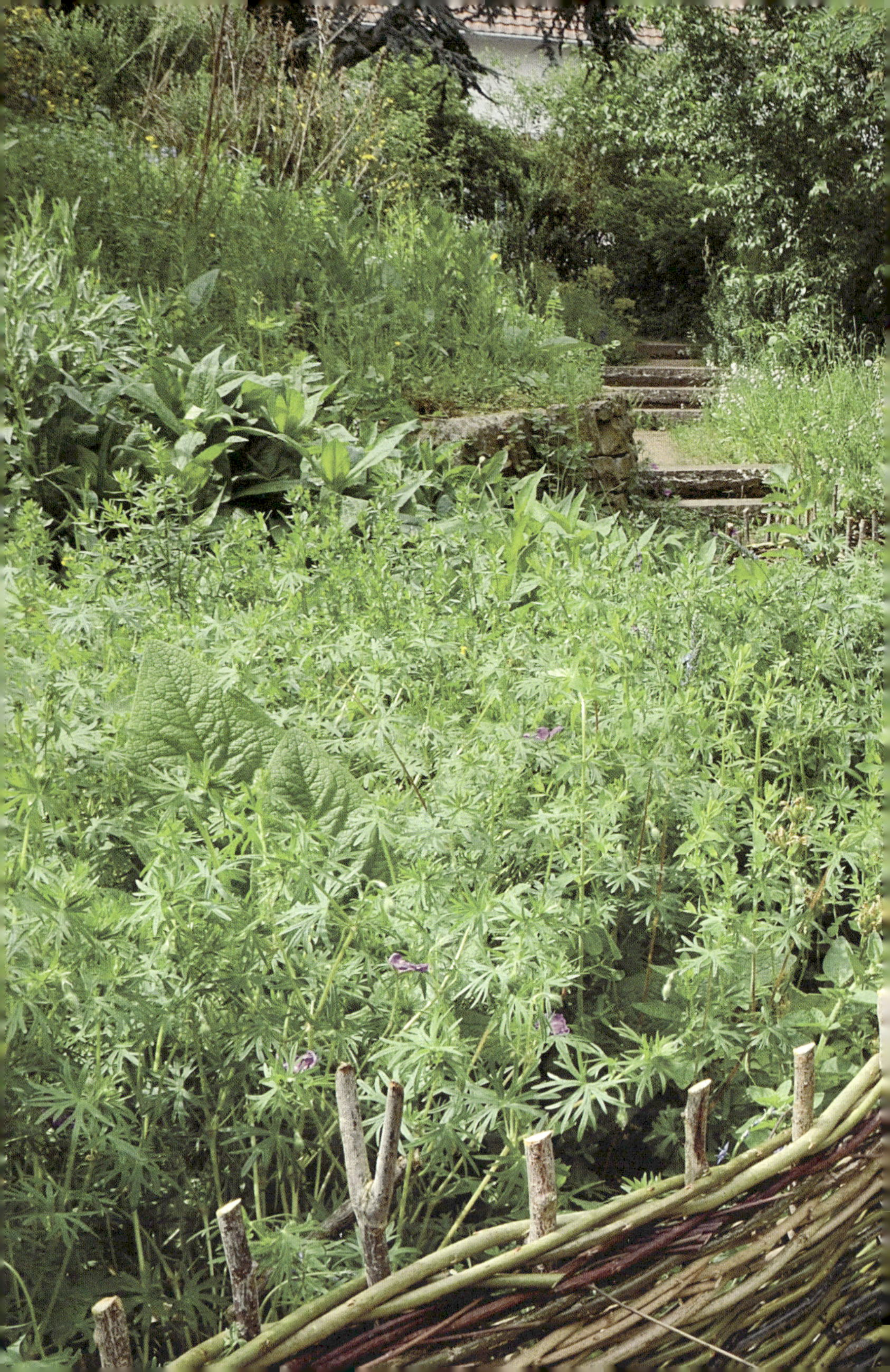

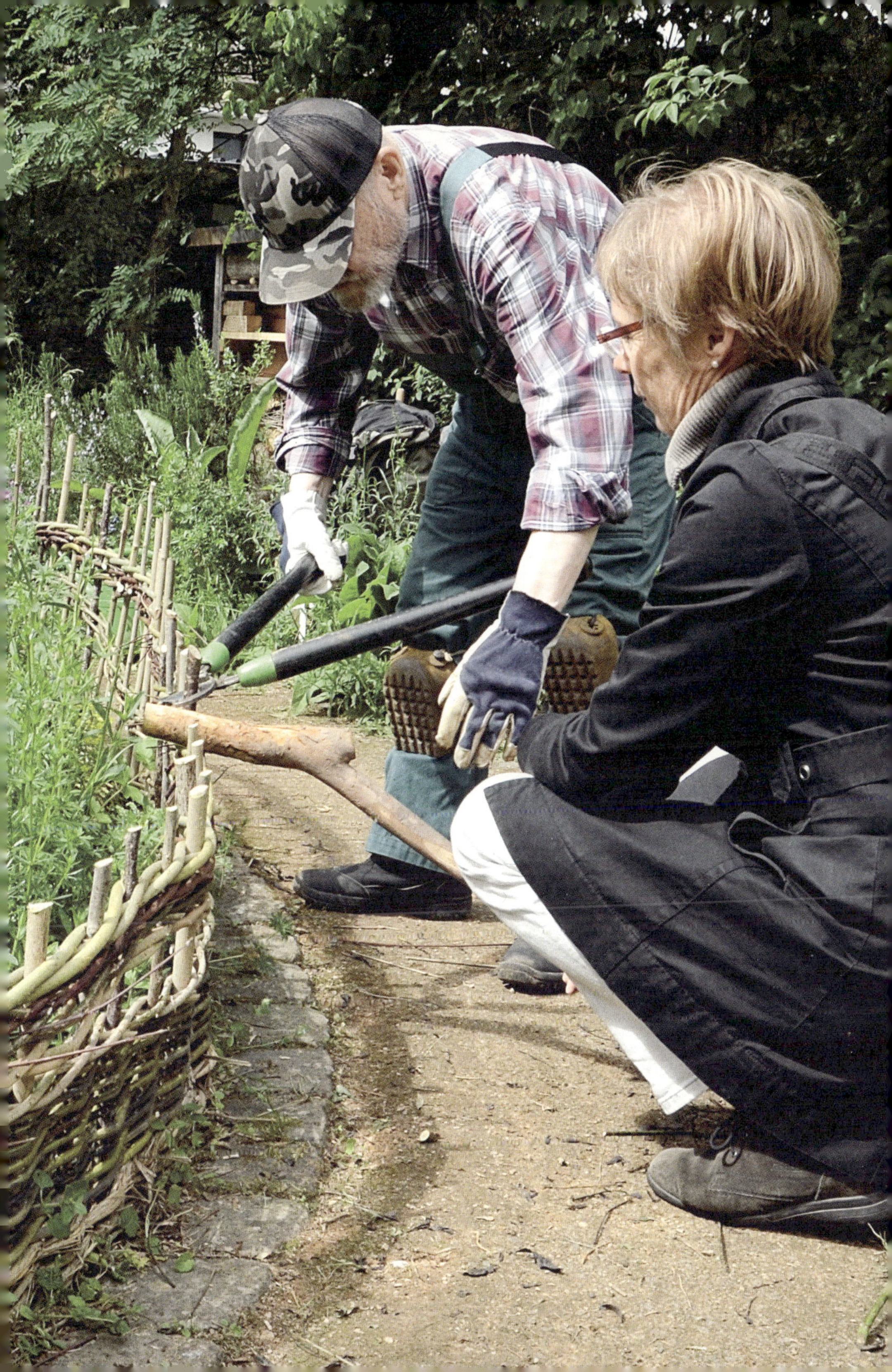

Beeteinfassungen für Gärten mit Kindern

Dort wo Kinder spielen, sollte darauf geachtet werden, dass sie sich nicht an unseren Flechtwerken verletzen können. Auf Spielplätzen, die nach den Regeln der DIN und der Unfallversicherer geprüft sein müssen, dürfen keine splitternden Materialien und herausragenden Astspitzen vorkommen. Deshalb sind Flechtarbeiten dort nur aus lebendem Material erlaubt. Lebende Äste sind an der Spitze immer weich und stellen deshalb kein Unfallrisiko dar. Aus dem selben Grund müssen in Spielräumen Äste auch immer stammnah abgeschnitten werden. »Kleiderhaken« werden hart und spitz.

Auch im Familiengarten sollten wir an die Verletzungsmöglichkeit durch Splitter oder herausragende Astspitzen denken und daran, dass die Werkstücke – zumindest auf die Dauer – nicht so stabil sind, dass sie beklettert werden können. Aus nichtlebenden Ästen können wir deshalb nur Spielelemente flechten, die nicht zum Klettern einladen.

Bei Beeteinfassungen im Privatgarten werden die Staken mit etwas Abstand zur oberen Kimme über dem oberen Rand abgeschnitten, damit sich das Flechtwerk nicht lösen kann (siehe Foto auf Seite 130/131). Die Staken ragen über das Flechtwerk hinaus und deshalb besteht für spielende Kinder Verletzungsgefahr. Würden wir die Staken bündig mit der Kimme abschneiden, würde sich aber das Geflecht lösen. Dieses Problem lösen wir, indem wir die Staken zwar bündig abschneiden, aber dann links von jeder Stake eine Rute einstecken. Aus diesen Ruten flechten wir dann einen neuen Abschluss – den wir wie den Rand eines Korbes arbeiten können.

Bei Körben und bei Beeteinfassungen gibt es etliche Möglichkeiten, den Rand zu arbeiten. Hier zeigen wir einen etwas aufwendigeren Abschluss als die einfache Version, die auf Seite 88 beim Flechten des Korbs gezeigt wurde: den Abschluss »mit 3 Paaren«. Auch hier wird jede Rute hinter 2 Staken, vor 2 Staken gelegt, dann aber hinten um 1 Stake herum nach vorne gelegt. Dies wird jedoch nicht in einem Zug, sondern mit einer Unterbrechung und verschränkt ausgeführt. Die Vorgehensweise führt dazu, dass während des Flechtens vorne immer ein Pärchen gebildet und hinten ein Pärchen aufgelöst wird. Der so gearbeitete Abschluss ist besonders stabil und eignet sich deshalb für Werkstücke, die der Witterung ausgesetzt sind.

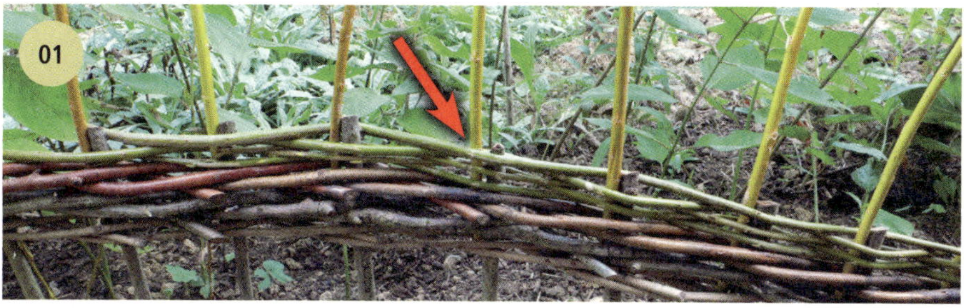

So wird's gemacht:

[1] Links von jeder abgeschnittenen Stake eine starke Rute mit dem dicken Ende voran in den oberen Rand des Flechtwerks einstecken. So tief wie möglich, mindestens aber 10 cm, nach unten schieben.

[2] Die 1. Rute nach rechts biegen, hinter 2 Ruten legen und zwischen Rute Nr. 3 und Nr. 4 wieder nach vorne führen.

[3] Mit der 2. und 3. Ruten ebenso verfahren, jeweils nach rechts biegen, hinter 2 Ruten legen und zwischen Rute Nr. 4 und Nr. 5 bzw. Rute Nr. 5 und Nr. 6 nach vorne führen.

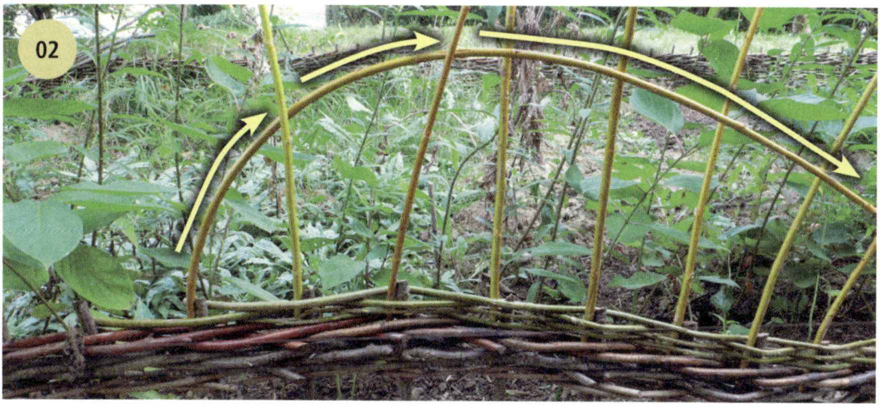

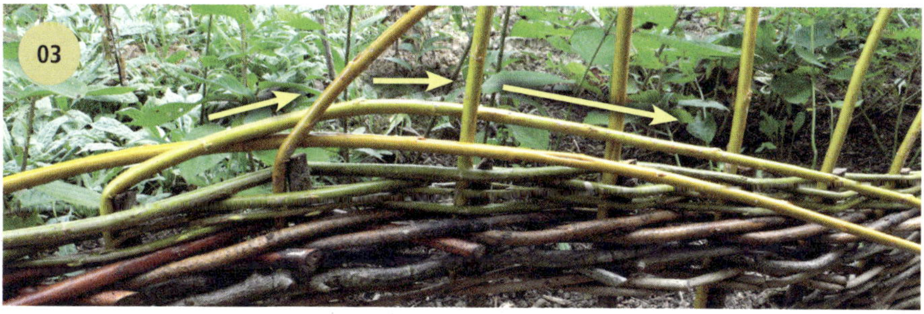

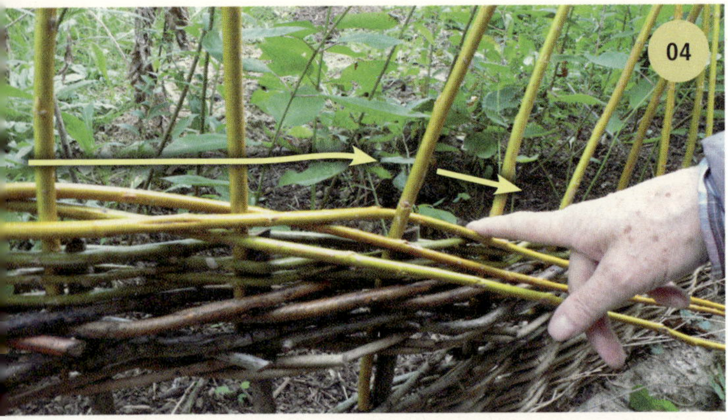

[4] Anschließend die 1. Rute vor 2, hinter 1 legen und wieder nach vorne führen (zwischen Rute Nr. 6 und Nr. 7). Jetzt sind 3 der neu eingesteckten Ruten so weit eingeflochten, dass sie in nebeneinanderliegenden Zwischenräumen nach vorne geführt werden können.

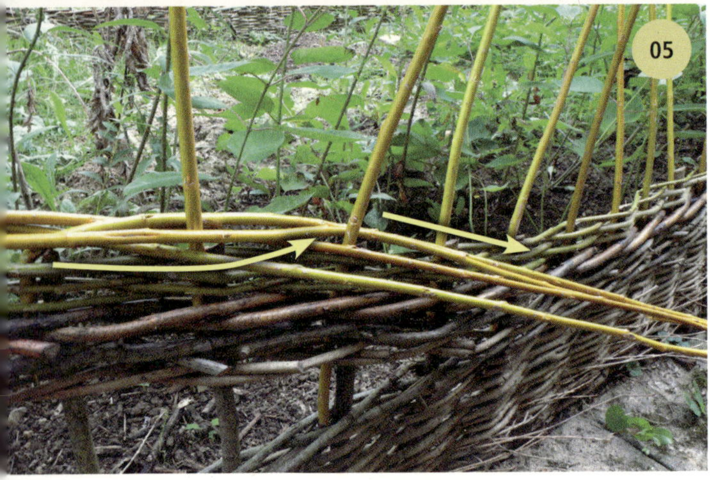

[5] Die 4. Rute nach rechts biegen, hinter 2 legen und wieder nach vorne zwischen Rute Nr. 6 und Nr. 7 führen, dadurch entsteht ein Rutenpärchen. (Die neu umgebogene Rute liegt rechts und damit parallel neben der 1. Rute, die den zweiten Schritt schon gegangen ist.)

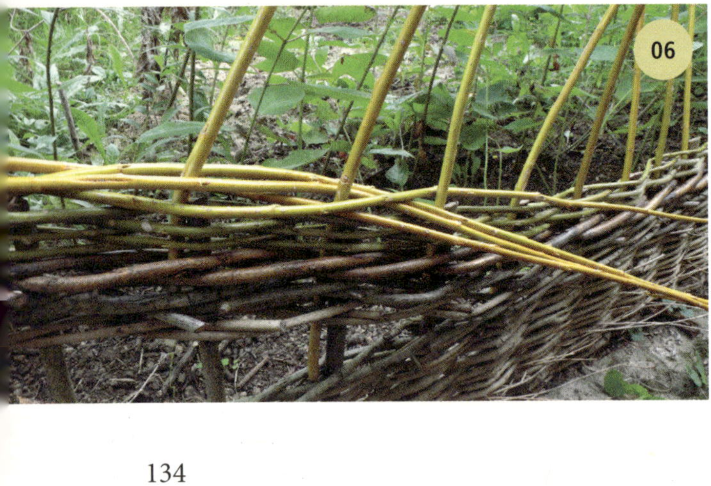

[6] Jetzt die 2. Rute vor 2, hinter 1 legen und dann zwischen Rute Nr. 7 und Nr. 8 nach vorne führen.

[7] Die 5. Rute nach rechts biegen, hinter 2 legen und zwischen Rute Nr. 7 und Nr. 8 nach vorne führen, dadurch entsteht ein zweites Pärchen. Die 3. Rute nun wieder vor 2, hinter 1 legen und zwischen Rute Nr. 8 und Nr. 9 nach vorne führen. (Darauf achten, dass die Ruten eines Pärchens schön parallel liegen.)

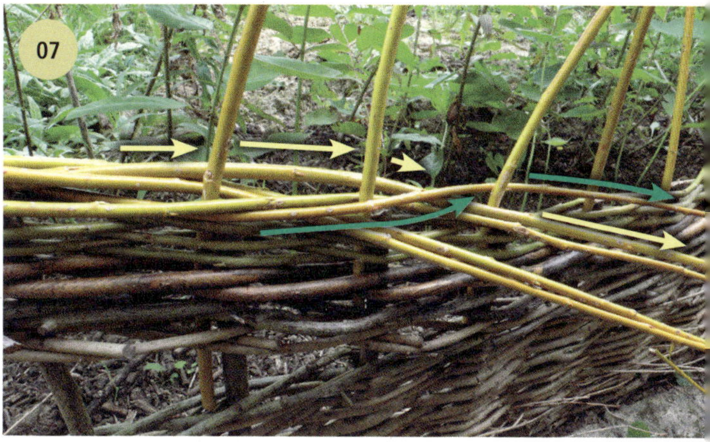

[8] Die 6. Rute nach rechts biegen, hinter 2 legen und zwischen Rute Nr. 8 und Nr. 9 nach vorne führen, hier haben wir nun ein drittes Rutenpärchen.

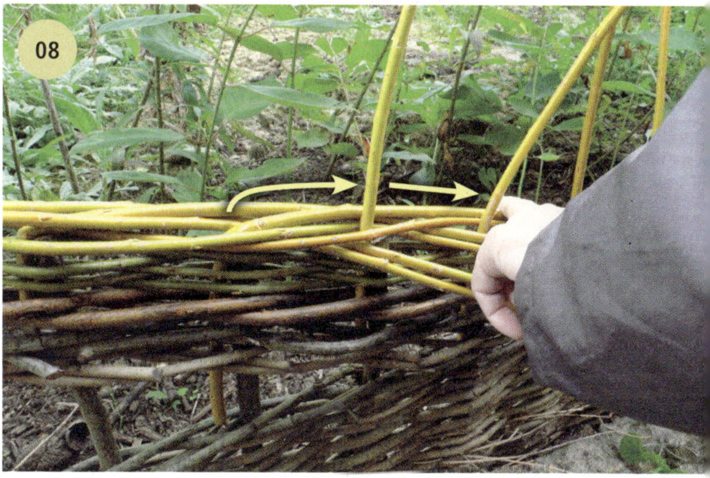

[9] Die 4. Rute vor 2, hinter 1 legen und wieder nach vorne führen. Damit wird das hinterste Pärchen aufgelöst. Mit der 1. Rute wird nicht weitergeflochten, sie wird später abgeschnitten.

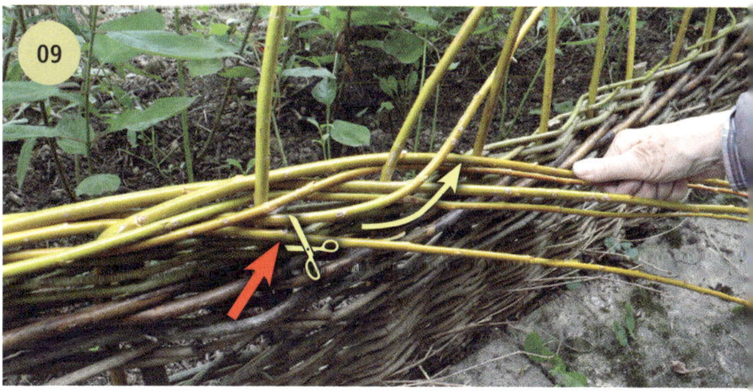

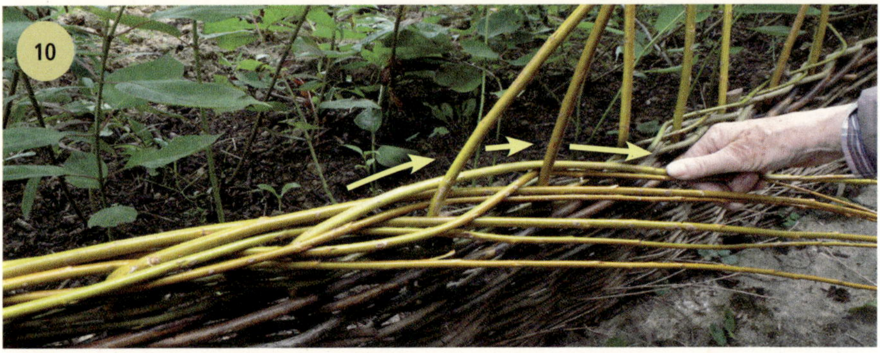

[10] So geht es nun weiter, der erste Schlag der als Nächstes zu verflechtenden Rute, die sich ganz links befindet, geht hinter 2 und schafft vorne ein neues Pärchen.

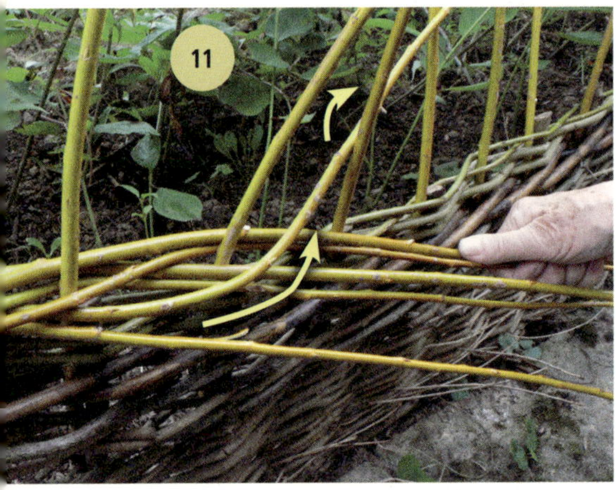

[11] Darauf das am weitesten links liegende Pärchen auflösen: Dazu die Rute, die noch nicht alle Schritte gegangen ist, vor 2 und hinter 1 legen und wieder nach vorne führen. Sie kommt ganz rechts alleine zu liegen und wird im nächsten Schritt wieder zum Pärchen ergänzt.

Wenn alle Ruten verflochten sind und wir wieder beim Anfang ankommen, werden die zu Ruten umgewandelten Staken wie auf Seite 96 beschrieben unter dem schon geflochtenen Rand eingearbeitet.

[12] Die Enden der Ruten, die nach außen abstehen und nicht verflochten sind, werden später abgeschnitten.

Bitte beachten: Diese Abdeckung der Staken wird mit eingesteckten Ruten gearbeitet. Sie kann deshalb nach oben herausgezogen werden.

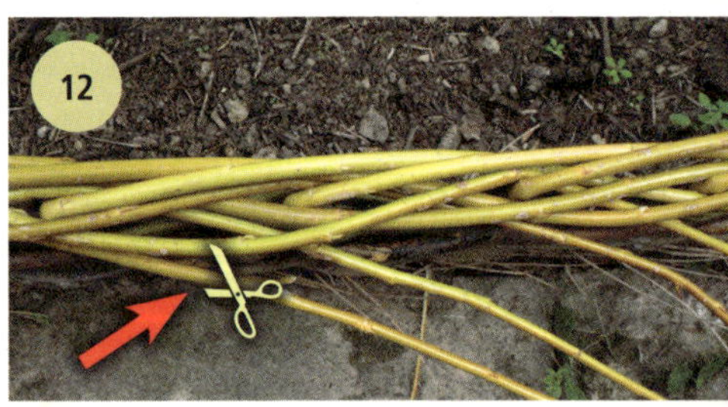

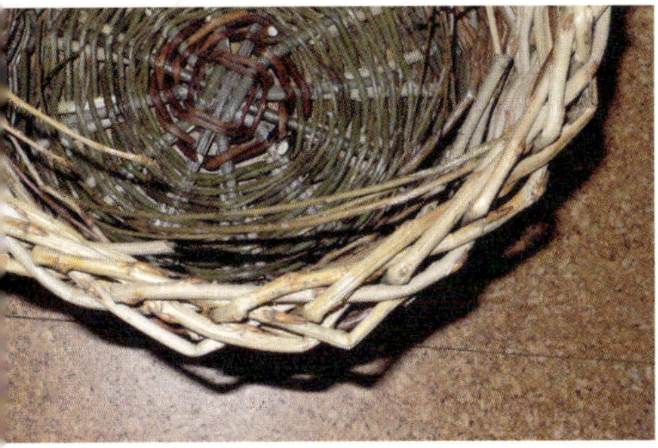

Korb mit einfachem Rand

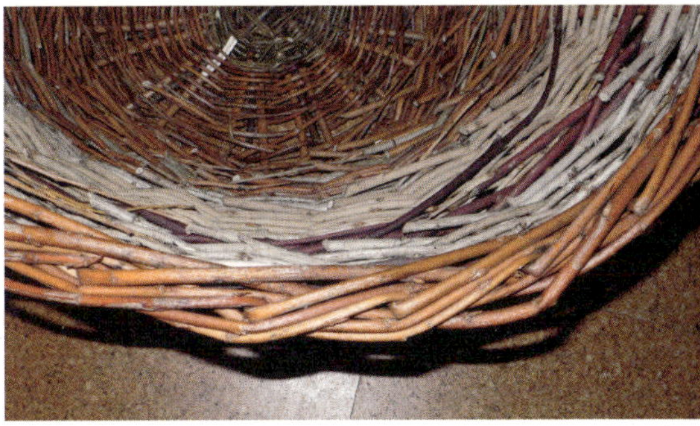

Korb mit Pärchenrand

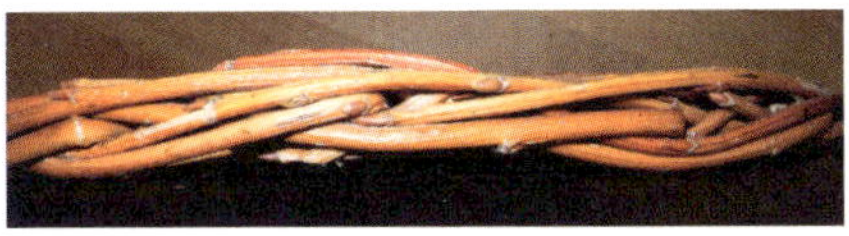

Die Technik eines sicheren Randes mit eingesteckten Ruten kann generell dazu genutzt werden, um ein Werkstück mit offen liegenden Staken abzuschließen. So kann beispielsweise auch aus einem Korbboden ein Untersetzer mit einem schönen runden Rand werden.

Natürlich kann der hier gezeigte Abschluss auch als Pärchenrand eines Korbs gearbeitet werden oder der einfache Abschluss, der beim Korb auf Seite 88 gezeigt wurde, kann für die Beeteinfassung eingesetzt werden.

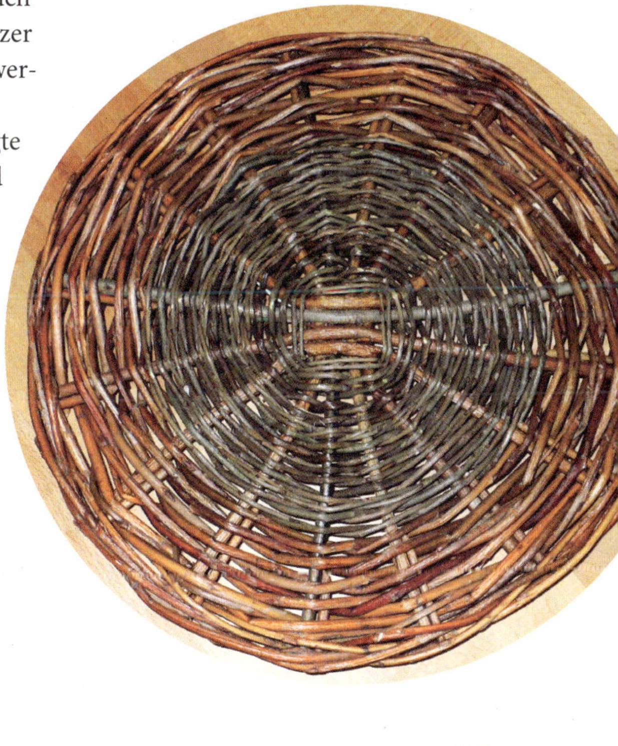

Einfacher Weidenflechtzaun mit lebenden Staken

Bei Rankhilfen und Beeteinfassungen steht der dekorative Aspekt im Vordergrund. Bei Zäunen ist die Funktion ebenso wichtig: Ein Zaun wird dort gebaut, wo er gebraucht wird, nicht dort, wo etwas Schönes im Garten entstehen soll.

Flächen werden mit Zäunen umfasst und damit definiert, der Garten an sich wird durch die Umfassung mit einem Zaun abgegrenzt. Das Wort »Garten« leitet sich aus dem altgermanischen *»gard«* ab, genau wie das englische Wort *»yard«*, beides bedeutet »ein mit einem Zaun umfasster Raum«. Auch das Wort »Paradies« lässt sich auf diese Wortbedeutung zurückführen. Der persische Wortstamm *»pairi«* bedeutet »rundherum«, *»daeza«* Zaun oder Mauer. Dass Garten und Paradies oft zusammen gedacht werden, hat also auch einen etymologischen Hintergrund, und das Verbindende von Garten und Paradies ist genau die Umgrenzung, der Zaun.

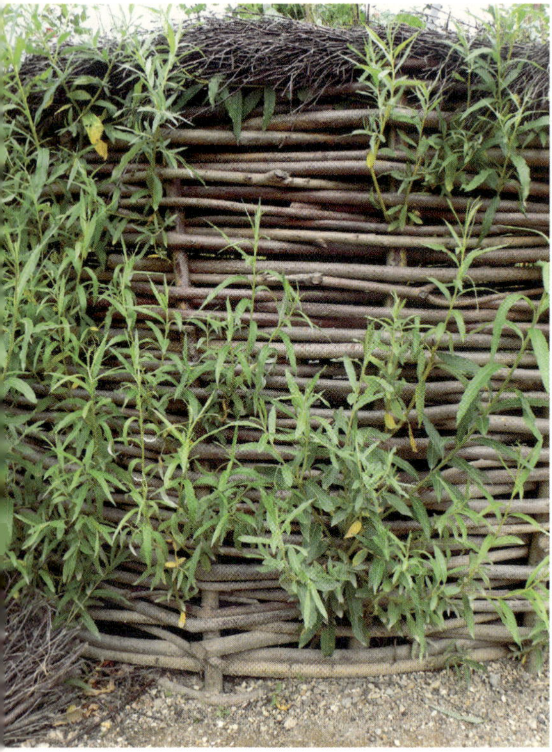

Nachwachsend und regional: Flechtruten für den Gartenzaun

Flechtzäune sind mit Materialien, die vor Ort wachsen, einfach und schnell herzustellen. Es ist eigentlich nicht anders vorstellbar, als dass die Zäune der ersten Gärten der Menschheitsgeschichte in irgendeiner Form Flechtzäune waren. Wer den Hintergrund mittelalterlicher Gemälde betrachtet, kann darauf immer wieder Flechtzäune finden.

Je nachdem, aus welchen Materialien die Zäune hergestellt werden, sind sie mehr oder weniger haltbar (siehe dazu auch Seite 107). Da die Ruten bei einem Zaun leichter ausgetauscht werden können, die Staken aber nicht, empfiehlt es sich, die Pfosten und Staken aus haltbarerem Holz herzustellen.

In dem Kupferstich »Maria von zwei Engeln gekrönt« von Albrecht Dürer sind die Staken des Flechtzauns im Hintergrund dick wie Pfosten aus Spaltholz (vermutlich Eiche), oben befinden sich verflochtene dünnere Zweige.

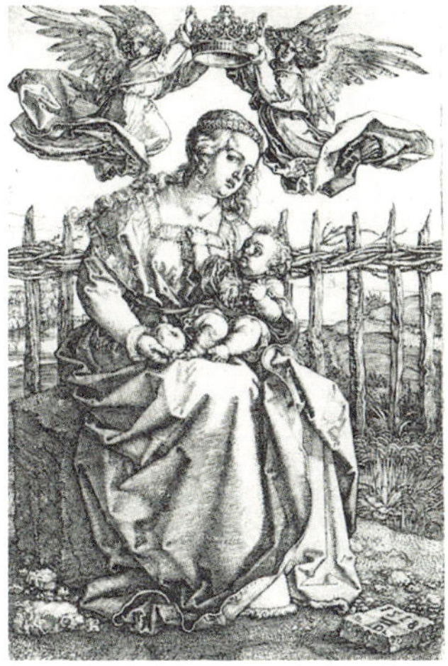

Maria von zwei Engeln gekrönt (von Albrecht Dürer)

Solche Zäune sind leicht zu arbeiten und auch wieder zu renovieren, da nur ganz oben eine Reihe Flechtwerk ersetzt werden muss.

Es gibt aber auch sehr dicht und massiv geflochtene Zäune, die fast schon wie eine Wand wirken. Hier lohnt sich dann eine Abdeckung der oberen Ruten, um sie vor Sonnenlicht zu schützen und die Haltbarkeit zu erhöhen (mehr dazu auf Seite 109).

Wenn wir die Pfosten und gegebenenfalls auch die Staken bewurzeln lassen, sind sie sehr lange haltbar. Nur müssen wir sie dann regelmäßig pflegen und durch Schnittmaßnahmen daran hindern, zu einem Baum auszuwachsen.

Im Folgenden zeigen wir einen einfachen Weidenflechtzaun mit lebenden Staken. Bei solchen Zäunen müssen die waagerechten Ruten regelmäßig ausgetauscht werden, weil die Staken weiterwachsen und mit der Zeit immer dicker werden. Deshalb ist relativ vergängliches Material hier kein Nachteil, Weiden sind dafür gut geeignet.

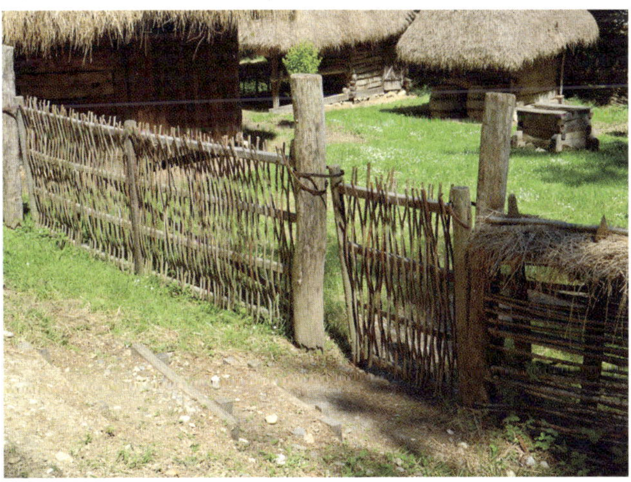

Rahmen und Staken sind bei diesem vertikal geflochtenen Zaun aus Eiche. So sind Zaun und Törchen lange haltbar. Lassen wir zu, dass sich Pfosten und Staken bewurzeln, sind auch Weidenzäune langlebig. Sie müssen aber regelmäßig gepflegt werden.

Für diesen Zaun wählen wir stärkere Weidenäste von etwa 2 cm Durchmesser aus und graben sie etwa 30 cm tief in den Boden. Je tiefer die Weidenäste eingegraben werden, desto besser wachsen sie an. Auch das Anspitzen der Äste fördert die Wurzelbildung.

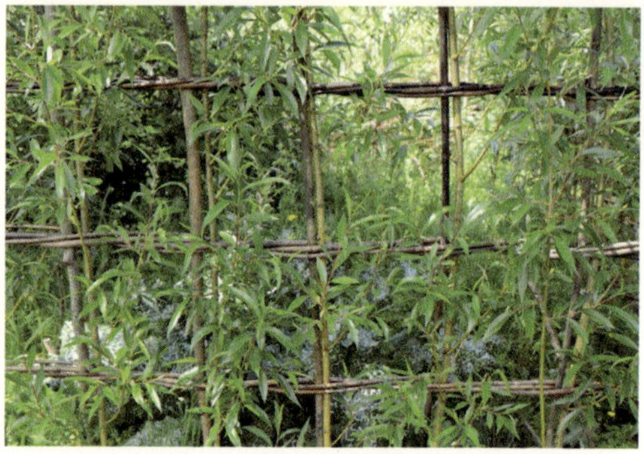

Aus dem frisch gesetzten Flechtwerk wird später ein Zaun mit lebendigen Weidenstaken. Hartriegelstaken stabilisieren den Zaun.

Wenn man ganz sichergehen will, dass die Äste auch einwurzeln, sollte im Februar / März ein etwa 30 cm tiefer Graben ausgehoben werden. Am Grund dieses Grabens werden Löcher in den Boden gebohrt, zum Beispiel mit einer dickeren Stahlstange. In diese Löcher werden die Äste gesteckt, ungefähr 25 – 30 cm tief, und die Erde wird wieder eingefüllt und sanft festgetreten. So ergibt sich gleich ein Graben zum Gießen. In der ersten Hälfte der Vegetationsperiode muss dann häufig gegossen werden, bei trockenem Wetter täglich.

Sobald die Weidenäste im April austreiben, erscheinen dort, wo wir einen Seitenast abgeschnitten haben, meist zwei Triebe. Diese Triebe werden so vereinzelt, dass sich alle 15 – 20 cm nur ein neuer Seitenast am Weidenstecken bildet. Damit wird die Fläche der zu versorgenden Blätter an die noch sehr geringe Wurzelmasse angepasst.

Die Staken werden erst einmal mit nur einer gefitzten Reihe verbunden. Nach der ersten Reihe können wir die Staken mit weiteren, nicht eingegrabenen Staken verdoppeln (siehe Seite 49). Sie werden durch die Fitze hindurch neben den vorhandenen Staken eingesteckt. Für diese nicht im Boden eingegrabenen Staken bietet sich haltbareres Material wie Hartriegel an. Sie machen den anfangs unbegrünten Zaun stabiler. Wenn wir die zweite Stake mit der Spitze nach unten einschieben, sind die Doppelstaken auf der ganzen Länge gleich dick.

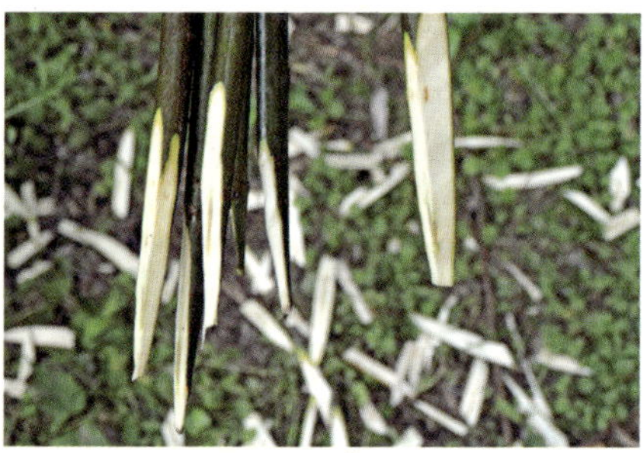

Werden die Äste vor dem Eingraben an zwei Seiten angespitzt (auf etwa der Hälfte des Umfangs), bilden sich schneller Wurzeln.

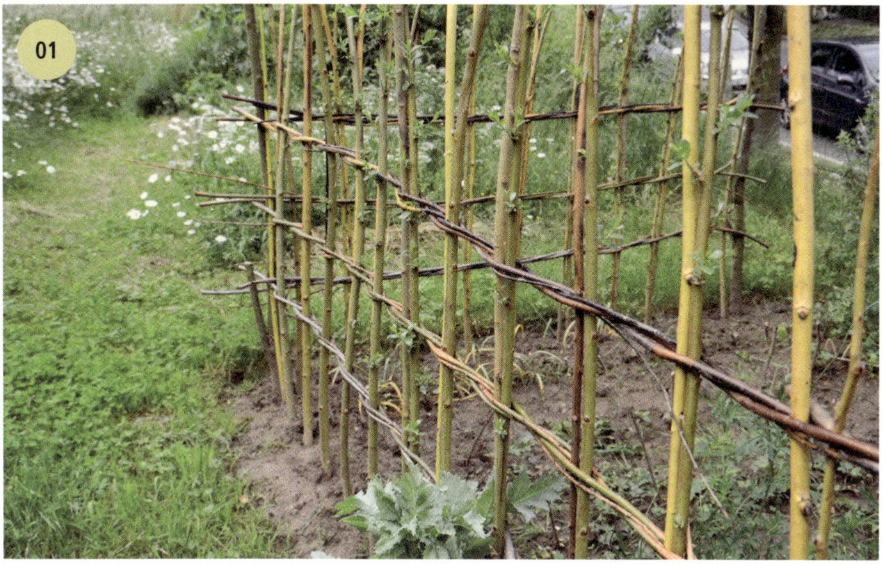

So wird's gemacht:

[1] Für die Ecken haben wir zur Verstärkung der eingegrabenen Weidenstaken dickere und stabilere Pfosten ausgewählt. Sie werden sich nicht begrünen, aber trotzdem in die Erde geschlagen. Bei unserem Übungsbeispiel stammen die Pfosten von der Traubenkirsche. Wie auf diesem Foto schon zu sehen, werden später nur die eingegrabenen Staken austreiben.

Als Ruten wählen wir Weidenäste mit einem Durchmesser von ungefähr 1 cm aus.
Für die Schritt-für-Schritt-Abfolge wurde hier bereits ein wenig vorgearbeitet. Am Zaun sind bereits mehrere Reihen geflochten. Im Folgenden beginnen wir mit der nächsten Reihe in Fitztechnik.

[2] Die neue Reihe beginnen wir an einem der Pfosten: Die 1. Rute mit dem dicken Ende voran vor dem Pfosten und hinter der 1. Stake einlegen. Sie hält allein durch die Spannung. Wir können sie aber später auch mit einem Nägelchen an dem Pfosten befestigen.

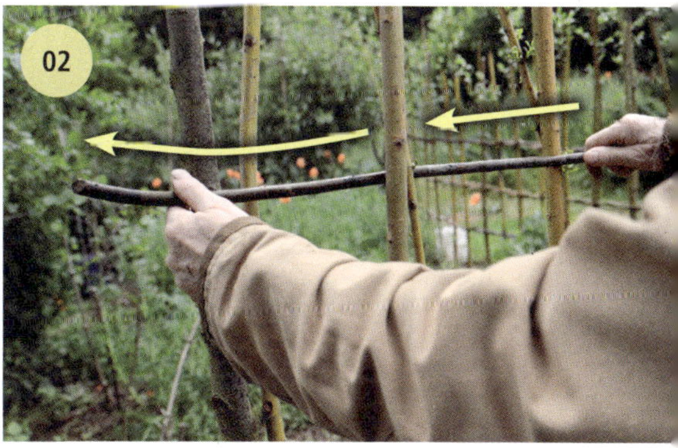

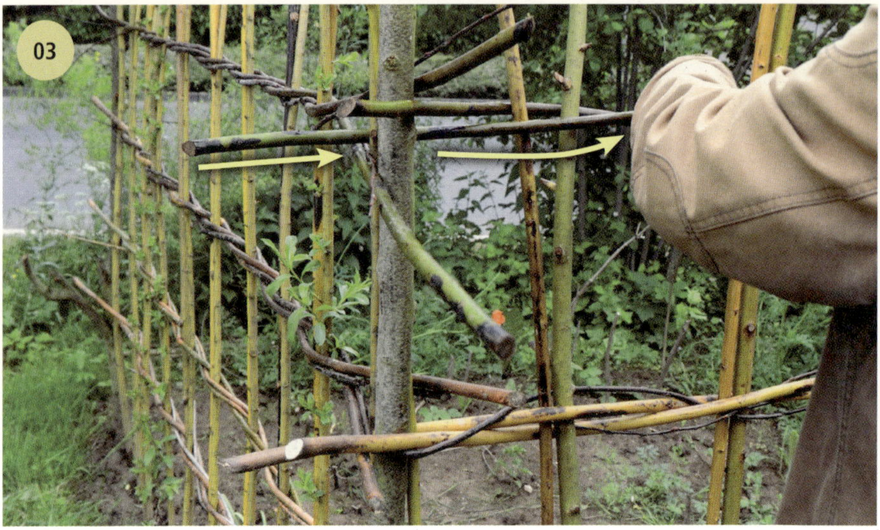

[3] Die 2. Rute mit dem dicken Ende voran hinter dem Pfosten und vor der 1. Stake einlegen.

[4] Wie auf Seite 50 beschrieben, nun mit den beiden Ruten fitzen, vor 1 Stake, hinter 1 Stake im Wechsel. Die Ruten beim Einlegen zuerst vorsichtig nach oben biegen, damit sie nicht brechen.

[5] Zwischendurch die Staken ausrichten, damit sie einen gleichmäßigen Abstand behalten.

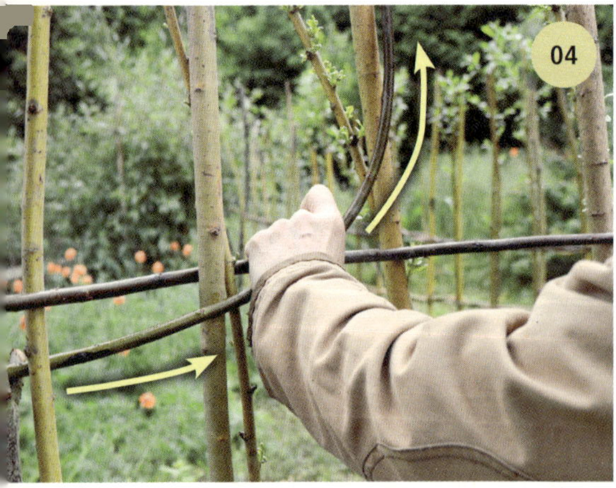

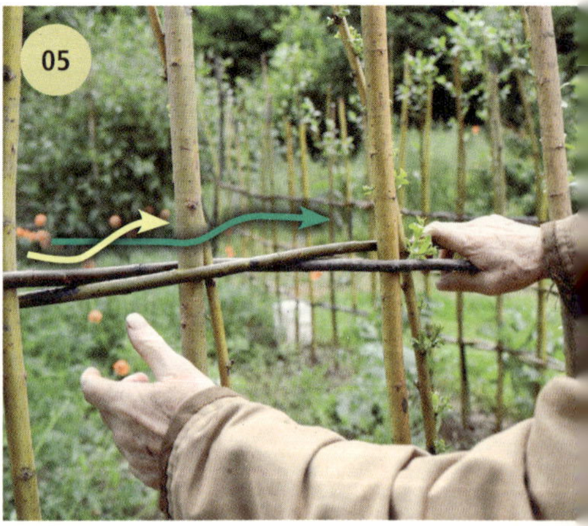

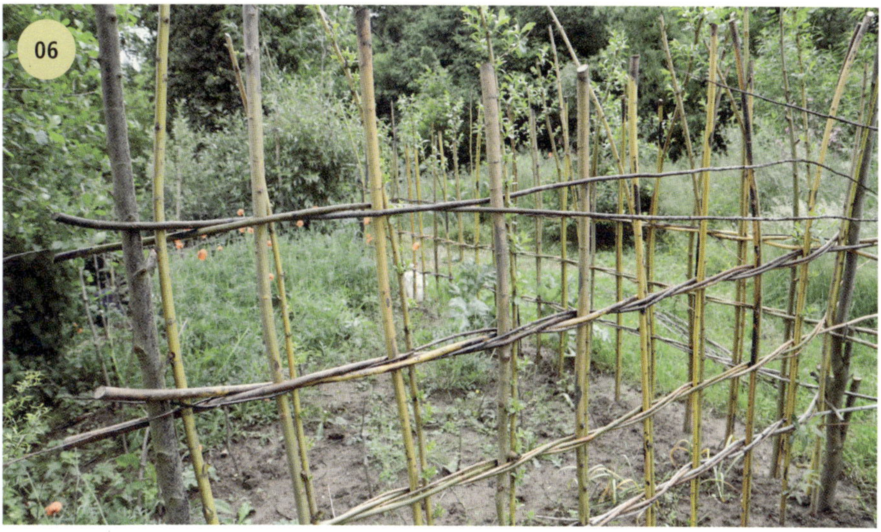

[6] Auf diese Weise zwei Schläge fitzen, mit den beiden Ruten vor 1, hinter 1 im Wechsel.

[7] Nach dem Fitzen bis zur 3. Stake nun 1 weitere Rute mit dem dünnen Ende voran in den Zwischenraum zwischen der 2. Stake und den beiden vorhandenen Ruten einlegen.

[8] Danach 1 weitere neue Rute mit dem dünnen Ende voran in den Zwischenraum zwischen der 3. Stake und den beiden vorhandenen Ruten einlegen.

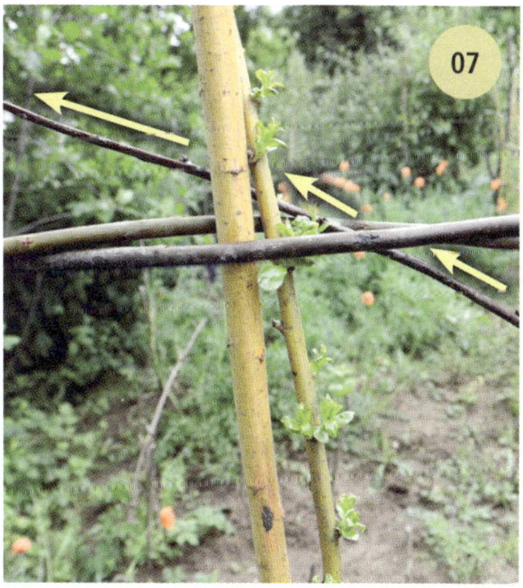

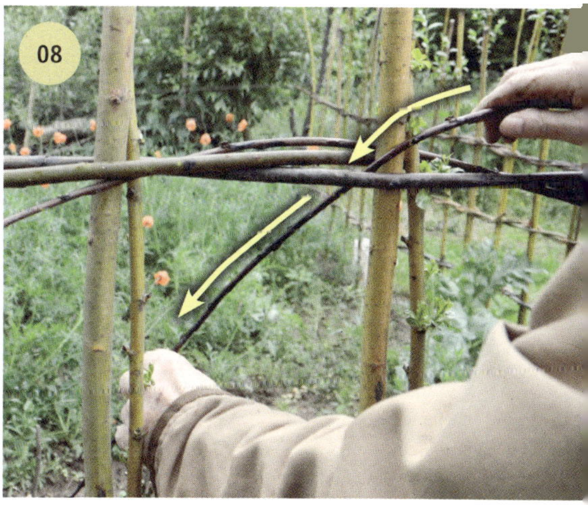

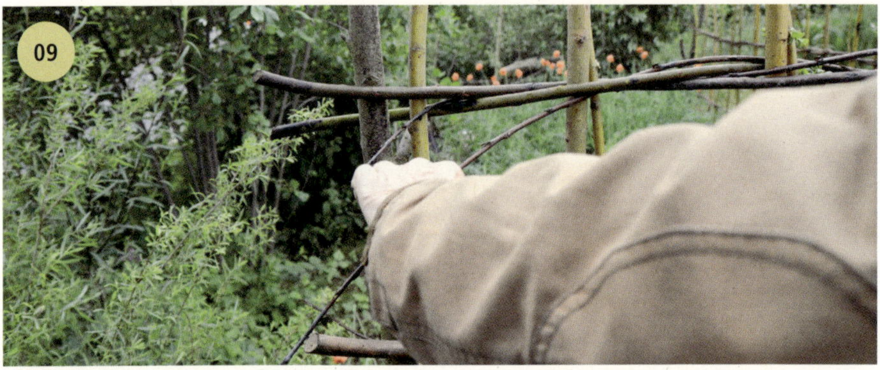

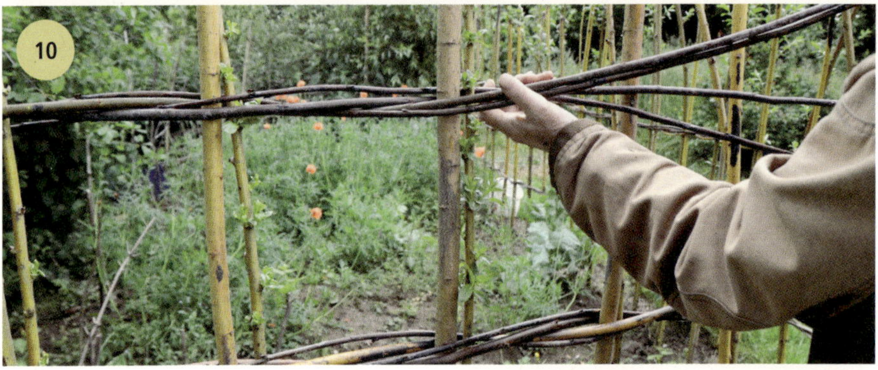

[9] Die dünnen Rutenenden zunächst in die Zwischenräume bis zum Eckpfosten einfädeln und so »vernähen«.

[10] Jetzt mit den zwei Rutenpaaren in der üblichen Richtung weiterarbeiten.

[11] Besonders einfach ist es, wenn wir mit den beiden Rutenpaaren bis zum nächsten Eckpfosten flechten können.

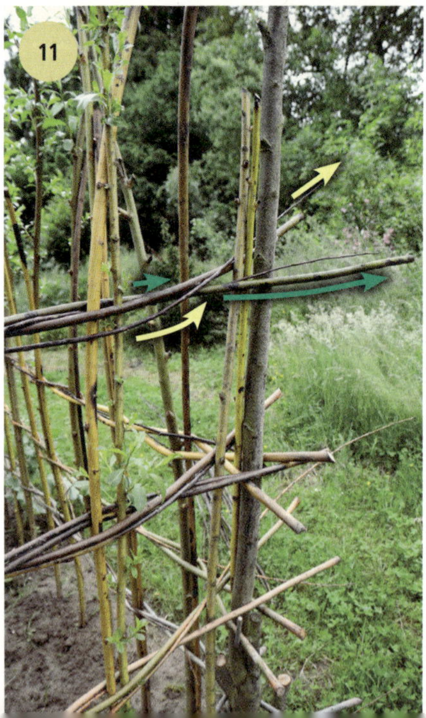

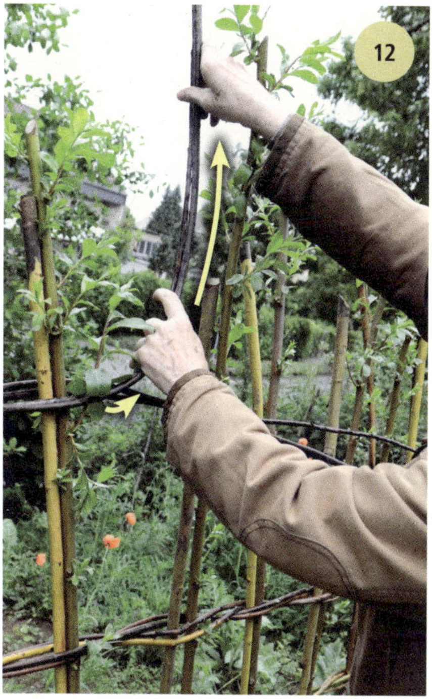

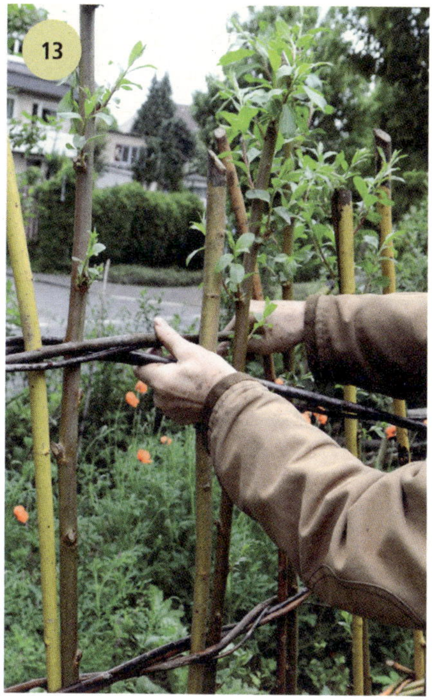

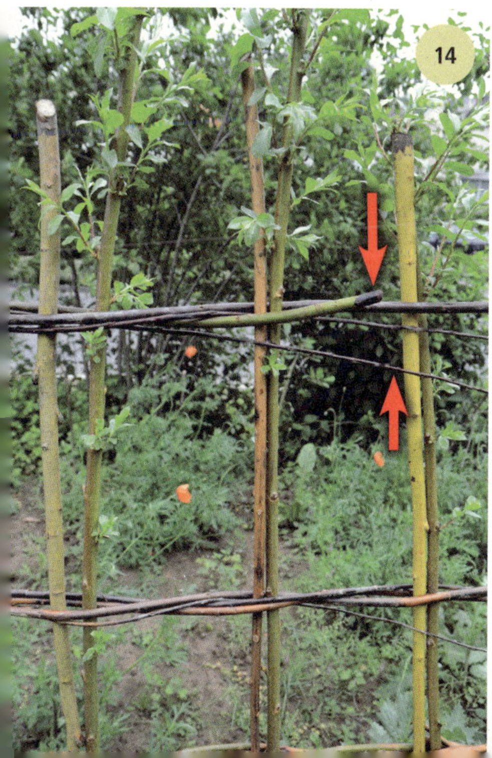

[12] Beim Fitzen die Rutenpaare nicht einfach einfädeln, sondern beim Einlegen zuerst vorsichtig an der Stake entlang nach oben biegen, damit sie nicht brechen.

[13] Zwischendurch immer wieder die Staken ausrichten, damit sie einen gleichmäßigen Abstand behalten.

[14] Die Rutenpaare enden meist, bevor wir den nächsten Eckpfosten erreicht haben. Es müssen dann neue Ruten angesetzt werden. Die Besonderheit beim Fitzen mit den doppelten Rutenpaaren ist, dass immer ein dünnes und ein dickes Ende zusammen vorliegen.

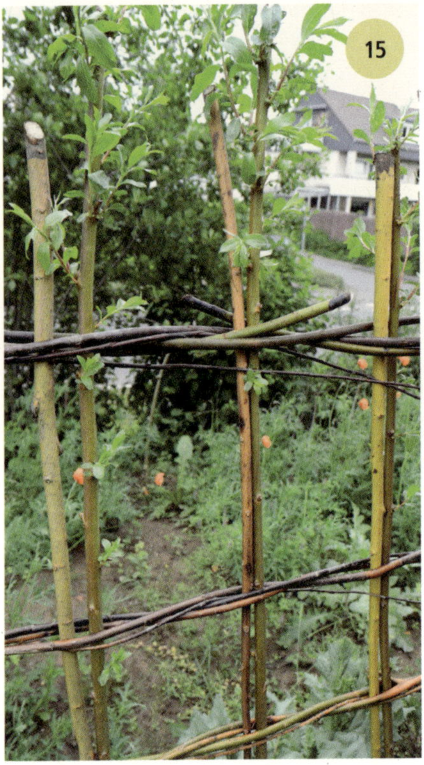

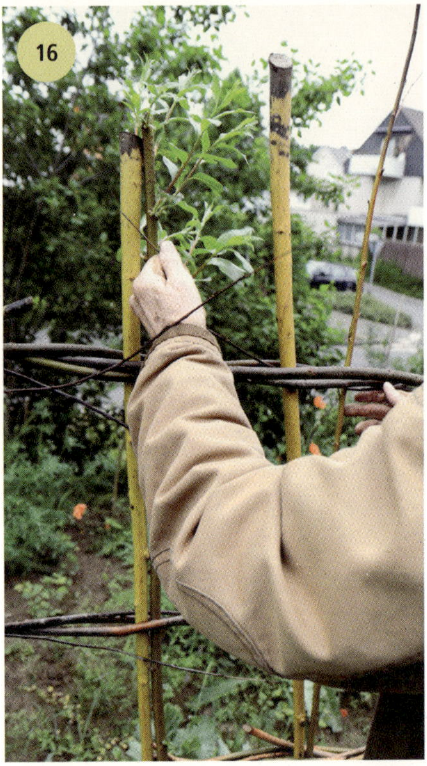

[15] Um neue Ruten anzusetzen, zuerst das dicke Ende einer neuen Rute hinter der Stake einlegen.

[16] Die dünnen Enden in die Zwischenräume einfädeln, wie in Abbildung 9 beschrieben.

[17] Nach dem Ansatz mit dem ergänzten Doppel weiterfitzen, vor 1, hinter 1 im Wechsel.

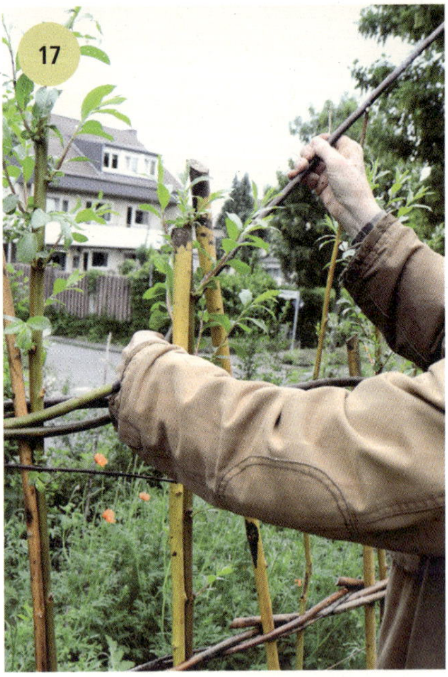

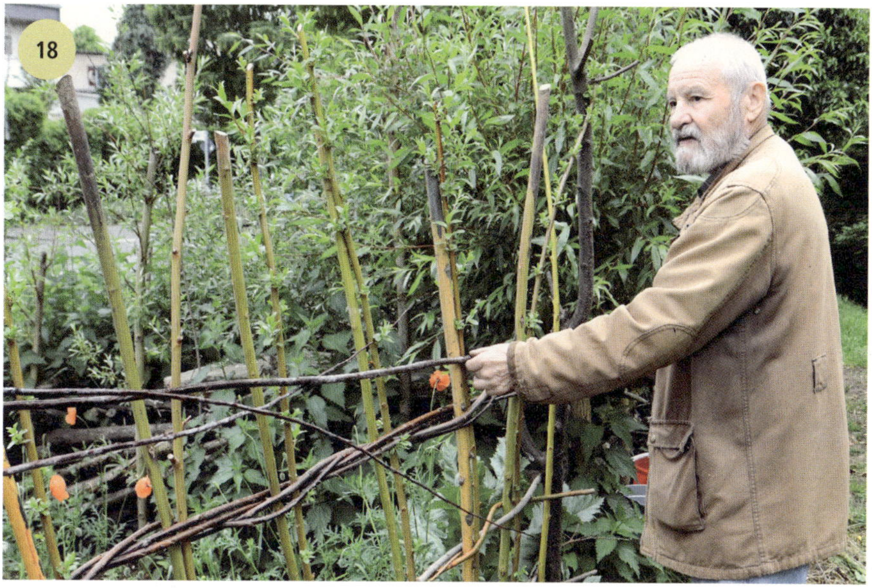

[18] Wenn bald ein Pfosten kommt, sollten die neu angesetzten Ruten so ausgewählt werden, dass sie beim Pfosten enden. So können sich jeweils zwei dicke Ruten mit ihrer Spannung, die am dicken Ende am größten ist, am Pfosten halten.

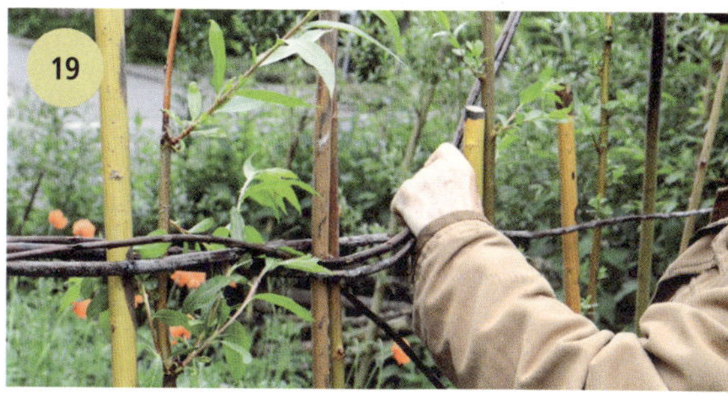

[19] Wir fitzen mit den beiden Rutenpaaren gemeinsam weiter, vor 1, hinter 1 im Wechsel.

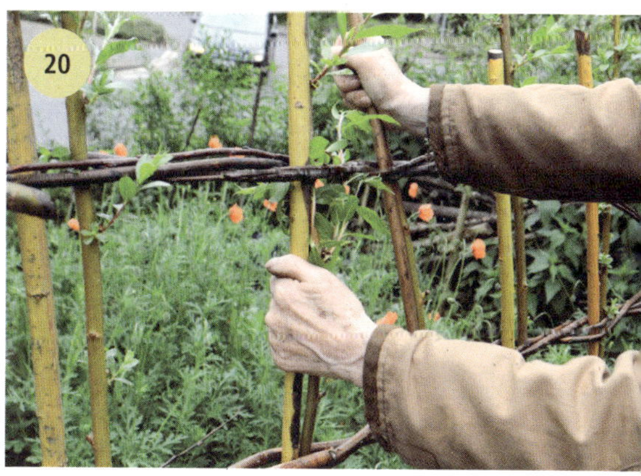

[20] Die Staken zwischendurch wieder ausrichten, damit sie einen gleichmäßigen Abstand behalten.

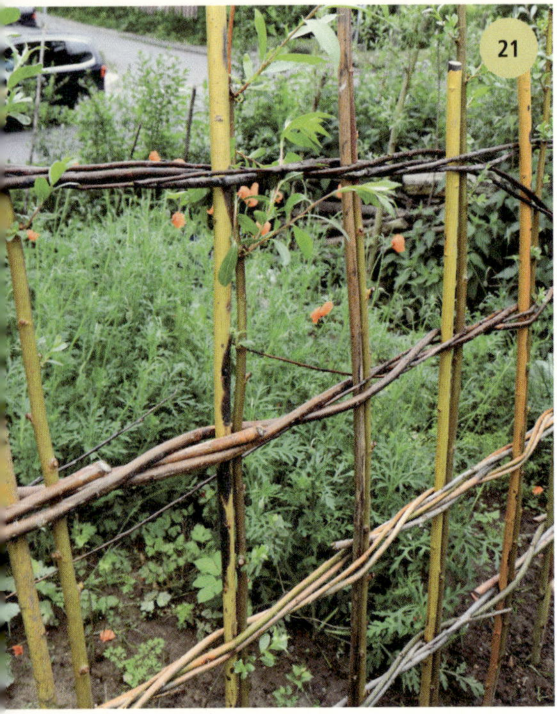

[21] Hier sind die neu angesetzten Ruten im Flechtzaun zu sehen.

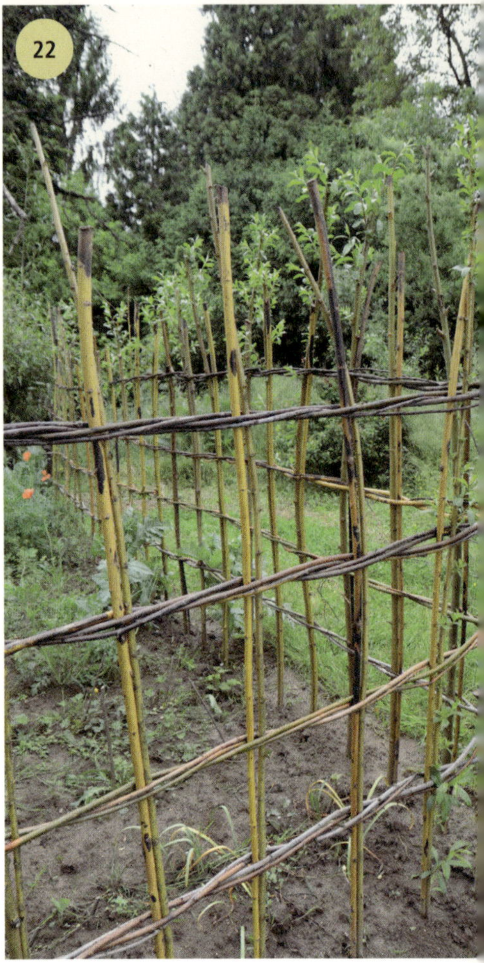

[22] Wir haben den Pfosten mit den Rutenenden erreicht, die neue Reihe des Zauns ist fertig. Die Staken können gekürzt werden, wenn der Zaun die gewünschte Höhe erreicht hat.

Komposter für den Naturgarten

In der auf Seite 141 vorgestellten Art und Weise können auch Kompostbehälter gebaut werden. Sie sehen viel freundlicher aus als die üblichen Holzkisten und integrieren sich gut in einen naturnahen Garten. Wenn sich die Staken begrünen dürfen, wird der Komposter lange halten. Wenn die Staken aus vergänglichem Material sind, kompostiert die »Verpackung« gemeinsam mit dem Inhalt.

Solche Komposter können auch an Grundstücksgrenzen als Sicht- oder Lärmschutzwände gebaut werden. Insbesondere mit lebenden Staken ist das eine attraktive und preiswerte Möglichkeit, Autolärm in den Hintergrund zu drängen. Diese Konstruktion erinnert an die Faschinen, die an der Nordseeküste gebaut werden, um im Wattenmeer die Küste zu schützen oder Land zu gewinnen. In einem so großen Komposter können viele Tiere wie Igel, Spitzmäuse oder Zaunkönige einen Rückzugsraum finden. Noch attraktiver wird diese »Totholzmauer«, wenn wir sie mit einheimischen Klettergehölzen und Kletterstauden beranken lassen: Feldrose *(Rosa arvensis)*, Jelängerjelieber *(Lonicera periclymenum)*, Hopfen *(Humulus lupulus)*, Waldwicke *(Vicia sylvatica)* oder Waldplatterbse *(Lathyrus sylvatica)* verschönern dann das Bauwerk mit ihren Blüten.

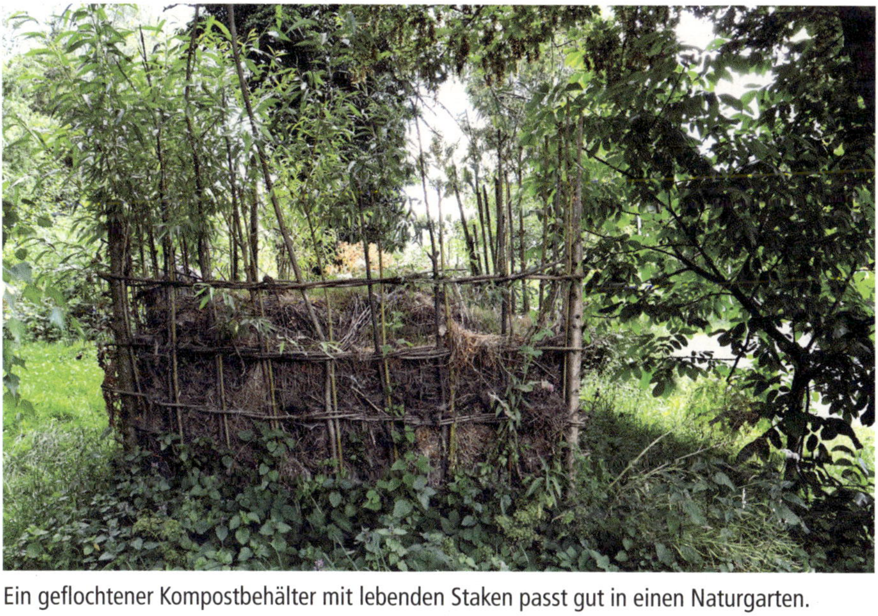

Ein geflochtener Kompostbehälter mit lebenden Staken passt gut in einen Naturgarten.

Weiden als Bindematerial

Die relativ dünnen und kurzen Ästchen, die bei Flechtarbeiten übrig bleiben, müssen nicht unbedingt auf dem Kompost landen. Sie können gut dafür benutzt werden, um Stauden, Tomatenpflanzen oder Wein an einer Rankhilfe anzubinden. Wie sich Weidenrinden nutzen lassen, hat der Landwirt Anton Schulz den Autoren verraten.

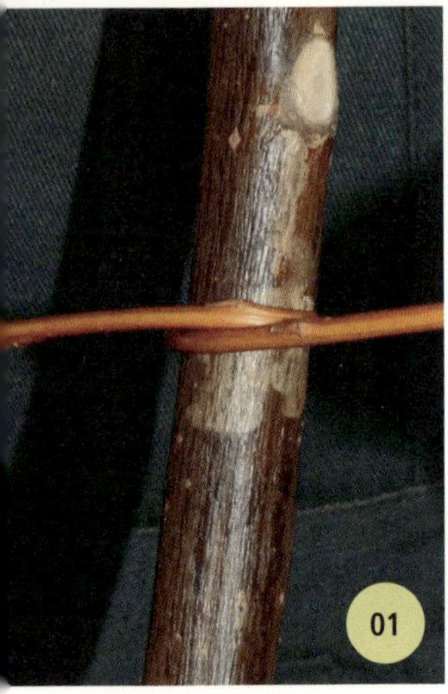

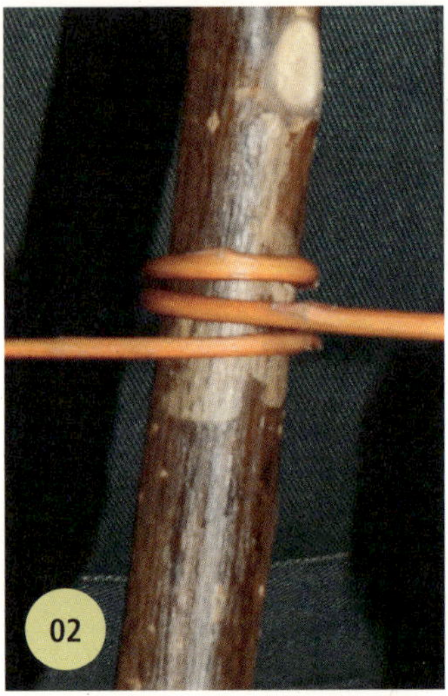

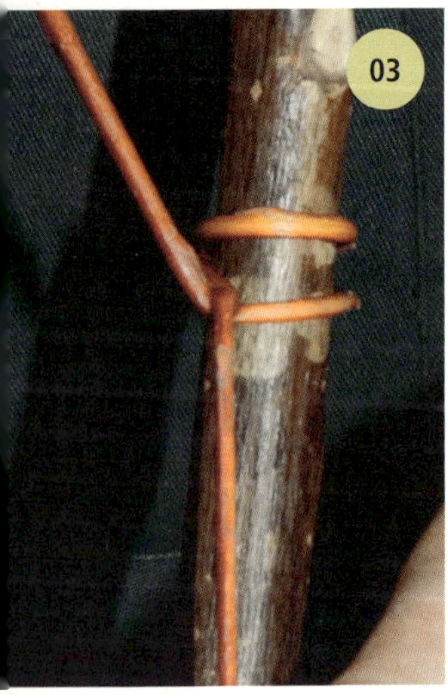

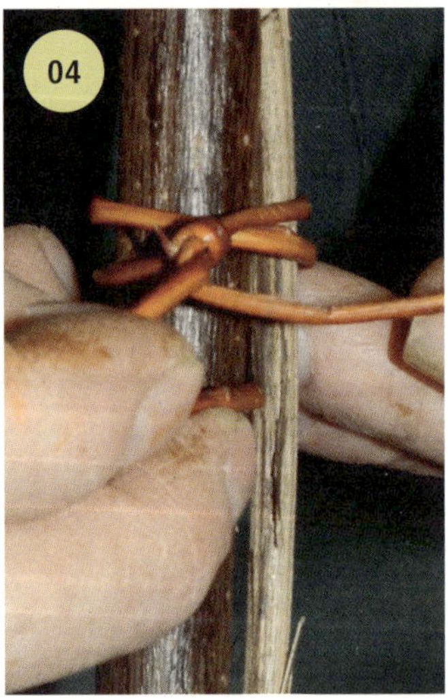

So wird's gemacht:

[1] Mit der dünnen Weidenrute eine Rankhilfe und den Ast, den wir anbinden möchten, einmal umwickeln.

[2] Die Rankhilfe und den Ast mit der dünnen Weidenrute ein zweites Mal umwickeln.

[3] Die beiden Enden einmal um sich selbst drehen. Und dann die Enden ein zweites Mal um sich selbst drehen.

[4] Noch ein drittes Mal um sich selbst drehen.

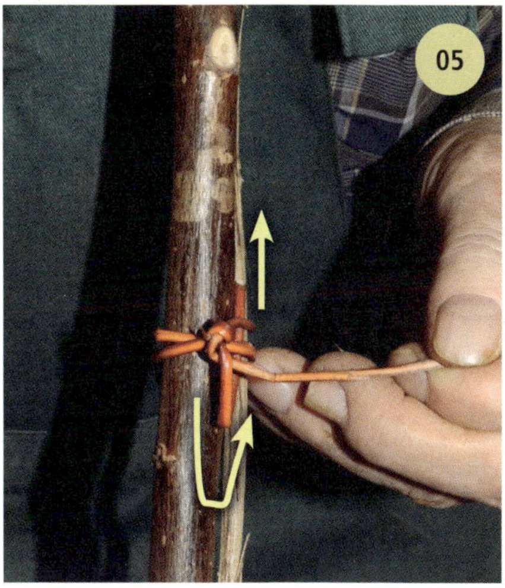

[5] Das dicke Ende von unten nach oben durch den Zwischenraum zwischen Rankhilfe und anzubindendem Ast stecken.

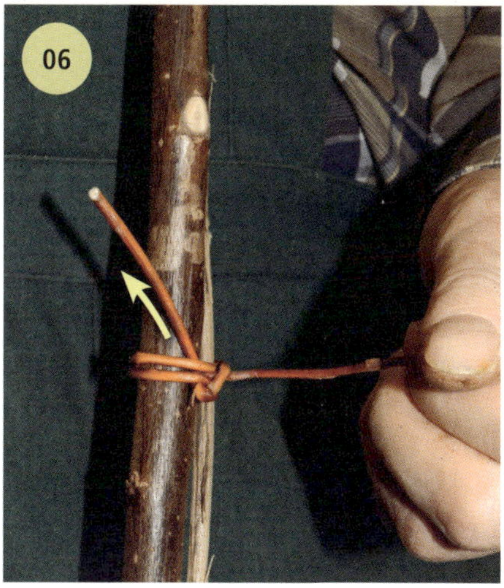

[6] Das Ende so weit wie möglich durchstecken und festziehen.

Weidenrinde kann auch sehr gut zum Binden genutzt werden. Im zeitigen Frühjahr, wenn wir Äste ernten, löst sich die Rinde leicht ab. Eigentlich ist das Frühjahr nicht die beste Zeit, um Bäume zu schneiden oder um Flechtmaterial zu gewinnen. Hier schneiden wir also gezielt Weidenäste, um Rinde zum Binden zu ernten. Oder wir stellen Äste, die wir im Spätwinter ernten, in ein Gefäß mit Wasser, sie werden dann im Frühjahr austreiben. Wenn die Knospen schwellen, können wir die Rinde gut lösen.

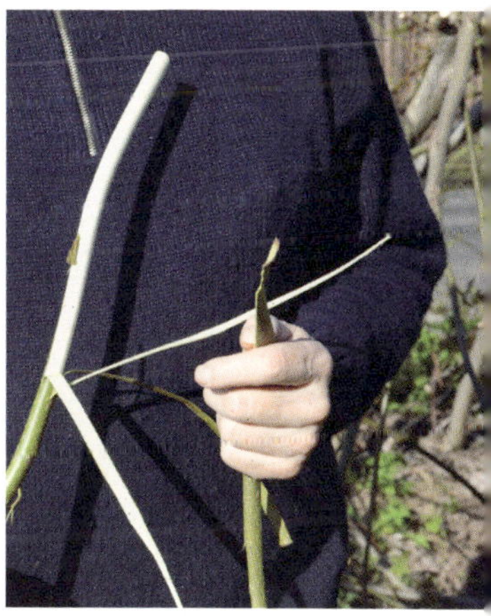

Wir können die Rindenstreifen frisch verwenden oder auch trocknen und später vor der Verwendung einweichen, indem wir sie einige Minuten in einen Eimer mit Wasser legen.

Natürlich halten solche Bindungen nicht ewig, nach einiger Zeit fallen sie ab. Das hat aber auch Vorteile. So brauchen wir uns nicht um die Entsorgung zu kümmern. Zudem beschädigen sie die Rankpflanzen auch nicht. Weil sie nicht so haltbar sind, wird das Bindematerial nicht »einwachsen«, wie das beispielsweise bei Drähten der Fall ist.

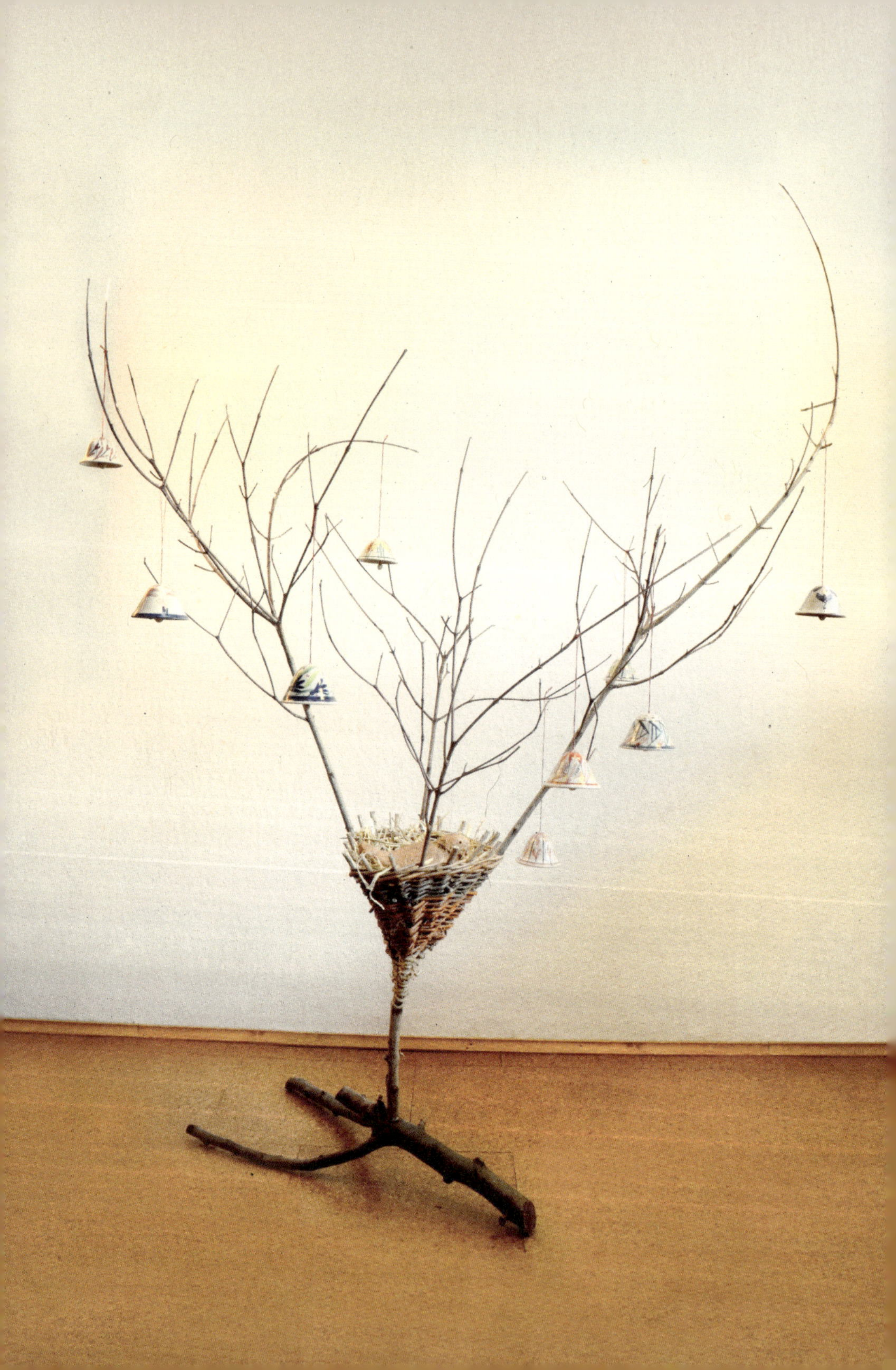

Dekorative Flechtobjekte: ein Osternest

Die in diesem Buch dargestellten Flechttechniken eröffnen eine Vielzahl von Möglichkeiten, schöne und nützliche Objekte herzustellen. Als ein Beispiel für ein Werkstück, das der Dekoration dient, zeigen wir nun, wie ein Osterstrauß mit Osternest aus einer Astgabel gearbeitet werden kann. Dabei können wir wieder die Arbeitstechniken, die wir bereits gelernt haben – Fitzen, Zäunen und Kimmen –, anwenden. Hartriegel, Clematis und Weiden liefern uns dafür das passende Material.

Als Grundlage suchen wir einen schön gerade gewachsenen Hartriegelast. Hartriegel hat sehr hartes Holz und wird lange halten. Außerdem stehen Blätter und Triebe »kreuzgegenständig«, es stehen sich also immer zwei Blätter oder Triebe genau gegenüber und die Paare stehen dann jeweils um 90 Grad versetzt. Dadurch bilden zwei übereinanderliegende Astpaare schon eine Hohlform, aus der wir das Nest arbeiten können. Das untere Ende der Korbwand arbeiten wir mit einer Rute aus Clematis. Deren raue Rinde erinnert besonders gut an die raue Textur eines Vogelnestes. Die Wand des Osternestes bilden Weidenruten.

Wir benötigen dazu:

- 1 Hartriegelast, etwa 1,30 m lang, mit mindestens zwei übereinanderliegenden Astpaaren,
- etwa 16 Hartriegeläste, etwa 30 cm lang, Durchmesser 5 mm,
- 1 – 2 Clematisruten von etwa 50 cm Länge,
- etwa 20 Weidenruten,
- einen stabilen Ast, etwa 1 m lang, Durchmesser etwa 1 cm, den wir eventuell brauchen, um Äste auseinanderzudrücken,
- Bindematerial wie Schnur oder Draht.

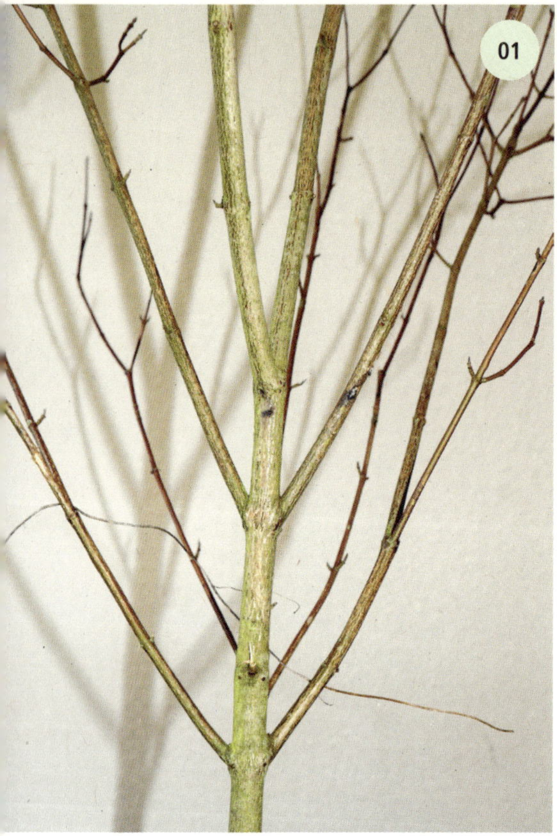

So wird's gemacht:

[1] Wenn wir einen Ast mit zwei schönen, übereinanderliegenden Seitenästen gefunden haben, schneiden wir den Ast oberhalb des oberen der beiden ausgewählten Astpaare ab. Unterhalb des unteren Astpaares den Ast auf 20 – 30 cm einkürzen und alle Seitenäste in diesem Bereich entfernen.

[2] Die Clematisrute an dem unteren der beiden ausgewählten Seitenastpaare anlegen.

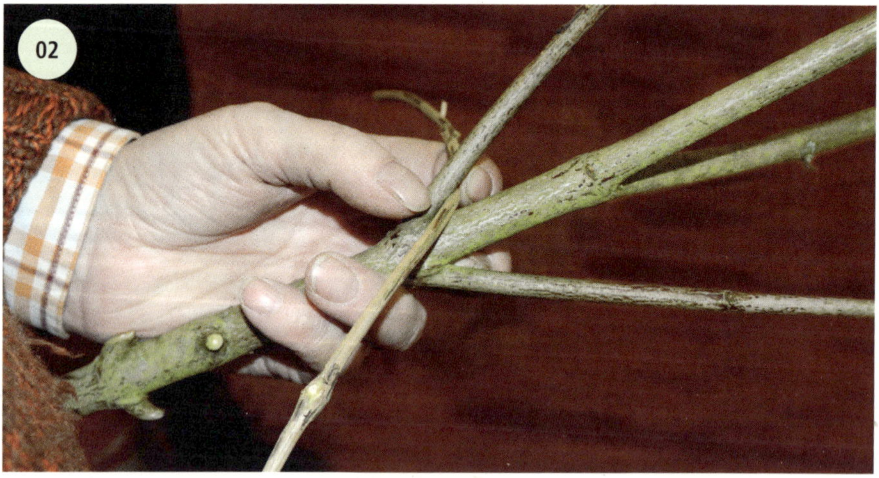

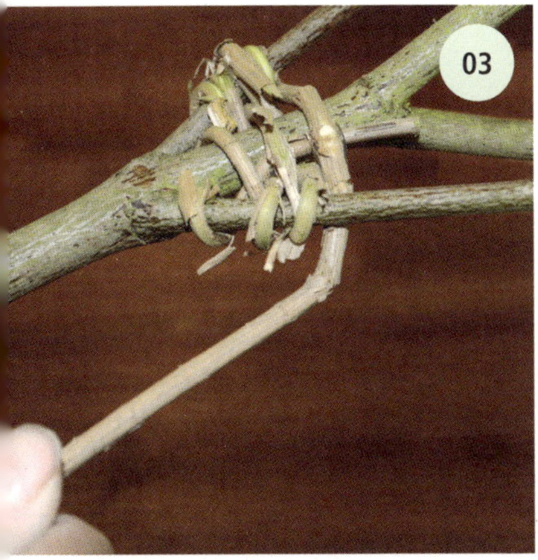

[3] Bis zum nächsten Astpaar darüber mit dieser Rute zäunen. Der Schlag geht vor 1, hinter 1, als Staken dienen Hauptast und Seitenäste. Das heißt, wir arbeiten anfangs mit 3 Staken, um die herum gezäunt wird. Das lose Ende der Clematisrute kann nach oben am Hauptast entlang festgesteckt werden.
Es ist auch möglich, bereits am Anfang mit 2 Clematisruten zu fitzen (mit 2 Ruten gleichzeitig arbeiten, vor 1, hinter 1, im Wechsel). Dann wird das Flechtwerk stabiler. Anfängern empfehlen wir aber zunächst, die ersten Runden zu zäunen.

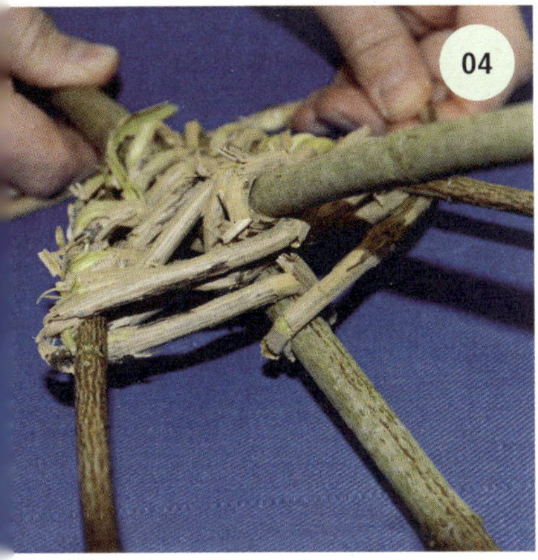

[4] Wenn das Flechtwerk ungleichmäßig hoch wird, führen wir die Clematisrute öfter einmal um den Seitenast herum, damit die Höhe des Flechtwerks auf der gesamte Fläche gleich bleibt (wie auf Seite 49 beschrieben).

[5] Damit das Nest nicht zu klein wird, spreizen wir die Äste auseinander und fixieren sie in dieser Stellung. Dazu nehmen wir einen stabilen Ast und binden ein Astpaar des Hartriegelastes so daran fest, dass der Abstand der beiden Äste etwa 1 m beträgt.

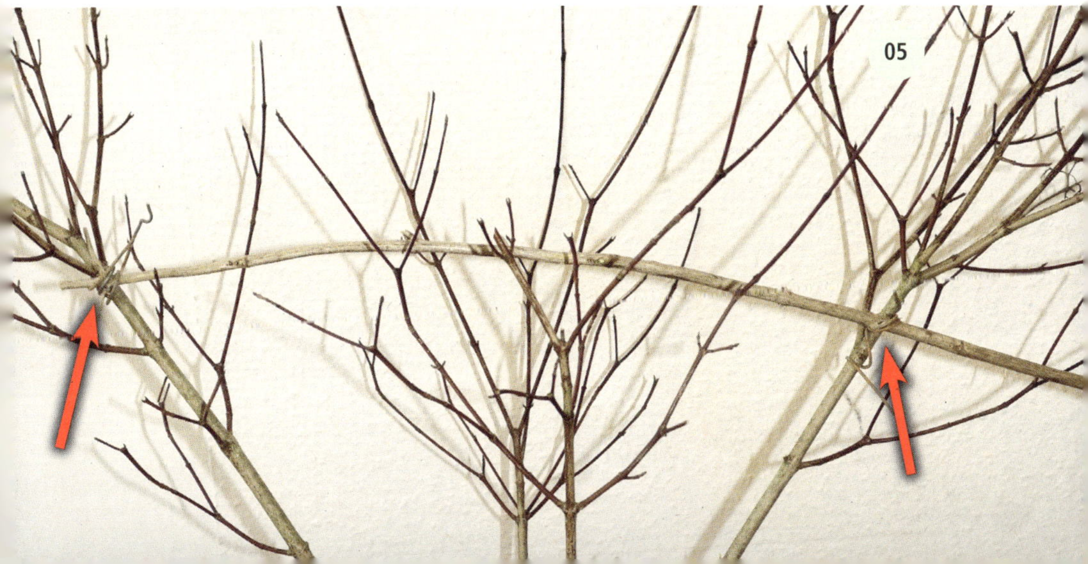

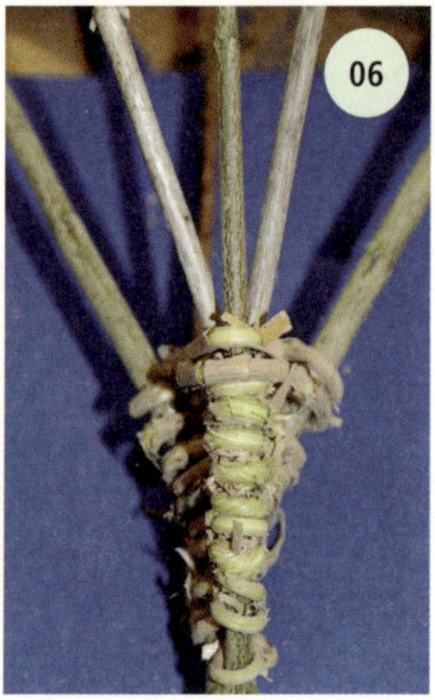

[6] Sobald die Zwischenräume größer werden, staken wir nach und nach auf und fitzen weiter. Auch im weiteren Arbeitsverlauf immer wieder Staken links oder rechts von der vorhandenen Stake ergänzen, wenn die Zwischenräume zu groß werden. Im Gegensatz zum Korb wird also nacheinander aufgestakt.

[7] Die Staken werden vor dem Einstecken angespitzt. Die Schnittfläche der neuen Stake kommt beim Einstecken an der schon vorhandenen Stake zu liegen. (In Abbildung 6 ist es noch einer der Seitenäste.) Dadurch entsteht ein Winkel zwischen der vorhandenen und der neuen Stake.

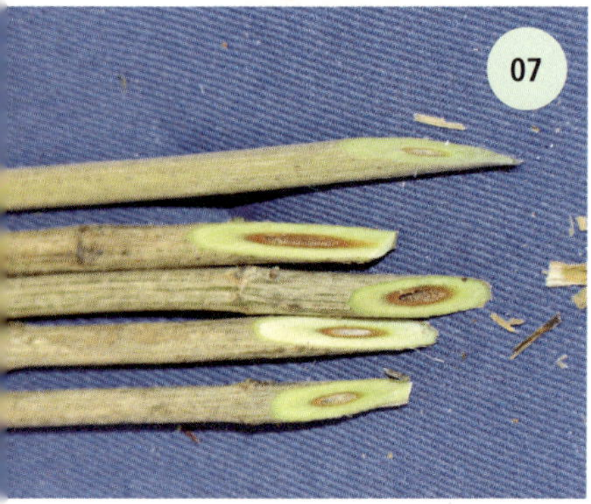

[8] Ab jetzt nicht mit Clematis-, sondern mit Weidenruten weiterflechten. Dazu 2 dünne flexible Ruten mit den dünnen Enden voran nach links um eine Stake (Hartriegelast) herumlegen und nach rechts fitzen. Zum Fixieren werden die Ruten hier um den Ast herumgelegt und die Rute und das dünne Ende am Anfang gemeinsam verarbeitet. Das dünne Ende der Rute bleibt also nicht lose liegen, sondern wird fixiert.
(Statt auf diese Weise anzufangen, könnte man die dünnen Enden auch an den Staken einstecken.)

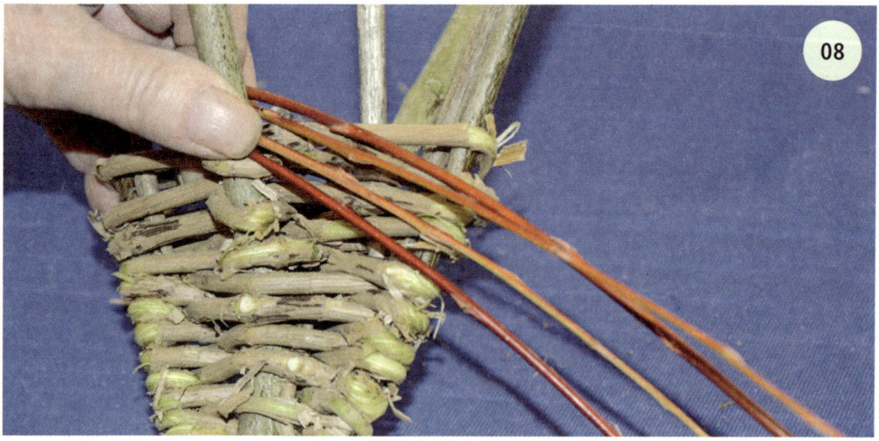

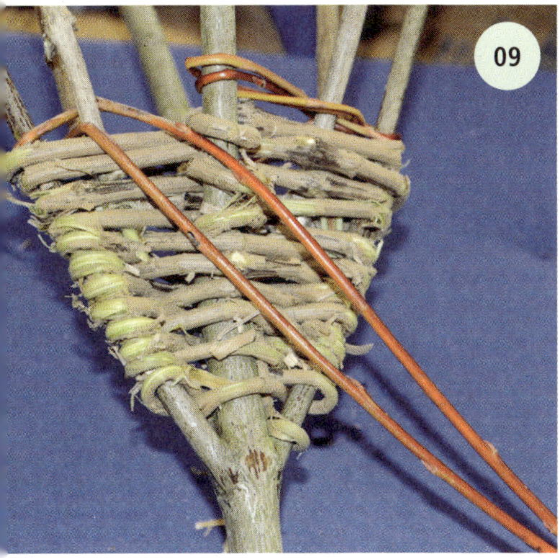

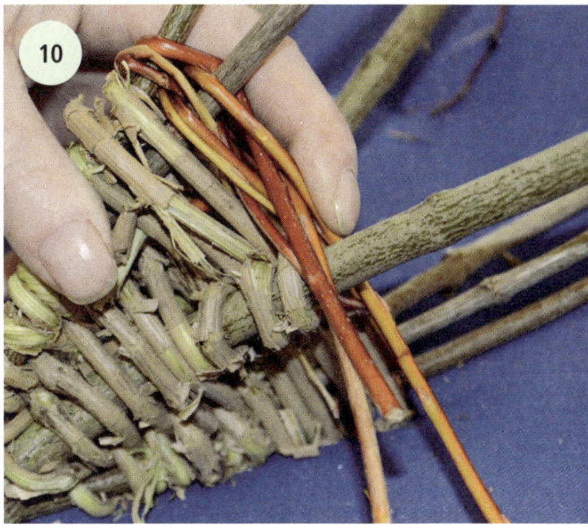

[9] Mit den beiden eingelegten Ruten vor 1, hinter 1 abwechselnd fitzen.

[10] Das Anlegen der nächsten Ruten erfolgt »dick an dick«. Dazu die neue Rute mit dem dicken Ende voran zwischen alter Weidenrute und Stake (Hartriegelast) einstecken.

[11] Schließen die beiden Weidenruten mit dem dünnen Ende ab, wird »dünn an dünn« angelegt. Dazu die neuen Ruten mit den dünnen Enden voran ins Innere des Nestes neben die alten Ruten legen und dann jeweils einige Schläge gemeinsam einarbeiten.

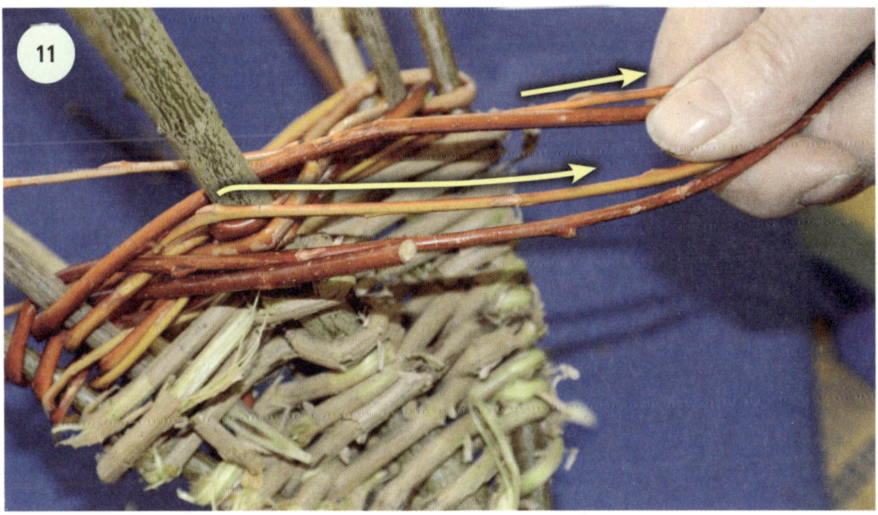

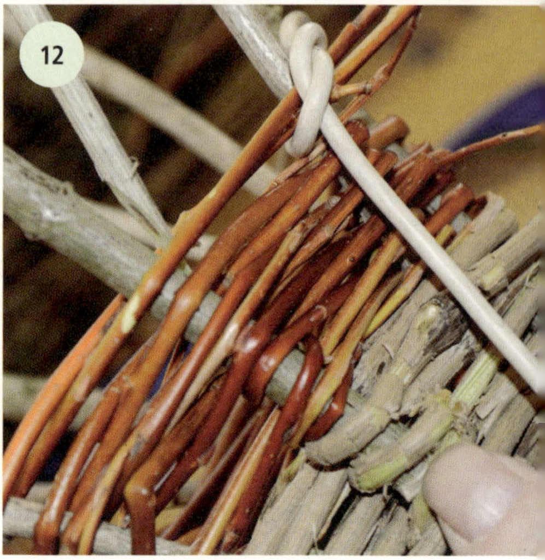

[12] Bei Arbeitspausen die Ruten mit einem Draht oder einer Schnur fixieren.

[13] Je nachdem, wie groß das Nest werden soll, noch einige Male aufstaken und weiterfitzen. Wichtig ist, dass der Abstand zwischen den Staken immer ungefähr gleich bleibt. Dazu spitzen wir jeweils wieder eine Stake an und stecken sie mit der Schnittfläche an einer schon vorhandenen Stake ein. In den Winkel zwischen den beiden Staken, der dadurch entsteht, können wir in der nächsten Runde die Ruten einlegen und weiterfitzen.

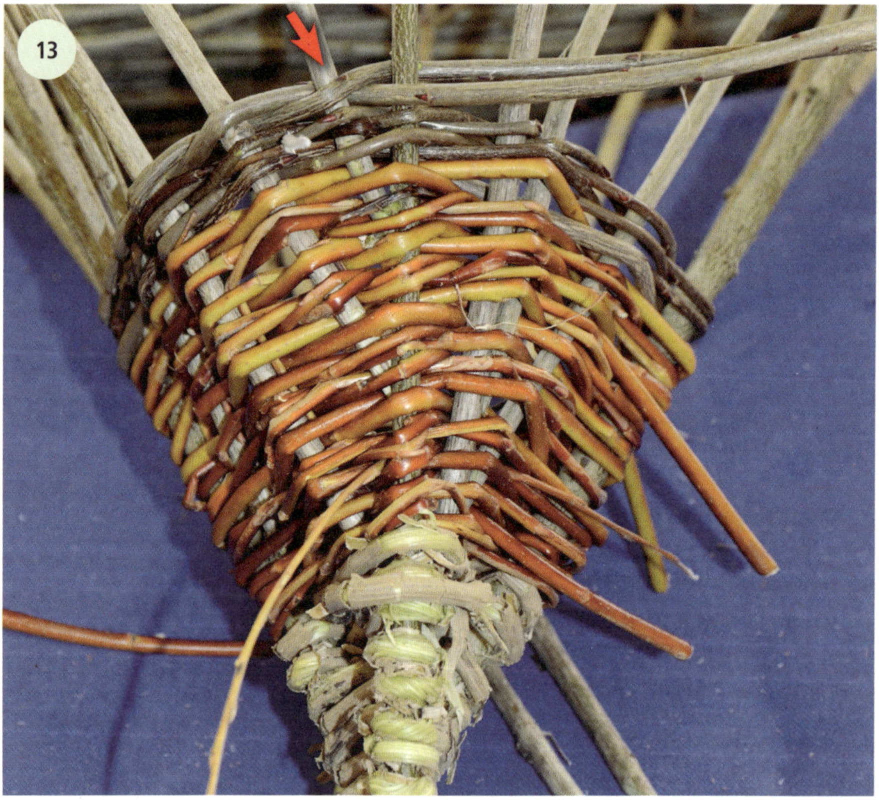

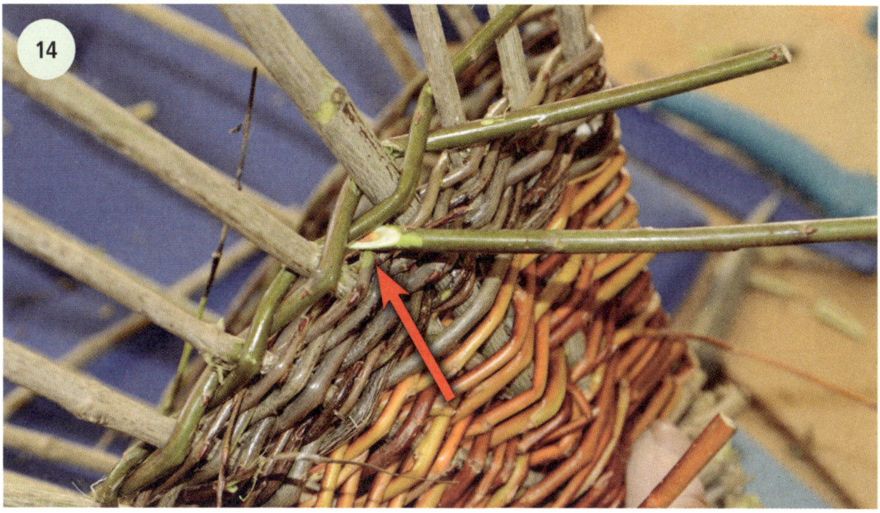

[14] Zum Abschluss, wie beim Korb geübt, eine Kimme arbeiten (siehe Seite 83). Dazu eine 3. Rute zunächst anspitzen und dann links von den beiden Ruten der Fitze einstecken: Die neue Rute wird unterhalb der gefitzten Ruten von vorne eingesteckt. Mit den 3 Ruten kimmen: vor 2 Staken, hinter 1 Stake im Wechsel.

[15] Wenn wir das Werkstück beenden wollen, bis zu den dünnen Enden der 3 Ruten arbeiten. Die 3 Enden jeweils einzeln nach unten in das Flechtwerk einstecken.

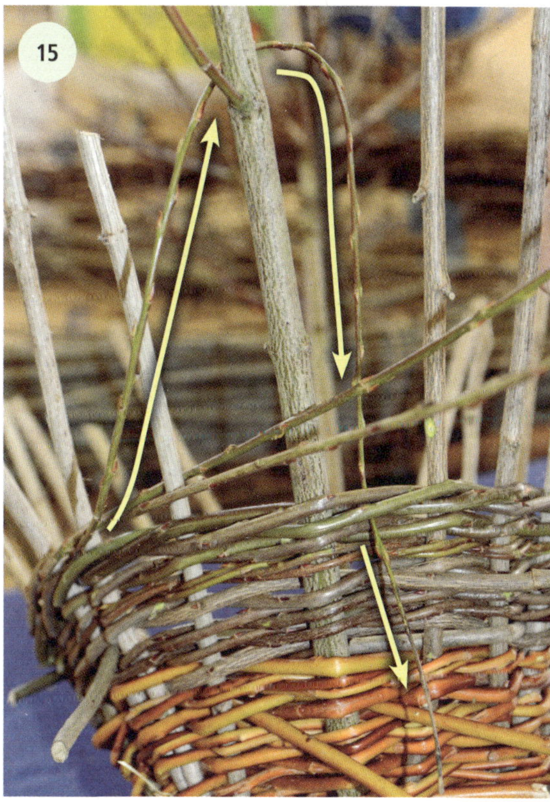

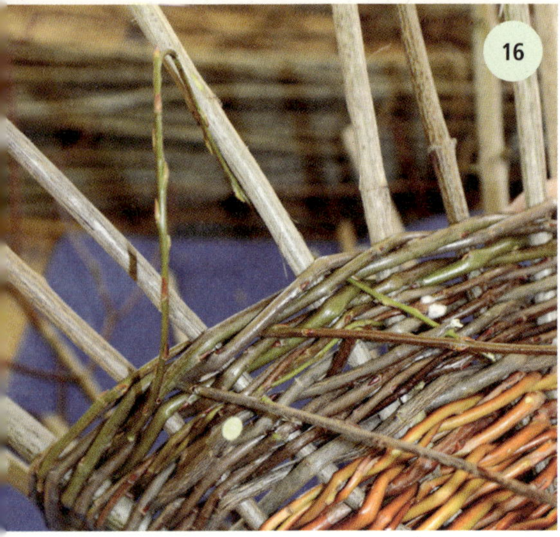

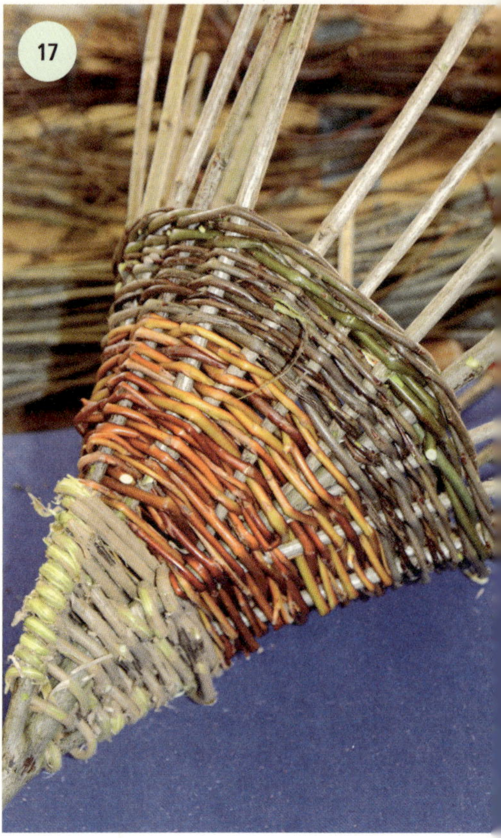

[16] Für eine bessere Stabilität »vernähen« wir die Rutenenden, indem sie einige Male entlang einer schon eingeflochtenen Rute um die Staken herumgeführt werden.

[17] Das Werkstück ausputzen, d. h. alle zuvor vernähten und jetzt herausragenden Enden sauber mit der Schere abschneiden.

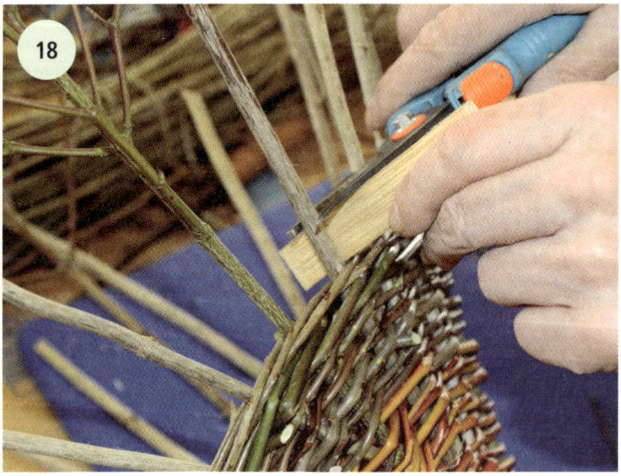

[18] Die eingesteckten Staken (nicht die ursprünglichen Hartriegelastpaare!) auf eine Länge kürzen, die uns gefällt. Als Maß ein passendes Brettchen oder Ähnliches benutzten.

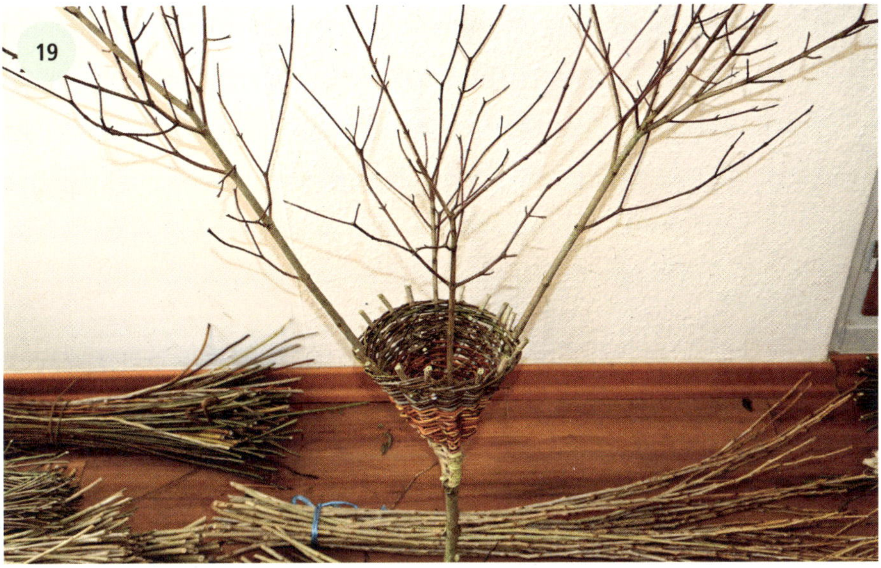

[19] Jetzt ist der Osterkorb fertig und das Osternest kann einziehen.

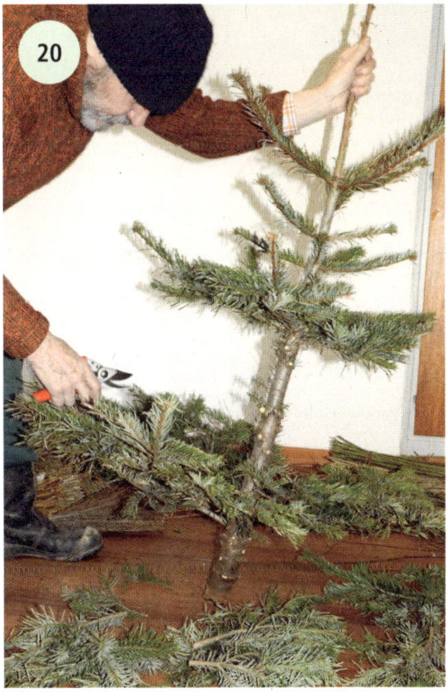

[20] Eine gleichermaßen praktische wie witzige Idee ist übrigens, ein solches Osternest aus dem Weihnachtsbaum des vorherigen Weihnachtsfestes zu arbeiten.
Dazu zunächst am Baum schöne Astquirle aussuchen. Jetzt werden alle Äste, die wir nicht als Staken für Osternester verwenden wollen, entfernt. Meist wirkt es am schönsten, wenn wir 3 Nester bauen. Der Stamm bleibt also, anders als bei der vorigen Arbeit, erhalten.
Bei Tannen und Fichten bilden die Seitenäste einen Quirl, so brauchen wir wesentlich weniger aufzustaken. So könnten auch mehrere Nester übereinander gearbeitet werden.

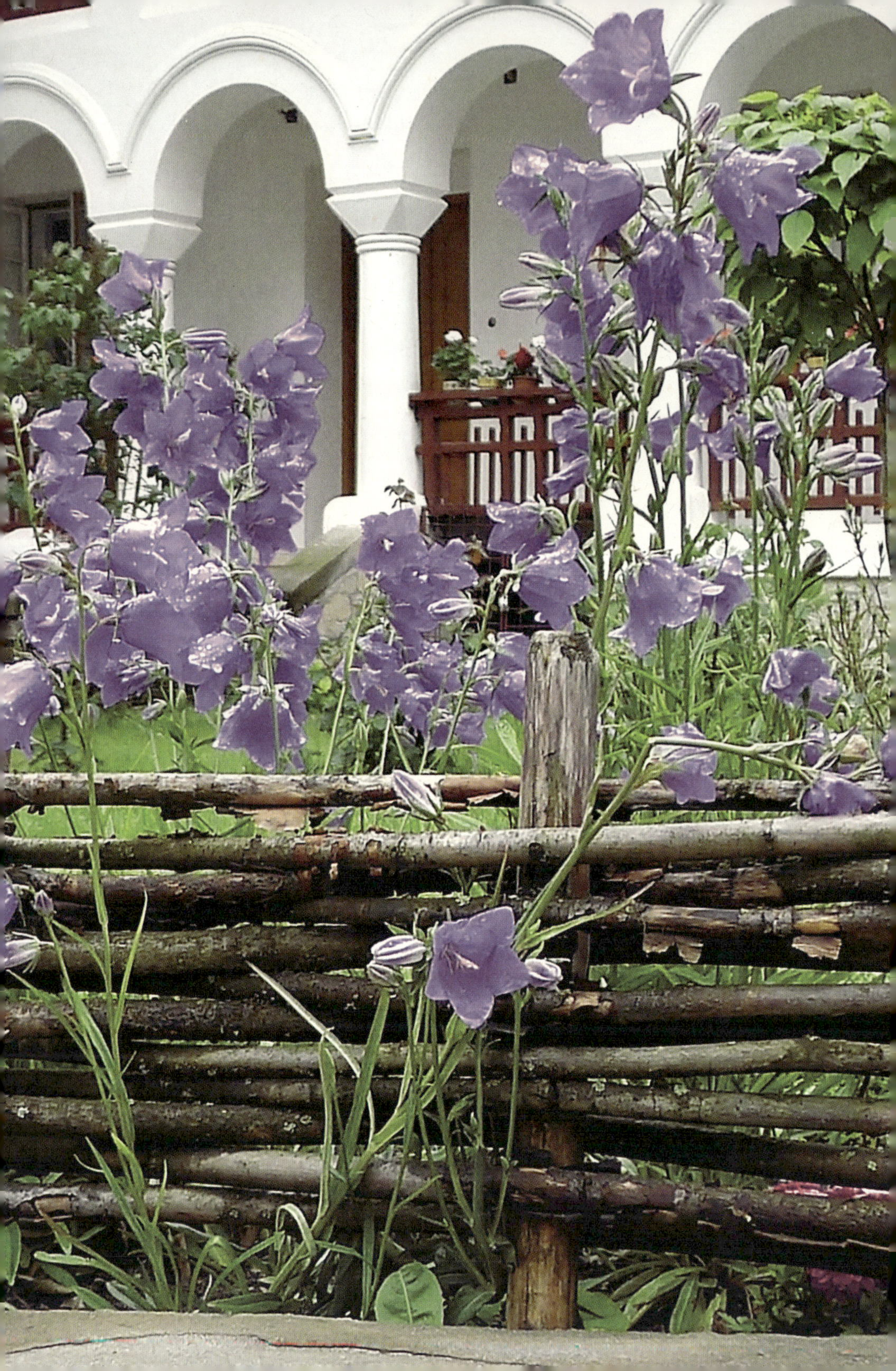

Vom Wert des Handwerks

Wenn Sie Ihren ersten Korb geflochten haben und im Garten vielleicht schon eine selbst hergestellte Beeteinfassung oder eine Rankhilfe steht, sind die ersten Schritte getan. Das Ziel dieses Buches ist es, das nötige Wissen für diese ersten Schritte zu vermitteln. Wir hoffen aber, dass wir so viel Begeisterung für das uralte Handwerk der Flechtkunst wecken konnten, dass der eine oder die andere seine Fähigkeiten weiter ausbauen will. Dafür steht eine Vielzahl an Büchern oder auch an Flechtkursen zur Verfügung.

Wir sind sicher, dass Sie, nach den ersten eigenen Werkstücken, jedem Korb im Supermarkt mit einer neuen Achtung und Wertschätzung begegnen werden (und sich manchmal angesichts der niedrigen Preise fragen, was wohl derjenige, der den Korb hergestellt hat, als Lohn bekommen hat). Durch das Erlernen der ersten Schritte des Flechthandwerkes können wir plötzlich sehen, wie der Korb oder Zaun hergestellt wurde, und können manches Stück auch als Anregung für eigene Arbeiten nutzen.

Beim Besuch in öffentlichen Gärten, Parks oder Freilichtmuseen werden Sie nun vielleicht auch noch mehr als bisher auf Flechtwerke achten und sich auch dort weitere Ideen holen. Und auch Schnittgut in Garten und Natur werden Sie nun vielleicht aus einem anderen Blickwinkel betrachten: immer auf der Suche nach neuem Material für selbst gemachte Unikate.

Anhang

Der Autor

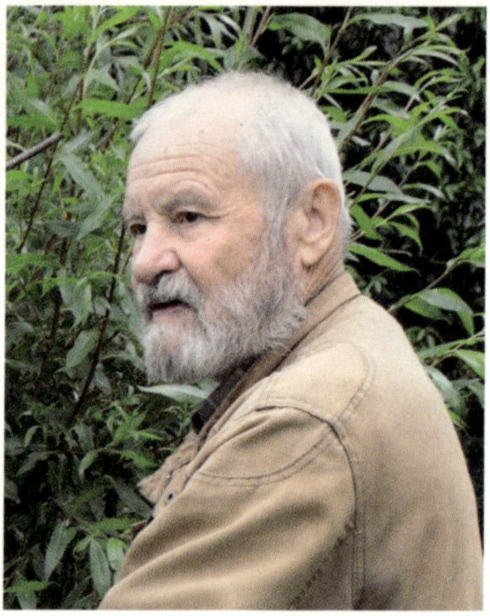

Edwin Schröter stammt aus der Ukraine. Die Nachkriegswirren brachten den damals Jugendlichen nach der Flucht in das Gebiet Perm am Ural und in ein Leben wie im Mittelalter. Dort gab es keine Plastikeimer, Behälter wurden ganz selbstverständlich geflochten – hauptsächlich aus Fichten- und Tannenwurzeln, die Bügel der Rahmenkörbe aus Wacholder. Dort wurde Flechten nicht gelehrt, man lernte es durch Nachahmung als Grundfähigkeit des Lebens. Nach seinem Pädagogikstudium (Deutsch und Werken) arbeitete er als Lehrer in der Nähe von Moskau, war im Naturschutz aktiv und gab Flechtkurse. 1994 folgte die Übersiedlung nach Deutschland. Das Flechten, insbesondere von Objekten für die Gartengestaltung, und das Weitergeben seiner Kenntnisse in Flechtkursen blieben auch hier ein wichtiger Teil seines Lebens. Es ist ihm ein Anliegen, insbesondere Anfänger auf den ersten Schritten zu begleiten.

Die Autorin

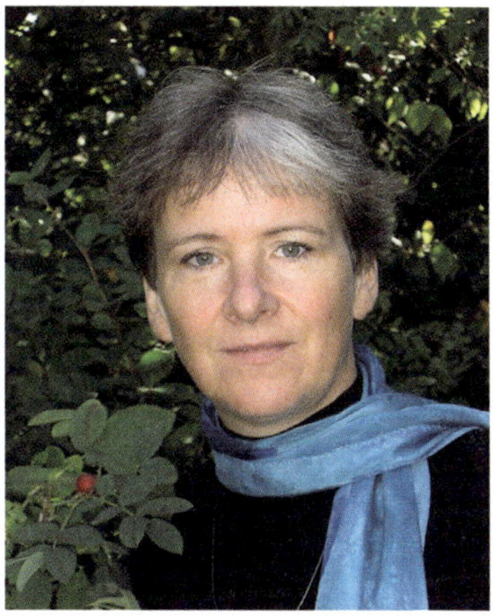

Die Diplom-Biologin **Ulrike Aufderheide** aus Bonn plant seit 1994 naturnahe Gärten, öffentliche Flächen oder Außenanlagen von Kindergärten und Schulen. Mit ihrer Firma *Calluna – Naturnahe Garten- und GrünPlanung* lässt sie Gartenträume wahr werden: Gemeinsam mit ihren Kunden findet sie heraus, welche Funktionen der Garten haben soll, welche Bereiche des Grundstückes dafür jeweils am besten geeignet sind und welcher Stil zum Haus und zu den Bewohnern passt. Daraus entwickelt sie individuelle Gartenpläne, deren Umsetzung sie professionell begleitet. Bei ihrer Arbeit entstehen neue Lebensräume für Wildpflanzen und Wildtiere – und für die Gartenbesitzer und Besucher viele Möglichkeiten der unmittelbaren Naturerfahrung.

Kontakt:
Calluna
Naturnahe Garten- und GrünPlanung
Ulrike Aufderheide
Weißdornweg 78
53177 Bonn
E-Mail: aufderheide@calluna-naturgarten.de

Wichtige Begriffe von A – Z

Ahle:
Ein langes nicht zu spitzes Werkzeug, ähnlich einem Schraubenzieher ohne abgeflachte Spitze, zum Erweitern des Flechtwerks.

Aufstaken:
Einsetzen neuer Staken für die Seitenwände. Je nach Form des Flechtwerkes werden die zusätzlichen Staken alle auf einmal oder nach und nach eingesetzt.

Ausputzen:
Sind alle Ruten verflochten, werden die noch herausragenden Rutenspitzen und -enden abgeschnitten. Beim Ausputzen darauf achten, dass die Ruten auch nach dem Trocknen des Flechtwerks noch auf den Staken aufliegen.

Fitzen (↓):
Beim Fitzen wird mit 2 Ruten oder Rutenbündeln gearbeitet. Sie werden, von benachbarten Zwischenräumen aus, vor 1 Stake und hinter 1 Stake gelegt, wobei immer die linke (»hintere«) Rute eingearbeitet wird. Die Ruten »gehen« also abwechselnd vor 1 Stake, hinter 1 Stake.

Kimmen (↓):
Beim Kimmen wird mit 3 (oder mehr) Ruten oder Rutenbündeln gearbeitet. Sie werden, von benachbarten Zwischenräumen aus, vor 2 Staken, hinter 1 Stake geführt, wobei immer die linke (»hintere«) Rute den nächsten Schlag geht. Die 3 Ruten »gehen« reihum abwechselnd vor 2 Staken, hinter 1 Stake.

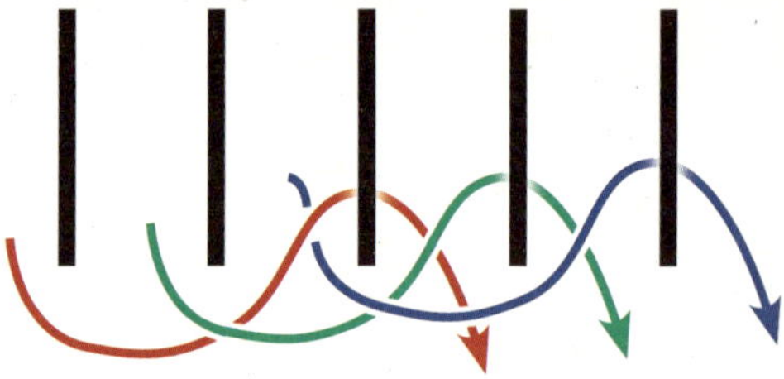

Kopfweiden:
Werden Weiden gestutzt und dabei alle Stämmlinge entfernt, bilden sie neue Äste (im ersten Jahr ohne Seitenäste), während der Stamm immer mehr verdickt. Bäume mit dieser charakteristischen Kopfform müssen regelmäßig gepflegt werden.

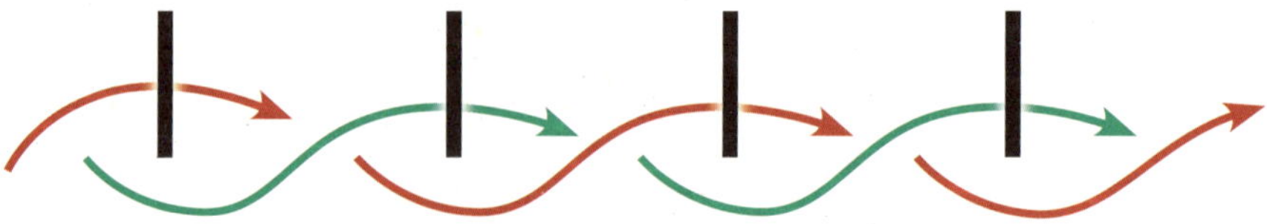

Rutenspitze, das dünne Ende:
Das dünne, obere Ende der Rute, meist die Spitze des Astes.

Rutenende, das dicke Ende:
Das dicke Ende einer Rute liegt an der Pflanze unter dem dünnen Ende.

Rute:
Das Material, das wir zum Flechten verwenden. Im Werkstück selbst sind es flexible Äste, die in ein mehr oder weniger starres Gerüst aus weniger flexiblen Ästen eingelegt werden.

Schlag:
Der Schritt eines Flechtvorganges. Er ist beendet, wenn die Rute wieder auf der äußeren (rechten) Seite liegt.

Stake:
Das Material, aus dem wir das Grundgerüst des Werkstücks herstellen. Eine Stake kann während des Flechtens eine andere Funktion bekommen und dann als Rute behandelt werden.

Vereinfachtes Schichten (➔):
Beim Schichtmachen oder Schichten wird immer nur mit 1 Rute gearbeitet. Der Schlag geht (wie beim Zäunen) vor 1, hinter 1. Im Gegensatz dazu werden aber die dicken Enden der Ruten jeweils um eine Stake versetzt über der vorigen Rute eingelegt.

»Vernähen«:
Die Rutenspitzen mehrfach durch das Flechtwerk ziehen und so fixieren.

Verziehen:
Die Ruten der Länge nach sortieren, indem jeweils die längsten Ruten aus einem Bündel herausgezogen und zusammengefasst werden.

Winterruhe:
Im Winter ruht das Pflanzenwachstum. Das ist die beste Zeit, um neues Flechtmaterial zu ernten. Das Holz ist ausgereift, die Äste sind flexibel und biegsam.

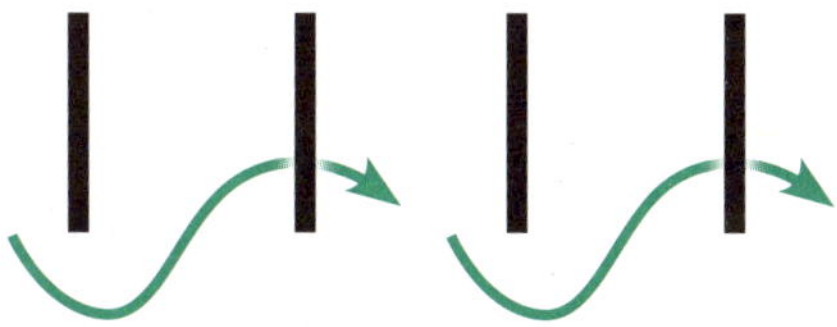

Zäunen (🡡):
Beim Zäunen wird mit einer Rute oder einem Rutenbündel gearbeitet und abwechselnd vor 1 und hinter 1 Stake eingelegt. Der Schlag geht vor 1, hinter 1.

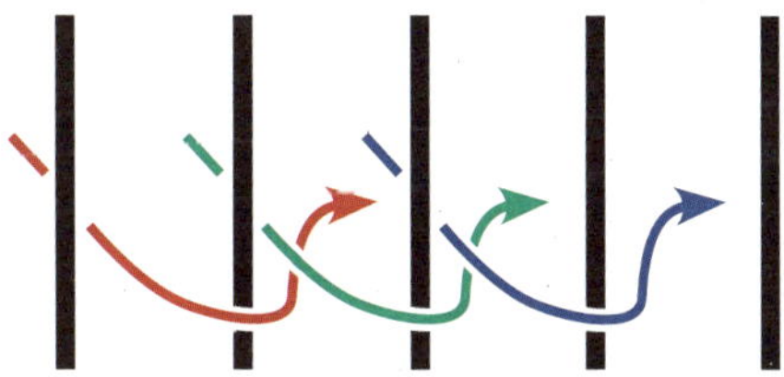

Adressen

Bezugsquellen für Flechtmaterialien und Werkzeug

Korbwerkstatt Krines
Eichendorffstraße 12
97522 Sand am Main
www.korbwerkstatt-krines.de

Rattanhouse
Lange Gasse 9
07318 Saalfeld
www.rattanhouse.de
(Böden für Übungsplatten)

Bezugsquellen für Weiden

Deutschland:

Weidenhandel Lebendbauweisen
Munziger Hauptstraße 50
01665 Klipphausen
www.lebendbauweisen.de

Ahornblatt
Postfach 1125
55001 Mainz
www.ahornblatt-garten.de

re-natur
Charles-Ross-Weg 24
24601 Ruhwinkel
www.re-natur.de

Kräuter- und Wildpflanzengärtnerei Strickler
Lochgasse 1
55232 Alzey-Heimersheim
www.gaertnerei-strickler.de

Joachim Rhode
Allee 15
35104 Lichtenfels
www.flechtweiden.de

Österreich:

Weidenshop Cabana
Kohlböckhof 3
4625 Offenhausen
www.weidenshop.at

Schweiz:

Salicetum
Hard 11
8408 Winterthur
www.salicetum.ch
(Weidensteckhölzer)

Nützliches für den Garten

Bioland Hof Jeebel
Biogartenversand OHG
Jeebel 17
29410 Salzwedel OT Jeebel
www.biogartenversand.de

Manufactum
Hiberniastraße 5
45731 Waltrop
www.manufactum.de

Keller GmbH & Co. KG
Konradstraße 17
79100 Freiburg
www.biokeller.de

Triaz GmbH
Waschbär – Der Umweltversand
Wöhlerstraße 4
79108 Freiburg
www.waschbaer.de

Ward Gartenbedarf
Ottobeurer Straße 46A
87733 Markt Rettenbach
www.gartenbedarf-versand.de

Weitere Informationen

Verein Flechtwerk
Zum Eichhagen 42
37688 Beverungen
www.flechtwerk-ev.de

Schaugarten
Arbeitskreis für naturnahe Gärten
Wachtberg
Rathausstraße 34
53343 Wachtberg-Berkum
www.schaugarten-berkum.de

Naturgarten e.V.
Kernerstraße 64
74076 Heilbronn
www.naturgarten.org

Verein REWISA-Netzwerk
Fachbetriebe Naturnahes Grün
Tulpengasse 8a
4400 Steyr
www.rewisa-netzwerk.at

Interessengemeinschaft
Korbflechterei Schweiz
3855 Brienz
www.korbflechten.ch

Bioterra
Dubsstrasse 33
8003 Zürich
www.bioterra.ch

Zum Weiterlesen

Ulrike Aufderheide: **Der sanfte Schnitt.** pala-verlag

Werner David: **Lebensraum Totholz.** pala-verlag

Irmela Erckenbrecht, Rainer Lutter: **Sichtschutz im lebendigen Garten.** pala-verlag

Walter Friedl: **Bunte Körbe aus Gräsern und Kräutern.** ökobuch Verlag

Marion Fröhlich, Hans-Peter Sturm: **Weidenflechtwerke.** Verlag Eugen Ulmer

Konstantin Kirsch: **Naturbauten aus lebenden Gehölzen.** Organischer Landbau Verlag

Marianne Mortensen: **Weidengeflechte für Haus und Garten.** Vincentz Netwerk

Micky Remann, Marcel Kalberer: **Das Weidenbaubuch.** AT Verlag

Jon Warnes: **Mit Weiden bauen.** ökobuch Verlag

Uwe Westphal: **Hecken – Lebensräume in Garten und Landschaft.** pala-verlag

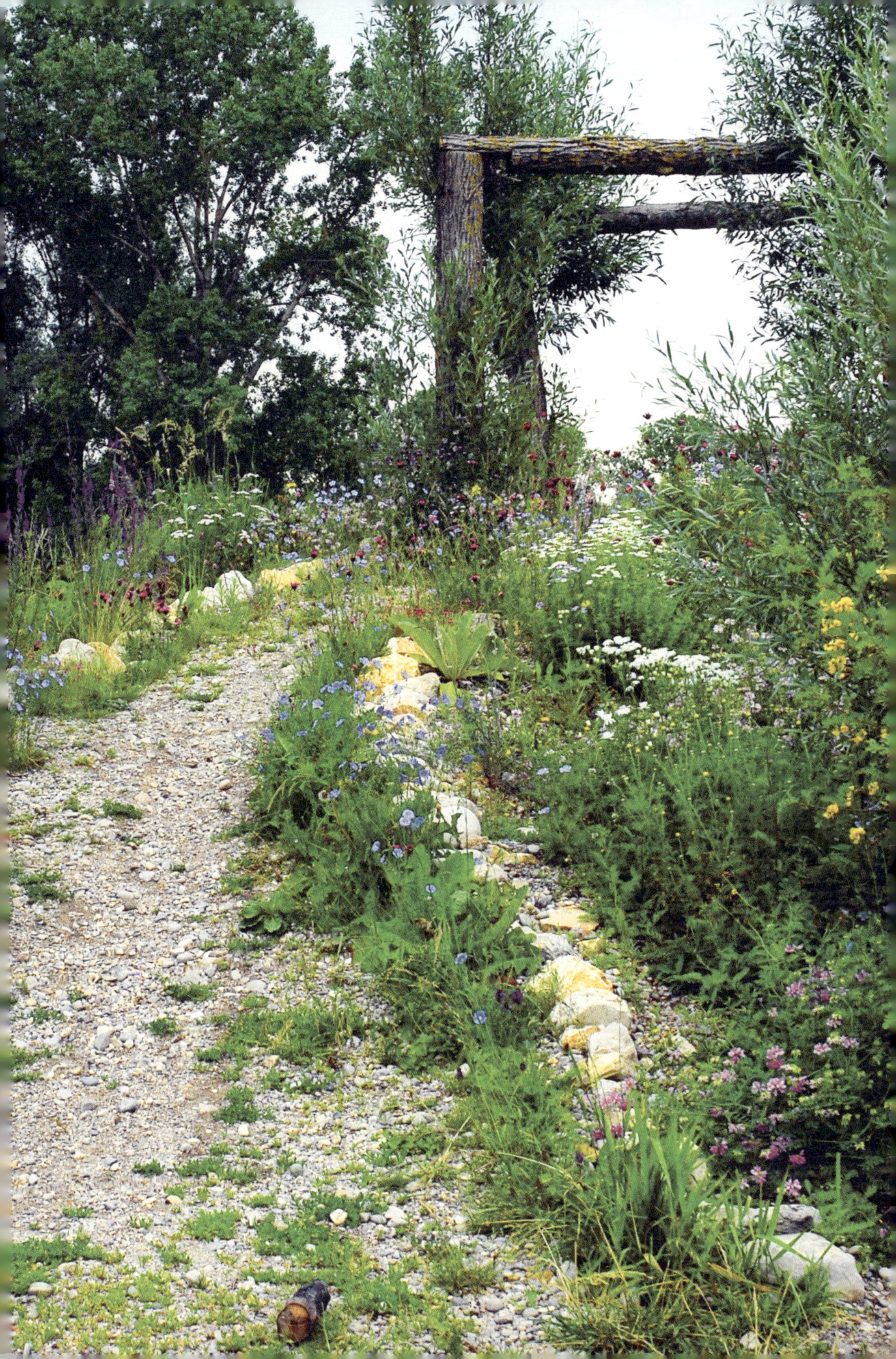

Für lebendige Gärten

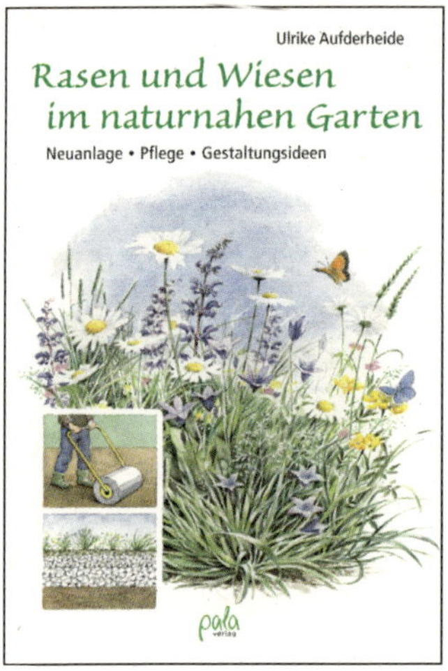

Ulrike Aufderheide:
Rasen und Wiesen im naturnahen Garten
ISBN: 978-3-89566-274-4

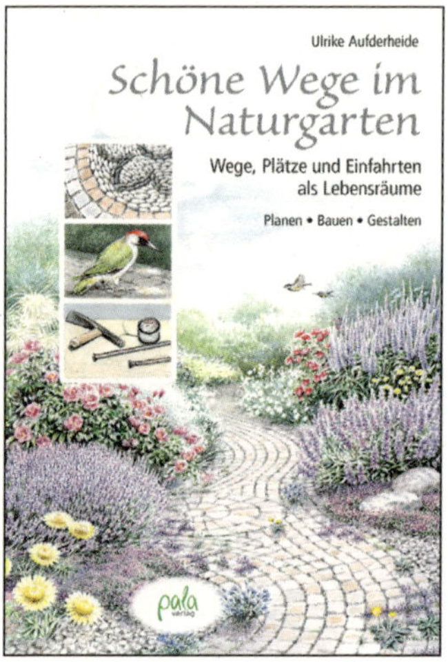

Ulrike Aufderheide:
Schöne Wege im Naturgarten
ISBN: 978-3-89566-340-6

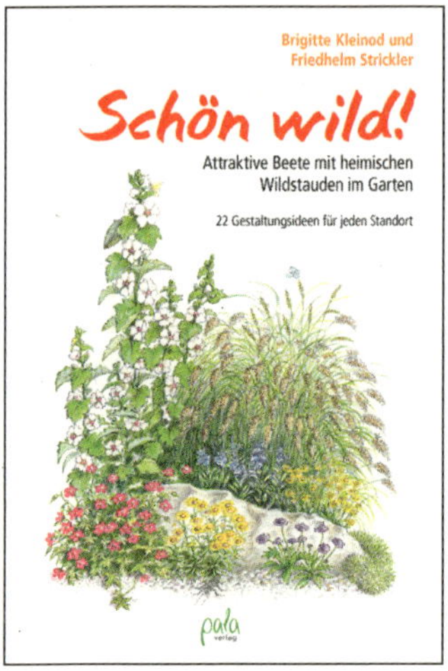

Brigitte Kleinod
und Friedhelm Strickler:
Schön wild!
ISBN: 978-3-89566-367-3

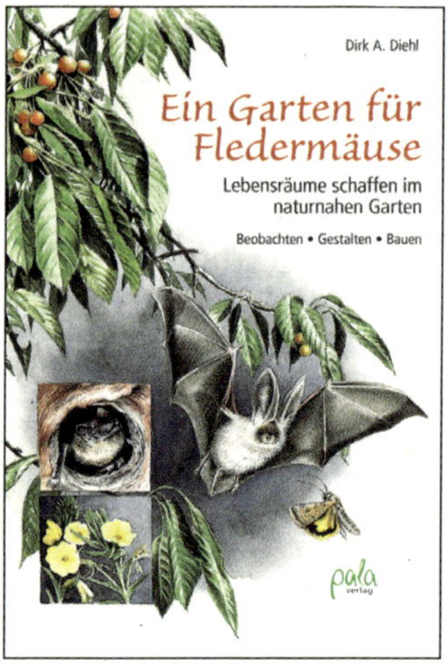

Dirk A. Diehl:
Ein Garten für Fledermäuse
ISBN: 978-3-89566-311-6

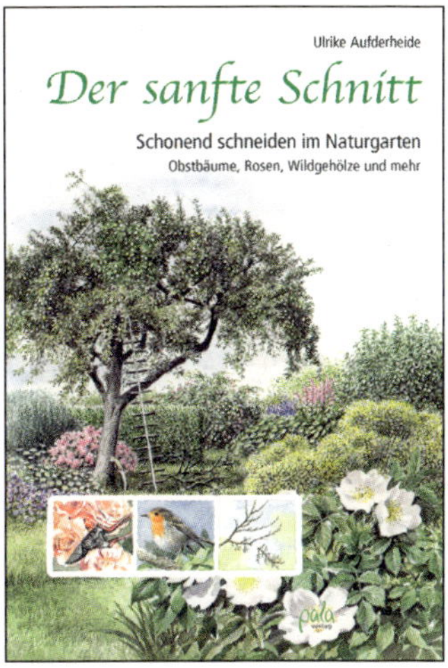

Ulrike Aufderheide:
Der sanfte Schnitt
ISBN: 978-3-89566-320-8

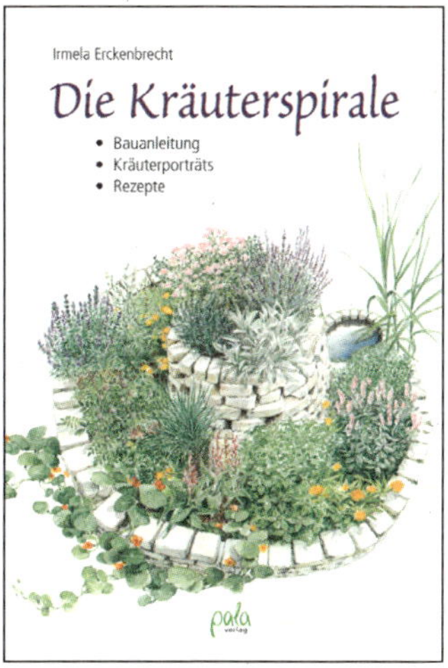

Irmela Erckenbrecht:
Die Kräuterspirale
ISBN: 978-3-89566-290-4

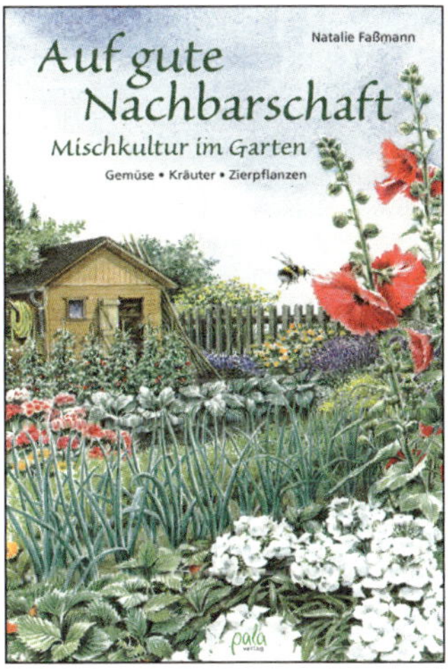

Natalie Faßmann:
Auf gute Nachbarschaft
ISBN: 978-3-89566-257-7

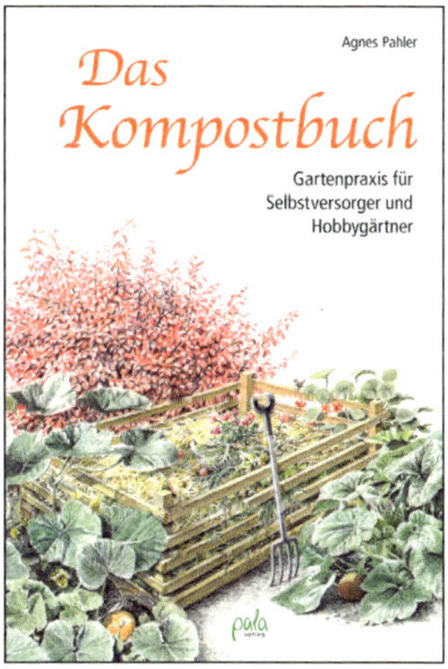

Agnes Pahler:
Das Kompostbuch
ISBN: 978-3-89566-315-4

Kreativ & farbenfroh

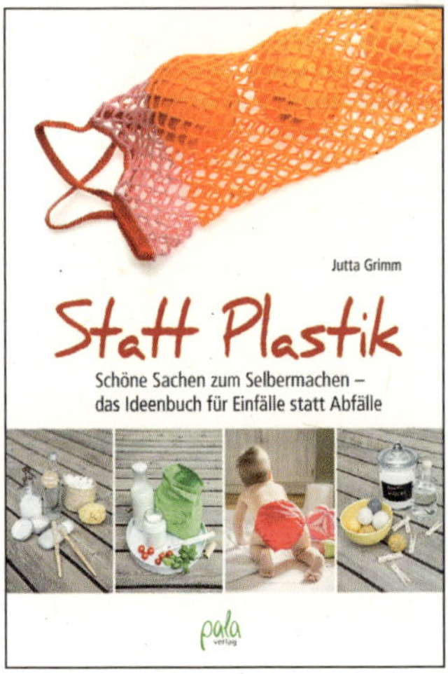

Jutta Grimm:
Statt Plastik
ISBN: 978-3-89566-348-2

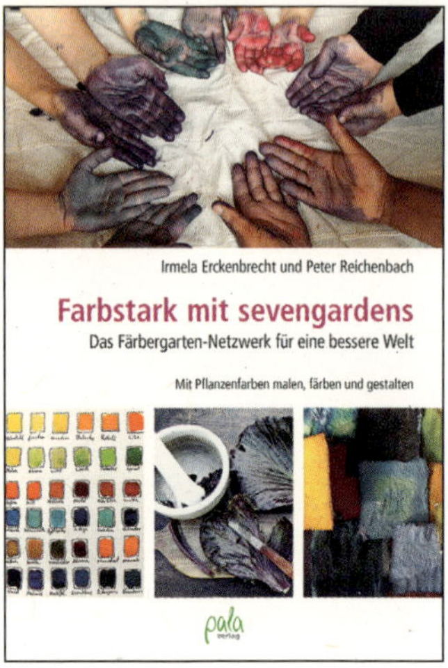

Irmela Erckenbrecht
und Peter Reichenbach:
Farbstark mit sevengardens
ISBN: 978-3-89566-370-3

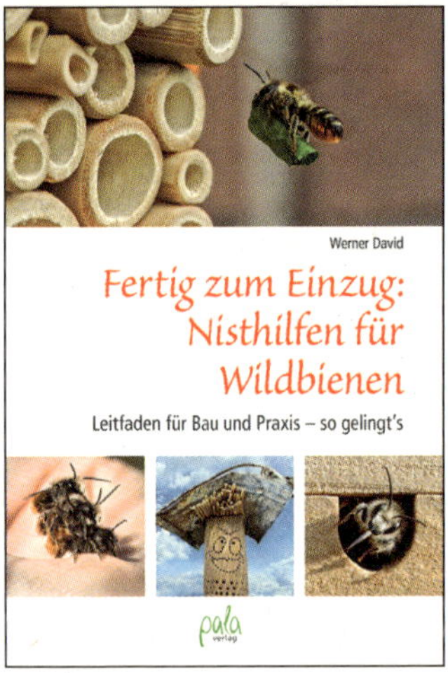

Werner David:
Fertig zum Einzug:
Nisthilfen für Wildbienen
ISBN: 978-3-89566-358-1

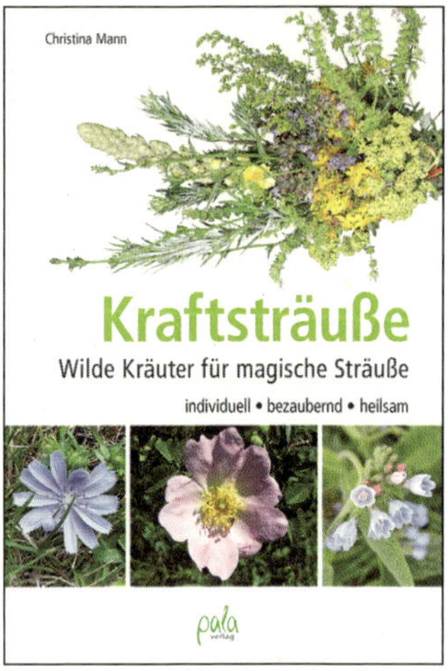

Christina Mann:
Kraftsträuße
ISBN: 978-3-89566-354-3

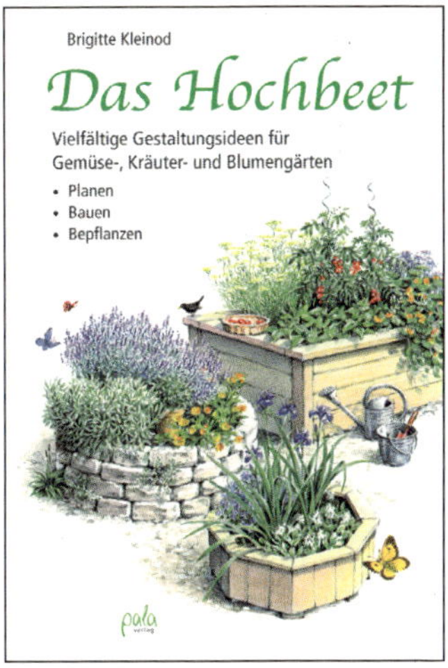

Brigitte Kleinod:
Das Hochbeet
ISBN: 978-3-89566-261-4

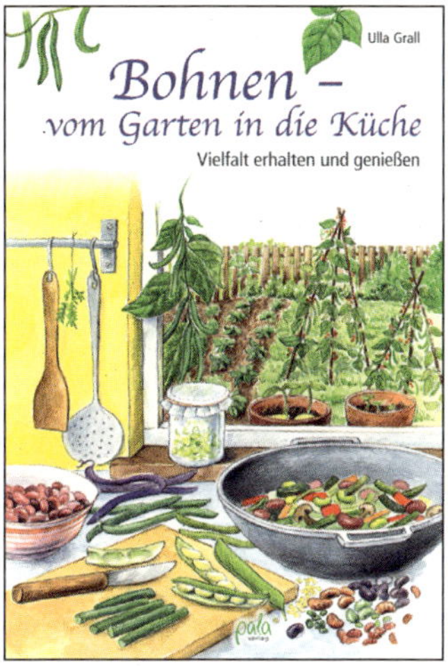

Ulla Grall:
Bohnen – vom Garten in die Küche
ISBN: 978-3-89566-298-0

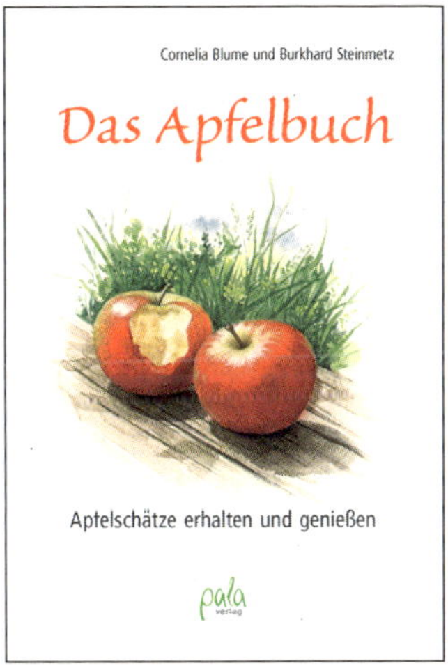

Cornelia Blume und Burkhard Steinmetz:
Das Apfelbuch
ISBN: 978-3-89566-359-8

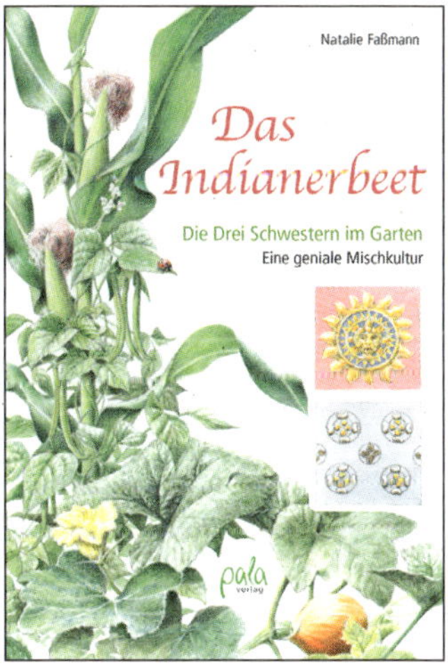

Natalie Faßmann:
Das Indianerbeet
ISBN: 978-3-89566-351-2

Gesamtverzeichnis bei:
pala-verlag, Rheinstraße 35, 64283 Darmstadt, www.pala-verlag.de

ISBN: 978-3-89566-369-7

Rheinstraße 35, 64283 Darmstadt
www.pala-verlag.de

Bildnachweis:
Fotos Seite 7, 127: Hans-Georg Levin
Fotos Seite 18 (links), 64: Barbara Reis
alle anderen Fotos: Ulrike Aufderheide

Umschlagfotos: Ulrike Aufderheide, Hans-Georg Levin
Grafiken: Sigrun Bönold

Lektorat: Barbara Reis

Satz und Gestaltung: Die Werkstatt Medien-Produktion GmbH
www.werkstatt-verlag.de

Druck und Bindung: BELTZ Bad Langensalza GmbH
www.beltz-grafische-betriebe.de
Printed in Germany

Gedruckt auf
100% Recyclingpapier